MICHAEL COLLINS PIPER

SECRETS D'ÉTAT

**Crime, conspiration et dissimulation au cours du
20e siècle**

Un recueil des écrits de Michael Collins Piper
Entretien avec l'auteur et critiques de ses œuvres

OMNIAVERITAS.

MICHAEL COLLINS PIPER

Michael Collins Piper était un écrivain politique américain et animateur de radio. Il est né en 1960 en Pennsylvanie, aux États-Unis. Il était un collaborateur régulier de The Spotlight et de son successeur, American Free Press, des journaux soutenus par Willis Carto. Il est décédé en 2015 à Cœur d'Alène, Idaho, aux États-Unis.

Secrets d'État
Crime, conspiration et dissimulation au cours du 20ᵉ siècle

Dirty Secrets
Crime, Conspiracy & Cover-Up During the 20th Century

Première impression aux États-Unis : Juin 2005 American Free Press

Traduit et publié par
Omnia Veritas Limited

𝒪MNIA VERITAS.
www.omnia-veritas.com

INTRODUCTION...**11**

UN PROPHÈTE SANS HONNEUR 11

SECTION 1...**17**

ESSAIS 17

CHAPITRE UN...**19**

LA CONNEXION MONICA-GATE/ISRAËL 19

CHAPITRE II **25**

UN COPAIN DE ROOSEVELT DÉCLARE : "FDR SAVAIT À L'AVANCE POUR PEARL
HARBOR". 25

CHAPITRE III **33**

ATTAQUE ISRAÉLIENNE CONTRE L'*USS LIBERTY*..33

CHAPITRE IV **39**

UN AMÉRICAIN D'ORIGINE AMÉRINDIENNE S'EXPRIME : L'HOLOCAUSTE EST
TERMINÉ ; TROP C'EST TROP..39

CHAPITRE V..**56**

LE SIONISME S'ATTAQUE AUX NATIONS UNIES 56

CHAPITRE VI **66**

ISRAËL ET LE FONDAMENTALISME ISLAMIQUE 66

CHAPITRE VII...**74**

LE DÉPUTÉ JERRY VOORHIS AVAIT RAISON : LA RÉSERVE FÉDÉRALE N'EST PAS
"FÉDÉRALE" 74

CHAPITRE VIII **79**

L'ATTENTAT À LA BOMBE D'OKLAHOMA CITY 79

CHAPITRE IX **83**

UN AUTEUR POPULISTE S'EXPRIME EN MALAISIE..83

*Ce qui suit est le récit personnel de Piper de son voyage historique en
Malaisie :*..*86*

SECTION DEUX 90

ASSASSINATIONS 90

CHAPITRE X 92

LES AMBITIONS NUCLÉAIRES D'ISRAËL LIÉES À L'ASSASSINAT DE JFK 92

Ce qui suit est l'étude complète de Piper sur ses conclusions, telle que publiée dans Final Judgment. 92

CHAPITRE XI 110

CONTROVERSE AUTOUR DE L'AUTEUR DU *JUGEMENT DERNIER* 110

CHAPITRE XII 114

PETER JENNINGS ET L'ASSASSINAT DE KENNEDY - BEYOND CONSPIRACY 114

CHAPITRE XIII 123

LA MAFIA DE CHICAGO A-T-ELLE VRAIMENT PARTICIPÉ À L'ASSASSINAT DE JFK ? 123

CHAPITRE XIV 129

LE MOSSAD LIÉ À L'ASSASSINAT DE MARTIN LUTHER KING 129

SECTION TROIS 136

INTERVIEWS 136

CHAPITRE XV 138

REALITY RADIO NETWORK THE "LOST" *FINAL JUDGMENT* INTERVIEW 9 JUIN 2003 138

CHAPITRE XVI 156

WING TV LES GRANDS PRÊTRES DE LA GUERRE INTERVIEW 24 MAI 2004 156

CHAPITRE XVII 167

WING TV INTERVIEW DE L'AMERICAN FREE PRESS 29 OCTOBRE 2004 167

CHAPITRE XVIII 178

WING TV LA NOUVELLE JÉRUSALEM INTERVIEW 17 JUIN 2005 178

CHAPITRE XIX 190

RADIO FREE AMERICA OKLAHOMA CITY BOMBING INTERVIEW AVEC TOM VALENTINE 6 JUILLET 1997 190

SECTION QUATRE..**204**

RÉVISIONS 204

CHAPITRE XX..**206**

APERÇU DU LIVRE *FINAL JUDGMENT* DE MICHAEL COLLINS PIPER : *LE CHAÎNON MANQUANT DANS LA CONSPIRATION DE L'ASSASSINAT DE JFK* 10 JANVIER 2003 .206

JFK, la bombe atomique et la machine de guerre israélienne 207
LE RÔLE DE LA CIA DANS L'ASSASSINAT DE JFK 216
LA CIA ET LE CRIME ORGANISÉ : LES DEUX FACES D'UNE MÊME PIÈCE..222
LE VIETNAM ET LE TRAFIC DE DROGUE DE LA CIA 229
LES MEDIAS COMPLICES DE L'ASSASSINAT DE KENNEDY.............232

CHAPITRE XXI **238**

LES GRANDS PRÊTRES DE LA GUERRE DE MICHAEL COLLINS PIPER 17 MAI 2004238

CHAPITRE XXII..**240**

LA NOUVELLE JÉRUSALEM DE MICHAEL COLLINS PIPER 31 AOÛT 2005 240

BIOGRAPHIE DE L'AUTEUR **245**

MICHAEL COLLINS PIPER 245

CONTEXTE PERSONNEL ET ÉDUCATIF 246
PROFESSIONNEL 246
JUGEMENT FINAL - TRÈS CONTROVERSÉ...249
LES GRANDS PRÊTRES DE LA GUERRE LES FAUTEURS DE GUERRE NÉO-CONSERVATEURS..251
LA NOUVELLE JERUSALEM : LE POUVOIR SIONISTE EN AMERIQUE 251

AUTRES TITRES..**255**

INTRODUCTION

Un prophète sans honneur

Par Mark Glenn

"Si vous voulez savoir ce qui se passe dans ce pays, c'est ici que vous le trouverez", m'a dit l'homme qui se trouvait derrière une table lors d'un salon de l'armement. J'ai pu constater que sa table était remplie de toutes sortes de documents similaires à ceux qui se trouvaient sur le papier qu'il venait de me tendre, ainsi que de nombreux autres livres et journaux. J'ai regardé les publications qu'il vendait et je me souviens d'avoir vu un livre intitulé *Behind Communism (Derrière le communisme)*, et j'ai pris note de revenir sur ce livre. *La controverse de Sion* en était un autre, qui semblait un peu trop lourd à digérer à ce moment-là. Il y avait aussi des journaux, dont un intitulé *Criminal Politics (Politique criminelle), et* un autre qui a vraiment attiré mon attention en raison de son aspect professionnel. Il s'appelait tout simplement *The Spotlight.*

J'ai commencé à parcourir *The Spotlight* et je me suis rendu compte qu'une grande partie des informations concernant les banques, les Nations unies et Israël m'étaient très étrangères, mais pas au point de l'être. Je suis tombé sur un article concernant l'assassinat de JFK, ce qui aurait été assez intéressant en soi, mais c'est le nom de l'auteur qui a attiré mon attention, car il mentionnait fièrement son deuxième prénom. Et ce, dans un pays où les gens le font rarement. Il n'y avait pas de trait d'union entre ces deux noms et, pour une raison ou une autre, ce deuxième prénom était considéré comme une partie intégrante et indivisible de son identité, et c'est ainsi qu'il voulait être connu. Ce que cela m'a appris, c'est que son deuxième prénom, qu'il portait si fièrement sur lui, était probablement celui de quelqu'un d'important dans sa famille, et qu'il était fier de s'associer à cette personne. Il s'appelait Michael Collins Piper.

Outre le fait qu'il utilisait son deuxième prénom, il y avait aussi quelque chose dans son prénom qui m'attirait vers son article. Michael était le nom de l'archange dont j'avais toujours vu l'image lorsque j'étais jeune garçon à l'église. J'avais toujours aimé cette image d'un ange brandissant une épée, prêt à en frapper son ennemi mortel, le diable, qui était prostré sous les pieds de ce guerrier céleste, impuissant à faire quoi que ce soit. J'ai toujours aimé ce prénom et j'avais prévu que mon premier fils, si j'avais la chance d'en avoir un, porterait également ce prénom.

Que l'homme derrière la table sache que j'étais un gros poisson ou non n'avait pas d'importance. J'étais intéressé et il m'avait accroché. J'ai remis la liasse de billets dans ma poche et je suis resté là à lire l'article sur JFK, sans me soucier de ceux qui m'entouraient. Si l'homme assis à la table d'armes derrière moi a fait ou dit quelque chose qui indiquait sa déception, je ne l'ai pas entendu.

L'article sur JFK ressemblait à une belle jeune femme que j'avais vue en cours d'italien il y a quelques années ; et comme elle, je ne pouvais pas détacher mon regard. J'ai dévoré chaque mot de cet article aussi vite que possible, sans penser à l'indigestion intellectuelle qui pourrait en résulter plus tard. J'ai été bouleversé par ce que Michael Collins Piper disait : qu'un gouvernement étranger - censé être un allié de l'Amérique - était responsable de l'assassinat de notre président. Il a exposé tout cela de manière très succincte et professionnelle, et rien dans sa présentation ne sentait la négligence académique. Il ne parlait pas d'OVNI, de Bigfoot ou du monstre du Loch Ness. Sa thèse (et sa présentation) ne ressemblait à rien de ce que j'avais pu rencontrer dans mes cours d'histoire à l'université, même s'il était évident qu'il ne s'agissait pas d'une théorie dominante. Je me suis tourné vers l'homme derrière la table qui m'avait attiré.

"Vous voulez dire que c'est *Israël* qui a tué John F. Kennedy ? ai-je demandé, choquée. Il a dû me regarder pendant que je lisais l'article, car ses yeux et les miens se sont croisés dès que j'ai levé les yeux vers lui. Le visage de l'homme était grave et il hocha lentement la tête de haut en bas plusieurs fois sans cligner des yeux. "Il y a beaucoup plus que cela, mon fils", a-t-il ajouté.

J'ai englouti autant de journaux de *The Spotlight* que j'ai pu. J'ai également jeté un coup d'œil aux livres qu'il avait à vendre, mais j'ai décidé que les journaux suffiraient pour l'instant. Bien que je ne l'aie pas réalisé à l'époque, il s'agissait d'un de ces moments qui changent la vie et sur lesquels les individus se penchent rétrospectivement et peuvent constater tous les effets secondaires qui en découlent.

Sous les feux de la rampe, j'ai commencé à lire les textes d'un écrivain nommé Michael Collins Piper. Sans que M. Piper s'en rende compte, j'allais devenir, au cours des années suivantes, sa doublure et il allait devenir mon mentor. À plusieurs kilomètres de distance, il m'a enseigné comme un maître Jedi enseigne à un apprenant Padwan. Alors que d'autres écrivains "avant-gardistes" parlaient d'OVNIs et de Reptiliens, il étoffait méthodiquement et méticuleusement l'image d'une bête qui avait pris le contrôle de la nation la plus puissante du monde. Tel un procureur spécial, il répertoriait les noms, les événements, les dates et les particularités de la conspiration criminelle la plus dangereuse qui ait jamais existé dans l'histoire, et ne recevait que très peu de reconnaissance pour cela. Le reste du mouvement de résistance était plus intéressé par les hélicoptères noirs et les troupes de l'ONU stationnées dans les forêts nationales que par la compréhension des mécanismes de l'agenda sioniste. Après des années passées à écouter ce que disait mon grand-père, quelque chose s'est finalement mis en place et j'ai commencé à tout comprendre. Cela était dû en grande partie à ce que j'avais appris de Michael Collins Piper dans un journal hebdomadaire populiste appelé *The Spotlight*, qui a été remplacé plus tard par *American Free Press*.

Sans le savoir, Piper m'avait appris à lire le dessous des cartes de ce qui se passait dans le monde politique, et en particulier l'implication de cette entité connue sous le nom de sionisme. Grâce à son analyse, c'était comme si j'avais reçu des lunettes spéciales, un peu comme celles dont on a besoin pour regarder un film en trois dimensions, sans lesquelles l'image reste floue et bidimensionnelle. Il y a longtemps que j'ai cessé de fréquenter des gens comme Rush Limbaugh et G. Gordon Liddy, car les informations que ces hommes (devenus extrêmement populaires au cours des dernières années) tentaient de colporter au peuple américain étaient un jeu d'enfant, comparativement. C'étaient des poids légers, et c'est le moins qu'on puisse dire, car il est devenu évident que ce qu'ils faisaient en réalité, c'était protéger la bête en détournant l'attention sur d'autres sujets.

Enfin, le jour est venu pour moi de mettre à l'épreuve toutes ces années d'études. Comme tout étudiant de troisième cycle cherchant à obtenir un diplôme d'études supérieures, une thèse doit être présentée au comité d'examen. Il ne suffit pas d'assister à des cours pendant de nombreuses années pour obtenir un diplôme d'études supérieures. Il ou elle doit mettre en pratique ce qu'il ou elle a appris. J'étais sur le point d'être détaché de mon mentor et d'être envoyé en guerre, en utilisant les techniques qu'il m'avait enseignées, mais avec mon propre style et mon propre flair.

Ma thèse a commencé à une date qui a changé l'Amérique pour toujours - le 11 septembre 2001 - et il reste à voir si ce changement sera pour le meilleur ou pour le pire. Pour être honnête, je n'ai pas été aussi surpris que la majorité des Américains par ce qui s'est passé ce jour-là. Comme beaucoup d'autres qui ont vécu avec la certitude qu'un programme diabolique se frayait un chemin jusqu'au sommet de ce pays, j'avais fini par reconnaître la main de ce programme dans beaucoup de choses ... Ruby Ridge, Waco, l'attentat à la bombe du World Trade Center en 1993, et le plus important de tous jusqu'à ce moment-là, Oklahoma City.

Le fait que je n'aie pas été surpris ne m'a pas empêché de suivre la couverture médiatique qui s'est déroulée toute la journée. J'avais appris, en lisant les ouvrages de M. Piper, que l'ordre du jour peut être très négligé dans les premières heures qui suivent de telles opérations, et que c'est dans cette période que les informations les plus importantes passent à travers les mailles de la censure. Piper a montré pendant des années dans ses articles comment, dans les premières heures qui suivent une opération, il reste des éléments cruciaux pour découvrir la vérité sur ce qui s'est réellement passé. J'ai appris cette leçon après Oklahoma City, lorsque des rapports ont fait surface dans les heures qui ont suivi l'explosion, indiquant qu'il y avait encore plusieurs bombes à *l'intérieur du* bâtiment Alfred P. Murrah. Pourtant, , à la fin de la journée, il n'y avait aucune mention de ces objets, en dépit du fait qu'il y avait eu des séquences vidéo brutes, vues par des millions de personnes dans les premières heures, qui montraient des équipes de démineurs en train de manipuler avec précaution des engins explosifs.

Le 11 septembre, j'ai suivi avec une concentration fanatique les premiers reportages pour m'assurer qu'il ne s'agissait pas d'un accident quelconque. Lorsque j'ai appris qu'un deuxième avion avait percuté les

Trade Towers, j'ai su qu'une opération était en cours. D'après ce que j'avais lu avant et après l'élection de Bush, tout indiquait que l'Amérique allait de nouveau entrer en guerre au Moyen-Orient, mais cette fois-ci avec une ampleur bien plus grande qu'au cours de la décennie précédente. Deux mois avant le 11 septembre, j'avais lu dans les journaux des articles sur les opérations planifiées qui se préparaient en Afghanistan. George Bush Jr, fils de l'homme qui, en 1991, avait pour la première fois conduit l'Amérique à la guerre au profit de l'État juif, s'était alors entouré (sous la direction de son père, sans aucun doute) de personnes qui étaient toutes liées à de gros intérêts pétroliers. Il avait reçu l'aval du lobby "Israël d'abord" et disposait d'une somme d'argent sans précédent pour sa campagne.

Ce que tout cela signifiait était évident pour moi : ce n'était qu'une question de minutes avant que les médias américains appartenant aux sionistes ne rejettent la faute sur une organisation musulmane basanée, malodorante et meurtrière afin de justifier une guerre à grande échelle au Moyen-Orient. Il s'est avéré que ce n'était qu'une question de minutes.

Quelques heures plus tard, mon téléphone sonnait à toute volée. Tous mes amis qui connaissaient mon origine moyen-orientale voulaient savoir ce que je pensais de tout cela. C'était une expérience exaspérante, en toute honnêteté. Même ceux qui en étaient venus à se méfier du complexe gouvernement/médias au cours des dernières années avaient toujours tendance à "rentrer chez maman" dans de tels moments et refusaient d'accorder la moindre crédibilité à ce que j'avais à dire.

Lorsque j'expliquais des choses telles que le sionisme et son objectif de s'emparer de toutes les terres et de tout le pétrole du Moyen-Orient, je ne recevais que des regards indifférents et des silences gênants. Comme le reste de l'Amérique, ils préféraient une version "drive through" de la vérité, rapidement préparée et facilement digérée.

En outre, le fondamentalisme islamique semblait bien plus intéressant pour des individus comme eux, dont la vie politique était sans histoire. Il s'agissait, pour la plupart, de chrétiens conservateurs qui en avaient assez de voir leur foi et leurs valeurs attaquées, et qui ont donc déversé leur colère refoulée sur ce qui était à l'époque une cible très commode, à savoir les membres du monde musulman. Malgré toute mon argumentation, je n'ai pas réussi à les convaincre qu'ils se faisaient rouler dans la farine par les mêmes personnes qui étaient responsables de l'abandon de la culture chrétienne dans les égouts.

Et c'est à ce moment-là, très modestement, que j'ai compris à quel point il était épuisant d'essayer d'apporter la vérité à un peuple qui ne voulait pas l'entendre... d'essayer de lui faire voir un éléphant dans une pièce qu'il était impossible de manquer, mais qu'il refusait de reconnaître. Je m'arrachais les cheveux, et cela n'avait duré que quelques mois. C'est alors que j'ai commencé à admirer les personnes qui faisaient la même chose depuis des années et qui continuaient à avancer. Ils étaient, pour reprendre les mots de Jésus, les premiers à s'opposer à l'agenda suprémaciste juif, des *prophètes sans honneur dans leur propre maison* ; et pour moi, celui qui était en tête de cette liste était Michael Collins Piper.

À ce moment-là, j'ai reconnu ma responsabilité dans cette affaire, celle de ne pas rester les bras croisés à regarder ces hommes, les Michael Collins Pipers du monde, faire tout le travail pour notre bien. Ils étaient les gardiens qui essayaient d'exposer la nature de cette bête qui menaçait de nous dévorer tous. S'ils n'avaient pas, littéralement, risqué leur vie, leur liberté et leur quête du bonheur pour le reste d'entre nous, nous ne serions plus que des statistiques aujourd'hui. Les gangsters qu'ils essayaient de démasquer étaient comme des vampires qui craignaient plus que tout la lumière du jour, et dans ce cas, la lumière du jour était la vérité que des hommes comme Michael Collins Piper éclairaient sur leurs actions. Lui et les autres comme lui n'étaient pas des surhommes, ils ne pouvaient pas faire grand-chose et ne pouvaient pas aller bien loin, et s'il n'y avait pas d'individus prêts à reprendre le flambeau, alors le feu allait mourir à coup sûr ... et c'est à ce moment-là que j'ai décidé de prendre ce flambeau à mon tour.

Mark Glenn

11 septembre 2005

Mark Glenn est l'auteur de *No Beauty in the Beast :
Israël sans son mascara*

SECTION 1

ESSAIS

CHAPITRE UN

La connexion Monica-Gate/Israël

Hillary Clinton a peut-être raison : il existe une "conspiration de droite" visant à détruire son mari. Mais ne comptez pas sur Hillary pour vous dire quelle "droite" se cache derrière ce complot et comment le scandale est utilisé pour manipuler la politique américaine au Moyen-Orient.

L'argument d'Hillary Clinton selon lequel une "conspiration de droite" en Amérique est à l'origine de l'actuel scandale sexuel et de parjure qui pourrait faire tomber son mari présente une grave lacune : après tout, ce sont les principaux médias américains - *The Washington Post* et *Newsweek* en tête, rejoints par *le New York Times* et le magazine *Time* - ainsi que les grands réseaux qui ont fait de l'agitation autour du scandale et suggéré qu'il pourrait causer la perte de Bill Clinton. *Newsweek* lui-même a fait appel à George Stephanopoulos, confident de longue date de Clinton, pour écrire sur la "trahison" de Clinton, et le jeune Stephanopoulos, aujourd'hui commentateur sur ABC, est même passé à l'antenne pour évoquer la possibilité d'une démission et d'une mise en accusation.

Et personne n'a jamais accusé l'un de ces grands médias d'être le porte-parole de la "droite" - ou de la "droite" américaine, du moins.

Toutefois, la première dame a peut-être mis le doigt sur quelque chose en affirmant qu'une "conspiration de droite" dynamise le scandale du "Monica-gate". Mais ne comptez pas sur la première dame pour oser soulever le soupçon que ce ne sont pas seulement certains éléments de la droite américaine qui ont contribué à porter le scandale à l'attention du public.

En fait, si vous creusez suffisamment, vous trouverez un lien qui va jusqu'à la "droite" dure en Israël, et qui remonte jusqu'au "Monica-gate" ici même à Washington.

Ce n'est donc peut-être pas une coïncidence si, au moment même où les sup porters américains de l'aile droite israélienne - le bloc Likoud - lançaient une grande (et amère) campagne de relations publiques contre le président Clinton, les grands médias américains ont pris le relais et se sont soudain mis à claironner les allégations concernant une nouvelle "sexcapade" de M. Clinton.

Examinons quelques faits de base (rapportés par les grands médias eux-mêmes) qui ont été, d'une manière ou d'une autre, occultés au milieu de toute la frénésie suscitée par les allégations qui ont été lancées.

Tout d'abord, bien que les médias se soient concentrés sur l'ancienne collaboratrice de la Maison Blanche, Linda Tripp, et sur sa copine, Lucianne Goldberg, comme étant les principaux instigateurs du "Monica-gate", *le Washington Post* a souligné de façon plutôt détournée, dans un article enterré à la fin du journal le 28 janvier 1998, que les avocats de Paula Jones "ont d'abord reçu plusieurs informations anonymes selon lesquelles Lewinsky pourrait avoir eu une relation sexuelle avec le président". Ce n'est apparemment qu'après que les avocats de Paula Jones ont contacté Mlle Lewinsky que le président a été informé que sa relation (présumée) avec Lewinsky avait été révélée.

À ce stade, il semble évident que ni Tripp ni Goldberg n'étaient la source, dans la mesure où ils avaient d'autres intérêts à exploiter dans l'affaire Clinton-Lewinsky. En fait, Tripp s'est adressé directement au procureur spécial Kenneth Starr.

Par conséquent, la grande question est la suivante : qui a informé les avocats de Paula Jones qu'il pourrait y avoir un "pistolet fumant" dans la relation du président avec Monica Lewinsky ?

Monica Lewinsky - du moins jusqu'à une date récente, semble-t-il - était une fidèle de Clinton, et ce n'est certainement pas elle qui a révélé l'histoire aux avocats. Par conséquent, quelqu'un de proche - ou d'espionnant - du cercle rapproché du président a dû divulguer la relation du président avec Mlle Lewinsky (qu'elle soit innocente ou non) aux avocats de Jones.

Se pourrait-il qu'il s'agisse d'un membre du camp d'Al Gore, proche de la Maison Blanche, désireux de faire entrer le vice-président dans le bureau ovale ? Il s'agit là d'une spéculation, bien sûr, mais qui n'est pas hors du champ des possibles ( ).

Mais allons plus loin. Bien que Michael Isikoff de *Newsweek* (publié par l'empire Meyer-Graham, qui possède également *le Washington Post*) ait été le premier journaliste à "creuser" officiellement l'histoire, il s'avère maintenant que, selon le *Post*, rapportant en passant le 28 janvier 1998 qu'un certain William Kristol - décrit généralement comme "rédacteur en chef du conservateur *Weekly Standard*" - avait été l'un des premiers à "mentionner publiquement" les allégations.

Le rôle de Kristol, qui a été l'un des "premiers" à publier l'histoire, est essentiel pour comprendre la situation dans son ensemble. Non seulement Kristol est l'homme de paille du magnat milliardaire des médias Rupert Murdoch - un allié majeur du Likoud, la ligne dure d'Israël - mais Kristol lui-même est le fils du journaliste Irving Kristol et de l'historienne Gertrude Himmelfarb, deux "anciens marxistes" autoproclamés qui sont devenus des figures "néoconservatrices" entretenant depuis longtemps des liens étroits avec la "droite anticommuniste" d'Israël.

Le jeune Kristol est, comme ses parents, un "Likudnik" et a sévèrement critiqué la décision du président Clinton de "tourner le dos" à Israël.

Il est également important de noter que Kristol, comme Clinton, a été initié au groupe Bilderberg, le conclave de haut niveau de l'élite en matière de politique étrangère, dominé par les familles Rockefeller et Rothschild, bien que Kristol soit (évidemment) identifié à l'aile "républicaine" du groupe Bilderberg.

Le 26 janvier 1998, alors que l'affaire Lewinsky commençait à prendre de l'ampleur et à engloutir Clinton, Kristol a publié une lettre adressée à Clinton, pressant le président de lancer une attaque militaire contre l'ennemi détesté d'Israël, l'Irak.

La lettre a été signée par Kristol et par un grand nombre d'autres célèbres partisans américains de la "droite" israélienne, dont l'ancien représentant Vin Weber, proche allié de longue date du président de la Chambre des représentants Newt Gingrich, et Richard Perle, ancien secrétaire adjoint à la défense, aujourd'hui consultant grassement rémunéré pour les intérêts israéliens dans le domaine de l'armement.

Ensuite, à la lumière du lien entre Kristol et Murdoch, il est intéressant de noter que la chaîne de télévision Fox de Murdoch mène essentiellement la charge dans les médias de l'establishment en forçant les autres réseaux à rivaliser.

La chaîne Fox News a diffusé l'affaire presque sans interruption, 24 heures sur 24, même lorsque d'autres émissions étaient diffusées. Même lorsque d'autres émissions ont été diffusées, elles ont été interrompues en raison des derniers développements du scandale Clinton, aussi banals soient-ils.

Un tabloïd de la chaîne Fox a même fait appel à un soi-disant spécialiste du "langage corporel" pour visionner une vidéo de Clinton et de Mlle Lewinsky dans une file d'attente, après quoi le soi-disant spécialiste a déclaré que Clinton traitait la jeune fille comme si elle était "la première dame".

En outre, certaines des histoires les plus scabreuses publiées dans le cadre de ce scandale naissant l'ont été par le *New York Post*, ainsi que par d'autres publications d'information appartenant à M. Murdoch.

On notera également que, ces derniers jours, Starr a "ralenti" la poursuite du scandale qui, lorsqu'il sera examiné sous toutes ses facettes, pourrait s'éteindre. Après tout, rien n'a encore été prouvé.

Même le défenseur des consommateurs Ralph Nader a souligné publiquement qu'en dépit de la frénésie médiatique et des reportages, la presse a rapporté de simples allégations comme s'il s'agissait de faits avérés.

Se pourrait-il qu'un puissant groupe de pression attende de voir comment Clinton réagira face à l'Irak ?

Lors d'une récente réunion publique à Charlotte, en Caroline du Nord, le président de la Chambre des représentants, Newt Gingrich (R-Ga.), fervent partisan du régime de Netanyahou, a suscité les huées de la foule, majoritairement républicaine, lorsqu'il a déclaré que le traitement réservé par le président au premier ministre israélien était "en dessous de la dignité de l'Amérique".

M. Gingrich faisait référence aux efforts déployés par M. Clinton pour amener le dirigeant israélien à adopter une attitude plus conciliante en vue de parvenir à un accord de paix au Proche-Orient.

Entre-temps, dans le but de soutenir une fois de plus son homme, la première dame a désigné le prédicateur Jerry Falwell et son ami, le sénateur Jesse Helms (R-N.C.), comme faisant partie de la "conspiration de la droite" qui veut s'en prendre à son président.

Ce qu'Hillary n'a pas mentionné, c'est que Falwell et Helms sont particulièrement proches - une fois de plus - de la "droite" dure du Likoud en Israël, et qu'ils s'opposent catégoriquement au soutien que le président Clinton semble apporter aux rivaux du Likoud au sein du parti travailliste israélien, qui s'est montré beaucoup plus favorable au processus de paix.

Mme Clinton n'a pas soutenu M. Netanyahou lors des élections israéliennes qui ont porté au pouvoir l'actuelle coalition extrémiste du Likoud, et elle a été embarrassée politiquement lorsque M. Netanyahou a gagné en battant les libéraux dirigés par M. Shimon Peres, plus modéré. Ce dernier prêchait la paix ; Netanyahou, pas de compromis.

Comme l'a rapporté *The Spotlight* le 2 février 1998, avant même sa rencontre officielle avec le président Clinton, le premier ministre israélien avait déjà rencontré (et participé à un rassemblement pro-Likoud en compagnie du révérend Jerry Falwell, l'un des critiques les plus virulents de M. Clinton).

Le Spotlight a noté que même *le Washington Post* avait révélé le 22 janvier 1998 qu'"un haut fonctionnaire de Netanyahou avait déclaré que le dirigeant israélien était prêt à répondre à l'opposition de la Maison Blanche en montrant ses "propres munitions" dans les cercles politiques américains" - à savoir Falwell et la "droite chrétienne" pro-sioniste tapageuse.

En Israël même, selon le *Post* du 24 janvier 1998, la presse s'est "emparée des allégations de Clinton". Le *Post* précise que "l'intérêt semble particulièrement vif parce que Monica Lewinsky est juive".

Dans le numéro du 22 janvier 1998 du quotidien israélien *Yedioth Aharonoth*, Nahum Barnea a fait un commentaire ironique : "Nous pensions innocemment que le sort du processus de paix était entre les mains d'une juive , née à Prague, nommée Madeleine Albright. Apparemment, le destin du processus de paix est, à un degré non moindre, entre les mains d'une autre Juive, Monica Lewinsky, 24 ans, originaire de Beverly Hills, qui a passé un été amusant il y a trois ans en tant que stagiaire à la Maison Blanche".

Ce qui est intéressant, c'est qu'au moment où les commentaires de Barnea ont été répétés dans le numéro du 2 février 1998 de *Newsweek*, qui a consacré un numéro spécial au scandale, *Newsweek* avait soigneusement édité les mots de Barnea de sorte qu'ils se lisent désormais comme suit : "Il s'avère que le sort du processus de paix dépend d'une femme différente.

En fait, le scandale Lewinsky a contraint le président à battre en retraite en ce qui concerne la promotion d'Israël, pour le plus grand plaisir du Likoud israélien.

Le 27 janvier, *le Washington Post a* de nouveau vendu la mèche en déclarant : "La semaine dernière, Clinton a démontré qu'il ne pouvait pas contraindre les Israéliens à assumer leurs responsabilités en matière de retrait militaire. Cette semaine [à la suite du scandale], il est encore moins capable, ne serait-ce que parce que les membres de son propre parti, sans parler des Républicains, ne soutiendront pas une politique de pression accrue sur Israël".

Ceux qui suivent l'évolution du scandale Clinton doivent certainement se demander pourquoi les médias de l'establishment se précipitent en fait pour juger dans de nombreux cas, tout en essayant, en vain, d'afficher une image d'impartialité.

C'est un peu comme s'il y avait, quelque part, un gros interrupteur sur le mur portant la mention "Get Clinton", et que quelqu'un l'avait enclenché.

CHAPITRE II

Un copain de Roosevelt déclare : "FDR savait à l'avance pour Pearl Harbor"

Des dizaines de livres et des centaines de monographies ont été écrits pour prouver que FDR savait bien à l'avance que les Japonais préparaient leur attaque du 7 décembre 1941 sur Pearl Harbor. Pourtant, seul un des collaborateurs de FDR l'a admis.

Un journaliste américain, Joseph Leib, ancien collaborateur du président Franklin D. Roosevelt, a appris une semaine avant l'attentat que les Japonais étaient sur le point d'attaquer Pearl Harbor. Et à sa grande horreur, il a également appris que FDR lui-même était au courant de l'attaque imminente et qu'il avait l'intention de la laisser se produire.

Leib, fondateur du premier club Roosevelt for President, a appris l'imminence de l'attaque le samedi 28 novembre 1941. Voici ce qui s'est passé. Ce jour-là, Leib reçoit un appel urgent du secrétaire d'État Cordell Hull. Ce dernier demande à Leib de le rencontrer près de la Maison Blanche et tous deux se rendent à pied au parc Lafayette, en face de la résidence du chef de l'État. Le membre le plus haut placé du cabinet entreprend alors de raconter à Leib une histoire qui laisse le jeune journaliste pantois.

Hull fond en larmes, puis explique les raisons de son désarroi. Hull explique à Leib que les Japonais prévoient d'attaquer Pearl Harbor dans les jours à venir. Pour preuve, le secrétaire d'État remet à Leib une transcription des messages radio japonais interceptés par les services de renseignement américains.

Hull explique à Leib qu'il a choisi de lui raconter cette histoire pour une seule raison : dans le passé, Leib a été un confident fiable. "Vous êtes le seul en qui je peux avoir confiance", dit Hull à Leib, très agité.

Leib demande alors à Hull de fournir des détails supplémentaires. C'est alors que Hull a admis que la connaissance préalable de l'imminence de l'attaque japonaise s'étendait jusqu'à la Maison Blanche elle-même.

Roosevelt veut que nous entrions en guerre", déclare Hull, "et il est prêt à risquer l'attaque d'Hawaï pour lui donner l'occasion de nous faire entrer en guerre". Le président est parfaitement au courant des plans, tout comme [J. Edgar] Hoover au FBI.

"C'est pourquoi je ne peux pas tenir une conférence de presse et l'exposer publiquement", a déclaré M. Hull. "Le président me dénoncerait et personne ne me croirait.

Après avoir promis au secrétaire d'État de ne pas révéler sa source, Leib s'est empressé de se rendre dans les bureaux de *United Press*, emportant avec lui une copie de la transcription des interceptions radiophoniques japonaises.

À *United Press*, Leib a présenté l'histoire au chef de bureau Lyle Wilson. Wilson refuse d'y croire et Leib est contraint d'aller voir ailleurs.

Harry Frantz, ancien rédacteur en chef du câble à *United Press*, a accepté de transmettre l'histoire sensationnelle de Leib, mais la version finale était incomplète. Un seul journal dans le monde entier a publié l'histoire.

Le numéro du 20 novembre *de l'Honolulu Advertiser* titrait "Les Japonais pourraient attaquer au cours du week-end", notant que les forces américaines à Hawaï étaient en état d'alerte. Pourtant, l'article ne mentionnait pas, comme l'avait écrit Leib, que la cible de l'attaque japonaise serait Hawaï - et plus précisément Pearl Harbor à Honolulu - elle-même.

Les spéculations des militaires qui s'attendaient à une attaque japonaise, mais qui n'étaient pas au courant du message secret décodé, se sont concentrées sur d'autres installations américaines dans le Pacifique, plus proches du Japon.

Les journalistes étaient au courant de ces spéculations. Si l'*Advertiser* avait reçu un article contenant la date d'un attentat attendu, mais suffisamment confus pour masquer la cible visée, le titre et l'article qu'il a publiés auraient été une réaction raisonnable.

En novembre 1941, Honolulu était une "ville militaire" et les opérations militaires menées par les Japonais dans le Pacifique intéressaient beaucoup plus les lecteurs de l'*Advertiser* que les habitants du continent.

Si les Japonais avaient attaqué une installation américaine dans le Pacifique occidental, cela aurait sans aucun doute précipité un mouvement massif de personnel et de matériel de la marine depuis la région d'Honolulu, ce qui aurait rendu les rédacteurs de ce journal beaucoup plus sensibles à toute histoire de cette nature, même brouillée.

Lors d'un entretien avec l'auteur en février 1984, Leib a souligné que "si j'avais pu publier mon histoire à ce moment-là - la semaine précédant Pearl Harbor - Pearl Harbor n'aurait jamais eu lieu".

En fait, un mois après l'attaque de Pearl Harbor, l'allégation de Cordell Hull selon laquelle le FBI était au courant de l'imminence de l'attaque a été formulée dans un bref article du *Washington Times-Herald*. Cependant, les éditions ultérieures du même journal ont supprimé cet article important sous la pression du directeur du FBI, M. Hoover. "Nous n'avions pas de presse libre à l'époque", a déclaré Leib, "et nous n'avons pas de presse libre aujourd'hui".

L'attaque de Pearl Harbor n'a pas plus surpris Leib que Roosevelt. Mais un incident survenu peu après l'attaque a pris Leib par surprise : Wilson, de *United Press*, a convoqué Leib dans son bureau et lui a remis le communiqué de presse personnellement édité par Roosevelt et contenant la transcription du discours du "Jour d'infamie" de FDR, dans lequel il demandait au Congrès de déclarer la guerre au Japon.

Leib demande à Wilson pourquoi il lui donne ce précieux document. "Steve Early me l'a donné", a répondu Wilson, en faisant référence à son ami proche qui était l'attaché de presse de FDR. "Je lui ai dit que vous m'aviez apporté l'histoire de l'attaque imminente, mais que je ne l'avais pas utilisée. C'était sa façon de me remercier".

"Si j'avais utilisé cette histoire", a regretté M. Wilson, "nous aurions pu sauver des milliers de vies".

Cependant, comme Leib l'a fait remarquer plus tard, Roosevelt avait déjà impliqué les États-Unis dans les conflits européens, préparant ainsi le terrain pour la guerre. "Nous avions des gens à l'étranger huit mois avant la guerre". En ce qui concerne les résultats de la guerre, Leib reste cynique rétrospectivement. "Nous, , n'avons pas gagné la Seconde Guerre mondiale. Nous l'avons perdue. Ce sont les Soviétiques qui ont gagné la Seconde Guerre mondiale.

Nous avons tout donné à l'URSS. Nous avons tout donné aux Rouges. "Et même avant Pearl, quand Hitler poussait vers Moscou, nous avons dépensé 1,5 milliard de dollars pour sauver l'URSS. Est-ce que cela a un sens ? C'est ce qui s'est passé : Nous avons tout donné à l'URSS". Leib conclut qu'il ne pense pas qu'il s'agisse d'un accident. "C'était voulu.

Leib se souvient qu'au cours de la campagne présidentielle de 1932, il avait demandé à FDR ce qu'il ferait s'il était élu. "Il a répondu que l'une des premières choses qu'il ferait serait de reconnaître l'URSS. Leib a demandé à FDR pourquoi il voulait faire cela, et le candidat à la présidence a répondu : "Eh bien, les Soviétiques ont un grand marché pour nos produits".

Leib est perplexe. Il savait que l'économie soviétique était à la traîne et demanda à FDR : "Comment vont-ils payer nos produits ?" FDR a répondu : "Eh bien, nous leur prêterons l'argent."

Avec une certaine ironie, Leib a rappelé plus tard que FDR avait un jour écrit une lettre au Premier ministre britannique Winston Churchill dans laquelle il lui disait qu'il pourrait faire tourner le dictateur soviétique Josef Staline autour de son doigt. "En fait, selon Leib, c'est exactement l'inverse qui s'est produit.

Staline a fait tourner Roosevelt autour de son doigt". Et cela a bien sûr conduit à l'expansion soviétique à travers l'Europe de l'Est pendant une génération.

Les souvenirs de Leib concernant FDR, l'époque du New Deal et la Seconde Guerre mondiale étaient assez précis. Avec une certaine tristesse, il se souvient de la manière dont FDR a traité le secrétaire d'État Cordell Hull, qu'il aimait beaucoup. "Vous seriez étonné de voir ce que Roosevelt lui a fait subir. Leib raconte qu'un jour, Hull lui a fait part d'une longue liste d'indignités qu'il (Hull) avait subies de la part de FDR.

Selon Leib, "Hull n'était pas un New Dealer. Il était très blessé par tout ce qui se passait. Mais il était fatigué du Sénat, où il avait servi de nombreuses années, et avait accepté de servir dans l'administration".

Selon Leib, Hull n'a jamais tenté de dénoncer la trahison du président à Pearl Harbor pour une seule raison : "Hull était un vieil homme, et s'il avait dénoncé le président, il ne voulait pas avoir à subir la pression que j'ai subie".

Leib note que "après tout ce que j'ai fait contre Roosevelt, on pourrait penser qu'il m'aurait accusé publiquement de sédition. Mais il l'a fait en coulisses".

Leib a rappelé le tristement célèbre "procès pour sédition" au cours duquel les détracteurs de la politique étrangère de FDR ont été, en fait, accusés de sédition (avant que les charges ne soient abandonnées et que l'affaire ne soit déclarée nulle à la mort du juge qui présidait le procès).

Leib se souvient avec un dégoût particulier du traitement réservé au célèbre poète américain Ezra Pound. "Il a rendu Roosevelt fou [avec ses émissions de radio en provenance d'Italie]. Roosevelt a tellement harcelé le procureur général Francis Biddle pour obtenir Pound, et ils ont finalement réussi. Biddle ne voulait pas le faire, mais ils ont finalement réussi. Je pense que ce qu'ils ont fait à Pound est honteux".

(Après la guerre, Pound a été incarcéré pendant plus de dix ans à l'hôpital St. Elizabeth, un établissement psychiatrique de Washington, après avoir été officiellement déclaré "fou" et incapable de subir un procès pour de fausses accusations de trahison).

Les souvenirs que Leib garde de "Roosevelt l'homme" sont tout aussi précis. "On ne pouvait pas croire ce qu'il disait. Roosevelt était un homme perfide et personne n'était vraiment proche de lui. Tout le monde pensait être proche de lui, mais ce n'était pas le cas.

"J'ai vu Roosevelt parler à des gens qui lui laissaient l'impression qu'il était d'accord avec eux, alors que c'était tout le contraire". Leib se souvient d'une occasion, par exemple, lorsque FDR était encore gouverneur de New York. Leib a vu FDR charmer un groupe d'éditeurs venus lui rendre visite, mais à peine étaient-ils partis que Roosevelt publiait un communiqué de presse contenant un message exactement contraire à ce qu'il avait dit aux éditeurs.

Avec un certain amusement, Leib a rappelé l'impact des célèbres "conversations au coin du feu" de FDR. Leib a souligné que "FDR a tenu les mêmes conversations au coin du feu lorsqu'il était gouverneur : "Lorsqu'il était gouverneur, FDR tenait les mêmes conversations au coin du feu ( ) et on le traitait de clown en disant : "Écoutez cette voix de mauviette." Mais lorsqu'il est devenu président et qu'il a fait la même chose, on a dit : "Quel merveilleux orateur ! Mais lorsqu'il est devenu président et qu'il a fait la même chose, ils ont dit : 'Oh, quel merveilleux orateur et quelle grande personnalité'. C'est ce que la bonne publicité fait pour quelqu'un", a déclaré M. Leib. "Roosevelt était efficace, terriblement efficace", se souvient Leib.

"Trop". En fait, Leib était tout à fait qualifié pour faire une telle évaluation. Il a commencé sa carrière comme un fervent partisan de Roosevelt, en tant qu'organisateur national clé de la campagne présidentielle de FDR en 1932.

Par l'intermédiaire de parents, Leib a rencontré Roosevelt en 1928, alors que ce dernier soutenait la campagne présidentielle malheureuse du démocrate Al Smith. Roosevelt était alors candidat à son premier mandat de gouverneur de New York. En 1930, alors que FDR brigue un second mandat, Leib crée le premier club Roosevelt for President. À la fin de l'année 1930, Leib dirigeait près de 100 clubs Roosevelt pour le président dans 21 États différents.

Leib est arrivé à Washington avec FDR après la victoire à l'élection présidentielle de 1932, et c'est là qu'il a fait la connaissance d'un grand nombre des hauts fonctionnaires qui entouraient FDR. Le secrétaire d'État Hull, mentionné plus haut, est l'un de ceux dont il s'est rapproché.

Cependant, Leib est de plus en plus mécontent lorsqu'il voit le New Deal à l'œuvre. La National Recovery Administration, pour laquelle Leib travaillait, sapait les petites entreprises au profit des grandes, et l'Agricultural Adjustment Administration, pour laquelle Leib travaillait également, encourageait les agriculteurs à détruire leurs récoltes, leurs produits laitiers et leurs animaux, alors que des millions d'Américains étaient au bord de la famine.

En conséquence, Leib a déclaré : "Presque tous les hommes avec lesquels j'ai travaillé pour Roosevelt se sont retournés contre lui". Leib lui-même ne tarde pas à se séparer de FDR et commence à travailler en indépendant, rédigeant des discours, des communiqués de presse et des articles de presse depuis Washington.

"Huit mois après l'élection de FDR pour son second mandat [1936], j'ai prédit qu'il allait se présenter pour un troisième mandat et tout le monde s'est moqué de moi". En fait, c'est l'insistance de Leib à dévoiler le projet de FDR de briguer un troisième mandat qui a conduit à la rupture de Leib avec son héros et mentor d'autrefois.

Leib fonde son accusation selon laquelle FDR envisageait de briguer un troisième mandat sur une lettre que Franklin D. Roosevelt Jr. lui avait écrite (Leib) et dans laquelle il déclarait : "La nécessité de trancher une telle question ne s'est pas encore fait sentir, car ce que nous pensons aujourd'hui pourrait devoir être révisé dans trois ans à la lumière de circonstances indépendantes de notre volonté, telles que la situation à l'étranger". C'était, note Leib, trois ans avant l'entrée en guerre des États-Unis et deux ans avant l'invasion de la Pologne par Hitler, le 1er septembre 1939.

Pourtant, FDR a brigué un troisième mandat et, comme l'avait prédit Leib, a utilisé la "situation extérieure" - la guerre - comme l'une des raisons pour lesquelles il demandait le soutien du peuple américain afin de rompre la tradition selon laquelle il n'y avait pas de troisième mandat.

Par la suite, Leib a donc été l'un des principaux artisans de l'adoption du 22e amendement à la Constitution, qui limitait à deux le nombre de mandats électifs d'un président.

Dans un discours prononcé en 1984, M. Leib a déploré les bons souvenirs que de nombreux Américains, dont le président de l'époque, Ronald Reagan, gardaient de Franklin D. Roosevelt. "Cela semble être universel", a-t-il noté. "Je crains qu'à cause de cela, nous continuions à commettre des erreurs et que les responsables s'en tirent à bon compte.

Cependant, Leib lui-même a gardé de bons souvenirs de certaines figures de proue de l'époque. "Burton Wheeler était probablement un homme honnête. Gerald Nye en était un autre. Hamilton Fish était une bonne âme. Robert Taft aussi. C'était un homme bon et honnête. Douglas MacArthur aurait pu être un bon président. Il était certainement un meilleur général que beaucoup d'autres".

Après le déclenchement de la guerre, Leib, en tant que journaliste indépendant, a lancé une enquête personnelle sur les profits tirés des contrats de défense, qui a débouché sur une véritable enquête du Congrès sur la question.

Leib a également été reconnu pour avoir réussi à réorganiser le Bureau de sécurité de l'armée de l'air en temps de guerre et à corriger les méthodes de production défectueuses des aéronefs. "Je ne l'ai pas fait pour une quelconque récompense", a-t-il déclaré. "J'étais satisfait de savoir que j'avais sauvé des vies et de l'argent.

Leib a reçu une récompense spéciale du Commandement de la défense aérospatiale pour ses efforts et a été largement reconnu par de nombreux membres du Congrès pour son travail. Plusieurs résolutions demandant que Leib reçoive la Médaille d'honneur du Congrès ont été présentées au Congrès à diverses occasions.

En outre, Leib a lui-même servi dans l'armée américaine et, par la suite, a été très actif dans les groupes d'anciens combattants. Il a pris sa retraite dans la région de Washington, D.C., à Arlington, en Virginie, où il est décédé.

CHAPITRE III

Attaque israélienne contre le *USS Liberty*

Voici un aperçu des circonstances choquantes entourant l'assassinat de 34 Américains par les forces armées d'Israël dans le cadre d'une attaque terroriste dont peu d'Américains sont au courant. Le nouveau film de Tito Howard, *Loss of Liberty*, est le documentaire à ne pas manquer qui raconte tous ces détails et bien plus encore.

Le 8 juin 1967, l'*U.S.S. Liberty*, un navire de guerre américain naviguant en Méditerranée, a été soudainement et délibérément attaqué par les forces navales et aériennes de l'État d'Israël. L'attaque a eu lieu au milieu d'un après-midi ensoleillé. Le drapeau américain à bord du *Liberty* flottait clairement dans la brise. Trois avions israéliens banalisés, accompagnés de trois torpilleurs, ont mené cet assaut brutal.

L'attaque a commencé par des roquettes, puis s'est poursuivie avec du napalm, un produit chimique brûlant qui s'accroche à la peau humaine avec des résultats effroyables. Les torpilleurs ont ensuite bombardé le pont du *Liberty* avec leurs mitrailleuses, tandis que les marins américains tentaient d'éteindre les incendies provoqués par le napalm. *Le Liberty* a ensuite été torpillé non pas une, mais trois fois.

Par miracle, il n'a pas coulé. Trente-quatre Américains sont morts dans l'incident et 171 autres ont été blessés. Lorsque la nouvelle de l'attaque est parvenue à la Maison Blanche, le président Lyndon B. Johnson a alerté le commandant de la Sixième flotte pour qu'il se prépare à une action de représailles, en supposant que les Égyptiens étaient responsables. Plus tard, lorsque le président a appris que les Israéliens étaient responsables, il a annulé l'alerte.

La presse américaine a très peu parlé de cette tragédie. Le peu d'informations disponibles indiquent qu'il s'agit d'une "erreur tragique". En outre, les médias ont sous-estimé le nombre de morts.

Ensuite, sous la direction de l'amiral John S. McCain, commandant en chef des forces navales américaines en Europe, une commission d'enquête a été menée par le contre-amiral I. C. Kidd. McCain et Kidd savaient mieux, , mais ils ont tout de même annoncé que l'attaque était un "cas d'erreur d'identité".

(La couverture par McCain du massacre par Israël des garçons de la marine américaine a forgé un lien unique entre la famille McCain et Israël, de sorte qu'aujourd'hui le fils de McCain, John, le sénateur républicain de l'Arizona, est le républicain préféré d'Israël). Les survivants du *Liberty* ont reçu l'ordre de "se taire". Quiconque parlait était menacé de passer en cour martiale. "Si quelqu'un pose des questions, les marins devaient dire qu'il s'agissait d'un accident. Les survivants ont été dispersés dans le monde entier afin qu'aucun homme ne soit envoyé au même endroit.

L'incident a été mentionné en passant dans divers médias, mais la première fois que l'histoire choquante a été racontée à l'échelle nationale, c'était dans *The Spotlight*, le 26 avril 1976.

Cependant, dès le mois suivant la tragédie, le 15 juillet 1967, la lettre d'information *The Washington Observer*, publiée par des personnes associées au Liberty Lobby, l'institution populiste basée à Washington, a annoncé à ses lecteurs que l'attaque israélienne contre le navire américain était effectivement délibérée.

Il ne fait aucun doute que les Israéliens avaient non seulement l'intention de couler *le Liberty*, mais aussi de tuer tout l'équipage afin qu'aucun témoin vivant ne puisse apparaître pour pointer du doigt les Israéliens. Les Israéliens espéraient rejeter la responsabilité du crime sur les Arabes - une technique de "faux drapeau" utilisée depuis longtemps par Israël dans ses nombreux actes de terrorisme.

Les défenseurs d'Israël exigent de savoir pourquoi les Israéliens souhaiteraient la destruction totale du *Liberty* et le meurtre en masse de tous ceux qui se trouvaient à bord. L'explication est simple : le *Liberty* était un navire espion - réputé être à l'époque le plus sophistiqué au monde - qui recueillait des informations qui auraient démontré que, contrairement à la ligne de propagande publique d'Israël, Israël cherchait à intensifier la guerre des six jours de 1967 alors en cours en tentant d'étendre ses gains territoriaux, tout en planifiant une incursion dans les territoires arabes de Cisjordanie et de la bande de Gaza. Cela aurait également montré qu'Israël, et non les États arabes, était le véritable agresseur et qu'il avait l'intention d'envahir la Syrie.

Un rapport *Spotlight* du 21 novembre 1977 a impliqué le chef du contre-espionnage de la CIA, James J. Angleton, dans l'orchestration de l'attaque du *Liberty* avec Israël. Fidèle d'Israël, il dirigeait la liaison entre la CIA et l'agence de renseignement israélienne, le Mossad, et a joué un rôle clé en aidant Israël à développer son arsenal nucléaire (au mépris du président John F. Kennedy). Angleton pensait que la destruction du *Liberty* pouvait être utilisée comme un incident du type "Pearl Harbor" ou "Remember the Maine" pour enflammer les passions américaines contre les Arabes.

En 1983, un rapport top secret préparé en 1967 par le conseiller juridique du secrétaire d'État américain a été publié (sans fanfare) pour la première fois. Ce rapport évaluait les affirmations d'Israël selon lesquelles l'attaque était une erreur. Le rapport a démontré que les affirmations d'Israël étaient des mensonges. Par exemple :

- Les Israéliens ont affirmé que le *Liberty* se déplaçait à une vitesse élevée (et donc suspecte) de 28 à 30 nœuds. En réalité, le navire dérivait à seulement cinq nœuds.

- Les Israéliens ont prétendu que le *Liberty* avait refusé de s'identifier. En fait, les seuls signaux émis par les torpilleurs israéliens l'ont été après le lancement de l'attaque, de sorte que 25 marins étaient déjà morts lorsque le *Liberty* a été touché par une torpille israélienne.

- Les Israéliens ont affirmé que le *Liberty* n'arborait pas de drapeau américain ni d'insigne d'identification. En fait, non seulement le *Liberty* arborait un drapeau américain flottant au vent, mais après que ce drapeau ait été abattu, un autre drapeau, beaucoup plus grand, a été hissé par les marins américains lorsqu'ils se sont rendu compte qu'ils étaient attaqués par des forces ostensiblement "amies" de "notre allié, Israël". En outre, le nom et les numéros d'identification du *Liberty* étaient clairement affichés sur la coque qui venait juste d'être peinte.

Selon les survivants du *Liberty*, l'avion israélien avait en fait tourné autour du navire pas moins de 13 fois pendant plusieurs heures avant le début de l'attaque. Certains marins du *Liberty* ont même salué les

Israéliens "amicaux" depuis le pont du navire, sans savoir qu'ils allaient être anéantis peu de temps après.

Voici quelques commentaires de survivants américains de l'attaque israélienne contre le *Liberty*. Leur point de vue reflète celui de nombreux autres survivants. Tous ces militaires américains pourraient-ils se "tromper" ou "mentir" - comme le prétendent les défenseurs d'Israël - sur la culpabilité d'Israël dans la tragique affaire du *Liberty* ?

- Ernie Gallo : "La veille [de l'attaque], j'étais en haut lorsque des avions israéliens sont arrivés - et très près, de sorte que nous pouvions faire signe aux pilotes - et ils étaient si près que nous pouvions leur faire signe en retour".

- Rick Aimetti : "C'était une journée très claire. Il faisait chaud, le soleil brillait, une belle brise soufflait et je me souviens très bien avoir entendu le drapeau [américain] claquer au vent."

- Phil Tourney : "Il y a eu environ treize sorties de notre navire de six heures à midi. Nous avons eu un exercice général de quartier qui a duré environ quarante-cinq minutes."

- Stan White : "Je suis sorti sur le pont, un avion est passé et j'ai regardé dans le cockpit. Il m'a fait signe. J'ai fait un signe de la main. C'est dire à quel point ils étaient proches. Ils savaient qui nous étions."

- George Golden : "De tous les vols de reconnaissance qu'ils ont effectués ce matin-là - en regardant notre navire pendant six à sept heures - ils avaient une bonne idée de ce qu'ils faisaient, et ils nous ont frappés durement et rapidement avec tout ce qu'ils avaient".

- James Smith : "J'étais sur le pont pour lutter contre les incendies et effectuer d'autres travaux de contrôle des dégâts pendant toute la durée de l'attaque. En même temps, j'ai pu observer les avions à réaction qui volaient au-dessus de moi, et j'ai également observé le drapeau américain qui flottait au mât. À aucun moment, ce drapeau n'a été suspendu au mât".

Joe Meadors : "Mon seul travail pendant l'attaque était de m'assurer que le drapeau flottait, alors toutes les quelques minutes, je me rendais sur la passerelle de signalisation, au niveau du mât.

Les survivants américains de l'attaque terroriste brutale d'Israël sur le *USS Liberty* ont affirmé que la nature de l'assaut constituait sans aucun doute un crime de guerre.

Lloyd Painter, un survivant, se souvient : "J'ai personnellement assisté au mitraillage des radeaux de sauvetage qui passaient à proximité. Les membres de l'équipage des torpilleurs israéliens ont tiré à la mitrailleuse sur les radeaux de sauvetage, s'assurant que s'il y avait eu quelqu'un dans les radeaux, il n'aurait pas survécu". Un autre survivant, Don Bocher, a souligné que les plans d'abandon du navire ont été annulés parce que les radeaux de sauvetage avaient été détruits. En fait, tirer sur les radeaux de sauvetage d'un navire en détresse est un crime de guerre.

Josey Toth Linen, dont le frère Stephen est mort sur le *Liberty*, souligne également : "Mon frère a été envoyé sur le pont du navire pour savoir qui étaient les avions et d'où ils venaient. Ils ne portaient aucune marque. C'est contraire aux règles de guerre de Genève... Il a été fauché par les avions".

Par conséquent, Israël a bel et bien commis des crimes de guerre lors de son attaque injustifiée contre le navire américain ami.

David Lewis, un survivant, ajoute : "Si [le navire] avait coulé, je suppose que lorsque les débris se seraient échoués sur le rivage le lendemain, on aurait accusé l'Égypte... Les hélicoptères de combat, j'en suis sûr, auraient ramassé les survivants si nous avions abandonné le navire. Ils ont été envoyés là pour nous achever. Les avions ont été envoyés pour nous mettre au secret afin que nous ne puissions pas lancer de SOS. Les torpilleurs ont été envoyés pour nous couler.

"Et les hélicoptères ont été envoyés pour récupérer les survivants. C'était une opération militaire parfaitement exécutée. Si vous regardez les photos du *Liberty* après l'attaque, vous verrez que lors du premier mitraillage, ils ont utilisé des missiles à tête chercheuse qui ont détruit la section d'accord de chaque émetteur du navire. En moins de deux secondes, ils ont supprimé toutes nos capacités de communication".

Le capitaine du navire, W. L. McGonagle, s'est fait l'écho des préoccupations des autres survivants, en notant que "la férocité de l'attaque semblait indiquer que les attaquants avaient l'intention de couler le navire : "La férocité de l'attaque a montré que les assaillants avaient l'intention de couler le navire.

Peut-être espéraient-ils qu'il n'y ait pas de survivants afin de ne pas être tenus pour responsables de l'attaque après qu'elle ait eu lieu".

CHAPITRE IV

Un Américain d'origine amérindienne s'exprime : L'Holocauste est terminé ; trop c'est trop

La controverse "Qui a tué John F. Kennedy ?" a fait couler autant d'encre que "l'Holocauste". Il était donc peut-être inévitable que ces deux controverses, qui n'ont rien à voir l'une avec l'autre, finissent par s'entremêler une fois pour toutes. Sans le vouloir, j'ai joué un rôle dans ce phénomène étrange.

Au cours de l'été 1997, j'ai été invité à parler de mon livre, *Final Judgment : The Missing Link in the JFK Assassination Conspiracy* (*Jugement final : le chaînon manquant dans la conspiration de l'assassinat de JFK*), lors d'un séminaire organisé par un collège communautaire dans le comté d'Orange, en Californie. La thèse de ce livre est que l'agence de renseignement israélienne, le Mossad, a joué un rôle de premier plan aux côtés de la CIA et du syndicat du crime Meyer Lansky dans l'assassinat du président Kennedy.

Presque instantanément, le sponsor du séminaire et moi-même avons été frappés par un barrage médiatique national instigué par la Ligue anti-diffamation (ADL) de B'nai B'rith. L'ADL a déclaré à la presse (qui a obligeamment rapporté l'allégation) que j'étais un "négateur de l'Holocauste" et que, pour cette seule raison, on devrait me refuser l'opportunité de discuter de mon livre.

En réalité, mon livre n'a absolument rien à voir avec l'Holocauste, mais apparemment l'ADL avait déterminé que le meilleur moyen de me discréditer aux yeux du public et de la communauté universitaire était de lancer l'ultime calomnie, à savoir que j'avais (Dieu m'en garde) "nié l'Holocauste".

Déterminée à détourner l'attention de ce que mon livre aborde réellement - le rôle du Mossad israélien dans l'assassinat de JFK -, l'ADL avait manifestement décidé que faire des allégations sur mes prétendues opinions concernant l'Holocauste était le meilleur moyen d'ébranler le public et de déclencher une tempête d'opposition - un "Holocauste", pour ainsi dire - afin de m'empêcher d'être entendu.

Je n'aurais peut-être pas dû être surpris. Après tout, l'historien israélien Yehuda Bauer a déclaré à l'*Associated Press* (comme l'a rapporté *The (Portland) Oregonian* le 21 décembre 1988) que "chaque politicien utilise aujourd'hui l'Holocauste pour soutenir son programme politique".

En fait, il ne fait aucun doute que "l'Holocauste" est devenu un puissant outil politique pour l'État d'Israël dans l'arène mondiale.

Le 24 avril 1998, lors d'une cérémonie commémorative à Auschwitz, le Premier ministre israélien Binyamin Netanyahou a clairement indiqué qu'il ne laisserait jamais les États-Unis - ou le monde - oublier "l'Holocauste". Il a également précisé que, oui, même les États-Unis, qui sont intervenus dans la guerre européenne pour arrêter Hitler, étaient également responsables de "l'Holocauste". Selon le premier ministre israélien, "il suffisait de bombarder les voies ferrées. Les Alliés bombardaient des cibles à proximité. Les pilotes n'avaient qu'à pointer leur réticule. Vous pensez qu'ils ne savaient pas ? Ils le savaient.

Ils n'ont pas bombardé parce qu'à l'époque, les Juifs n'avaient pas d'État, ni de force militaire et politique pour se protéger".

En bref, si l'on croit que les nazis étaient effectivement engagés dans un programme d'extermination massive - gazages massifs - à Auschwitz, alors les Alliés ont sciemment laissé mourir des Juifs.

Cela ne manquera pas de surprendre les millions d'anciens combattants américains de la Seconde Guerre mondiale qui ont risqué leur vie pour sauver les Juifs d'Europe des griffes d'Hitler. Cette allégation fera également réfléchir les millions d'Américains qui ont vu leurs pères et leurs fils mourir au cours de cette guerre tragique. Cependant, on nous dit maintenant que, parce qu'Hitler a tué six millions de Juifs et que les Alliés les ont laissés mourir, il est du devoir de tout non-Juif vivant sur cette planète de faire pénitence à l'État d'Israël, la minuscule nation qui "renaît des cendres de l'Holocauste".

Il était donc presque inévitable que la question de "l'Holocauste" soit introduite d'une manière ou d'une autre dans le débat - ou le non-débat, selon le cas - sur la thèse de mon livre, qui ose dire quelque chose de moins qu'agréable au sujet d'Israël.

En fin de compte, à cause de la question de l'Holocauste, ce séminaire universitaire sur l'assassinat de JFK a été annulé et je n'ai jamais eu l'occasion de parler du livre ou, si j'ose dire, de l'Holocauste.

Mais ces allégations de "négationnisme" m'ont fait réfléchir à ce sujet - et je suppose que je dois remercier l'ADL pour cela.

En fait, la première fois que j'ai appris que l'ADL prétendait que j'étais un "négationniste de l'Holocauste", c'est lorsqu'un jeune journaliste du *Los Angeles Times* m'a contacté et a commencé à me poser des questions sur l'Holocauste.

D'emblée, j'ai dit ceci au journaliste : "Tout d'abord, mon livre porte sur l'assassinat de JFK : "Tout d'abord, mon livre traite de l'assassinat de JFK. Il n'a rien à voir avec l'Holocauste. L'assassinat de JFK a eu lieu en 1963. L'Holocauste a pris fin en 1945. Mon opinion sur ce qui s'est passé ou non pendant l'Holocauste n'a rien à voir avec mon livre sur l'assassinat de JFK. C'est un tout autre sujet".

Mais le journaliste n'en démord pas. "Il m'a demandé ce que je pensais de l'Holocauste. Je lui ai répondu que le sujet ne m'intéressait guère, mais qu'en raison d'un flux apparemment ininterrompu de reportages, de nouveaux livres, de feuilletons télévisés et cinématographiques et d'autres "événements" médiatiques, il était pratiquement impossible pour quiconque dans le monde moderne de ne pas avoir entendu parler de ce sujet.

Mais cela n'a pas satisfait le journaliste, et lorsque tout a été dit et fait, il a rapporté dans les pages du *Los Angeles Times* ce qui suit : "En ce qui concerne ses opinions sur l'Holocauste, Piper a déclaré qu'il contestait le chiffre de 6 millions de Juifs morts aux mains des nazis, faisant allusion aux affirmations selon lesquelles le chiffre est en réalité beaucoup plus bas et qu'aucun Juif n'a été tué dans les chambres à gaz".

Tout d'abord, le *Los Angeles Times* a menti. Je n'ai jamais fait référence à des allégations selon lesquelles aucun juif n'aurait été tué dans des chambres à gaz. En fait, l'expression "chambres à gaz" n'a pas franchi une seule fois mes lèvres ( ). Et je *n'ai pas* dit, comme l'a rapporté le *Times*, que je contestais le chiffre très médiatisé de "six millions de Juifs" morts aux mains des nazis.

Au lieu de cela, lorsqu'on m'a demandé si je doutais du chiffre de "six millions", je lui ai dit qu'il y avait de nouvelles affirmations (émanant de sources juives) selon lesquelles le chiffre était beaucoup plus élevé que les "six millions" vantés.

"En ce qui concerne les chiffres, lui ai-je dit, j'ai entendu le chiffre de six millions toute ma vie. On ne peut pas se retourner sans lire quelque chose à ce sujet dans la presse, tout le temps.

Cependant", ai-je ajouté, "ces dernières années, certains historiens juifs ont affirmé que ce chiffre atteignait sept millions, voire huit millions. Je ne sais donc pas quel est ce chiffre". Je n'étais pas là. Cela s'est passé - peu importe ce qui s'est passé - au moins 15 ans avant ma naissance, et à plusieurs milliers de kilomètres de la petite ville américaine où j'ai grandi !

J'ai renvoyé le journaliste au *Washington Post* du 20 novembre 1996, à l'édition du très réputé *Jerusalem Post* de la semaine se terminant le 23 novembre 1996 et à l'édition du 23 mai au 30 mai 1997 de la *Jewish Press*, basée à New York, qui rapportaient *tous* que le nombre de victimes juives de l'Holocauste avait été gonflé (par des sources juives) à au moins sept millions, voire plus. Mais le *Los Angeles Times - aux* ordres de l'ADL - n'a pas rapporté cette information car, bien sûr, elle n'allait pas dans le sens de la ligne de propagande qu'il tentait de promouvoir.

Ainsi, même si le *Times* était obsédé par l'Holocauste, il n'a jamais rapporté ce que j'avais réellement à dire sur ce sujet très discuté, bien qu'il ait gratuitement ajouté qu'un auteur juif américain, Gerald Posner, qui a écrit un livre sur l'Holocauste (ainsi qu'un livre très promu affirmant qu'il n'y avait pas de conspiration derrière l'assassinat de JFK), a déclaré que ma thèse particulière sur la conspiration de JFK - selon laquelle le Mossad d'Israël était impliqué - était "similaire à l'idée que l'Holocauste était un canular"." (Voilà encore ce vieil Holocauste !)

Mais il est assez intéressant de constater que, dans la mesure où l'ADL affirmait jusqu'à récemment que le "négationnisme" consistait à "nier que l'Holocauste ait jamais eu lieu", l'ADL prend soin de dire que le mouvement dit "négationniste" conteste des détails de l'Holocauste, tels que, par exemple, le nombre réel de juifs qui sont morts. Pourtant, malgré tout cela, malgré le nombre croissant d'articles de presse sur le nombre réel de personnes décédées, le discours sur le "déni de l'Holocauste" se poursuit.

Et tandis que j'étais occupé à repousser les questions des médias concernant ma position sur la question de l'Holocauste - comme si j'étais en quelque sorte tenu de prendre position - il y a autre chose que je me suis empressé de souligner : Mon père et trois de ses frères ont participé aux activités de sauvetage des victimes de l'Holocauste pendant la Seconde Guerre mondiale. En d'autres termes, ils étaient membres de l'armée américaine. Deux garçons Piper étaient dans l'armée américaine, l'un était pilote dans la marine et mon père était un soldat de l'armée américaine.

Les soldats de l'armée de l'air ont été des marins qui ont participé à des combats acharnés dans le Pacifique. Ils ont risqué leur vie pour combattre l'Allemagne nazie et le Japon impérial et mettre fin à ce que nous appelons aujourd'hui "l'Holocauste". Mon père a contracté la malaria et a passé des mois dans un hôpital pour vétérans pour se rétablir. Les trois autres ont eu plus de chance.

Quoi qu'il en soit, ma pauvre grand-mère a envoyé ses quatre garçons au bout du monde et a passé deux ans à vivre seule en se demandant s'ils reviendraient jamais vivants à la maison. Je me souviens avoir été effrayée et angoissée, étant petite, lorsque mon père m'a dit un jour : "Pense à la pauvre Nina (ma grand-mère) et au fait qu'elle devait rester assise ici, dans cette grande et vieille maison, seule la nuit, et s'inquiéter pour ses garçons."

Je me souviens encore (même s'il était là avec moi) de la terreur que j'éprouvais à l'idée que mon père soit massacré dans les jungles d'Asie. Je me souviens d'avoir vu une photo célèbre et très horrifiante d'un pilote australien capturé sur le point d'être décapité par les Japonais et d'avoir pensé : "Cela aurait pu être mon père". J'ai donc grandi en étant très conscient des maux de la guerre et de ses conséquences.

Comme de nombreux vétérans américains de la Seconde Guerre mondiale, mon père était un fervent admirateur de Franklin Roosevelt. Il s'est même retrouvé un jour, en tant que fier Marine, à la revue, à quelques pas de FDR et de son petit chien Fala. C'est probablement son souvenir le plus cher.

Bien que FDR n'ait rien écrit, mon père, grand lecteur, passait une grande partie de son temps libre à étudier les mémoires de guerre de Winston Churchill, les écrits de William Shirer et toutes les autres normes "approuvées" sur le sujet.

Je me souviens (alors que j'étais encore écolier) de mon père me montrant la photo mondialement connue d'un petit garçon juif effrayé, les bras levés en signe de terreur alors qu'un soldat nazi le tient en joue. "Voilà ce que ces sales nazis ont fait aux Juifs", répétait mon père. J'ai dû voir cette photo au moins dix fois, accompagnée de son commentaire.

Cependant, comme je l'ai appris des années plus tard, trois "survivants de l'Holocauste" juifs différents ont été impliqués dans une horrible bataille de skunk pour savoir qui était vraiment le "petit garçon juif gazé par les nazis". Quoi qu'il en soit, le *New York Times* (que j'ai pris l'habitude d'appeler "Holocaust Update"), qui fait toujours autorité, a rapporté le 28 mai 1982 que "certaines personnes, convaincues que le pouvoir symbolique de la photo serait amoindri si l'on montrait que le garçon a survécu, refusent de prendre en compte [ces allégations]".

Quoi qu'il en soit, lorsque sa trop courte vie s'est achevée en 1990, mon père avait commencé à avoir des doutes sur l'Holocauste. Lors de ma dernière conversation avec mon père, quelques heures avant sa mort le 21 juillet 1990, je lui ai dit (en essayant de nous distraire tous les deux de sa souffrance bien réelle) que je venais de lire un article du *Daily Telegraph de Londres*, repris dans le *Washington Times* du 17 juillet, qui affirmait que.. :

> La Pologne a réduit son estimation du nombre de personnes tuées par les nazis dans le camp de la mort d'Auschwitz de 4 millions à un peu plus d'un million ... La nouvelle étude pourrait raviver la controverse sur l'ampleur de la "solution finale" d'Hitler ...

Franciszek Piper, directeur du comité historique du musée d'Auschwitz-Birkenau, a déclaré hier que, selon des recherches récentes, au moins 1,3 million de personnes ont été déportées dans le camp, dont environ 223 000 ont survécu.

Parmi les 1,1 million de victimes, on compte 960 000 Juifs, entre 70 000 et 75 000 Polonais, la quasi-totalité des 23 000 Tziganes envoyés au camp et 15 000 prisonniers de guerre soviétiques.

Shmuel Krakowsky, responsable de la recherche au mémorial israélien Yad Vashem pour les victimes juives de l'Holocauste, a déclaré que les nouveaux chiffres polonais étaient corrects. Le chiffre de quatre millions a été laissé échapper par le capitaine Rudolf Hoess, le commandant nazi du camp de la mort. Certains l'ont cru, mais il était exagéré...

Les plaques commémorant la mort de quatre millions de victimes ont été retirées du musée d'Auschwitz au début du mois.

Ce détail de l'histoire m'a intrigué car, après tout, je me souviens avoir lu dans l'un des livres d'histoire de mon lycée que sur les six millions de Juifs qui sont morts pendant l'Holocauste, quatre millions d'entre eux sont morts à Auschwitz seulement.

Ainsi, bien que je n'aie jamais été un grand mathématicien, j'ai été capable de comprendre que si les nouveaux faits étaient exacts, le nombre réel de Juifs morts pendant l'Holocauste devait être considérablement inférieur au chiffre de "six millions" dont on a beaucoup parlé.

En clair, si l'on soustrait l'ancien "quatre millions de Juifs morts à Auschwitz" du populaire "six millions", il reste deux millions de Juifs morts. Et si, comme l'affirment aujourd'hui les autorités d'Auschwitz, seuls 960 000 d'entre eux y sont morts, cela signifie que 1 040 000 sont morts ailleurs.

Peut-être que ma mémoire était défaillante. Peut-être que ce que j'avais plutôt lu dans mes livres de lycée était incorrect. Mais j'ai fait quelques recherches et j'ai appris (grâce à un rapport spécial de l'ADL sur le sujet) que le 18 avril 1945, le *New York Times* a rapporté que quatre millions de personnes étaient mortes à Auschwitz. Et ce "fait" a été rapporté à maintes reprises au cours des 50 années suivantes sans être remis en question - y compris, semble-t-il, dans le livre d'histoire de mon propre lycée.

Cependant, à l'occasion du 50e anniversaire de la libération d'Auschwitz, le *Washington Post* et le *New York Times* lui-même ont rapporté le 26 janvier 1995 que les autorités polonaises avaient déterminé que, tout au plus, 1,5 million de personnes (de toutes races et religions) - et non "quatre millions" - étaient mortes à Auschwitz, toutes causes confondues, y compris des causes naturelles - plus particulièrement la famine et la maladie, un rapport qui faisait écho à celui du *Sunday Times de Londres*, publié cinq ans plus tôt.

Plus récemment encore, une autorité aussi estimée sur l'Holocauste que Walter Reich, ancien directeur du U.S. Holocaust Memorial Museum à Washington de 1995 à 1998, est entré dans ce que l'on pourrait appeler "le débat sur les chiffres".

Le 8 septembre 1998, à peu près au moment où les médias californiens me qualifiaient à nouveau de "négationniste", le *Washington Post* a publié un article de Reich dans lequel il abordait le conflit entre des groupes juifs et un groupe de catholiques polonais qui voulaient placer des croix à la mémoire des chrétiens morts à Auschwitz.

Reich répondait à ce qu'il décrivait comme un éditorial "bien intentionné" du *Post* du 31 août 1998 sur le brouhaha. Reich a fait un commentaire intéressant selon lequel l'éditorial "illustre comment de vieilles fictions sur Auschwitz ont été acceptées comme des faits - des fictions qui ont été utilisées à maintes reprises pour déformer l'histoire du camp". (Manifestement, les éditorialistes du *Post* n'avaient pas vu le rapport sur les chiffres d'Auschwitz qui avait été publié trois ans auparavant et ont choisi, à la place, de répéter "de vieilles fictions ... acceptées comme des faits".

Quelles étaient ces "vieilles fictions ... acceptées comme des faits" ? (Et par , si j'avais utilisé le terme "vieilles fictions" en référence à Auschwitz, l'ADL m'aurait certainement traité de "négationniste") En tout cas, voici ce que Reich avait à dire :

> Le *Post* a identifié Auschwitz-Birkinau comme le camp de la mort "où trois millions de Juifs et des millions d'autres ont été

assassinés par les nazis". Un historien polonais a récemment évalué le nombre de morts à environ 1,1 million, d'autres estimations allant jusqu'à 1,5 million. Environ 90% des morts étaient des Juifs.

Les chiffres du *Post* peuvent avoir été dérivés en partie de l'estimation gonflée - d'origine soviétique et approuvée par les autorités polonaises après la guerre - d'environ quatre millions de morts. Ce chiffre, et d'autres du même ordre de grandeur, ont été répétés si souvent qu'ils ont fini par être acceptés par beaucoup comme vrais, même si les historiens de Pologne et d'ailleurs ont considérablement revu ce chiffre à la baisse.

Pour certains en Pologne, les chiffres les plus élevés ont été acceptés parce qu'ils soulignaient les souffrances des Polonais à Auschwitz pendant l'occupation allemande : Plus le nombre total de victimes est élevé, plus le nombre de Polonais catholiques doit être important. Ces dernières années, les chercheurs ont estimé le nombre de Polonais morts à Auschwitz à moins de 100 000, soit beaucoup moins que ce qui avait été dit à l'origine, mais, quel que soit le critère retenu, il s'agit d'un nombre tragiquement élevé, qui marquera éternellement Auschwitz comme un lieu de perte nationale polonaise.

Maintenant, à la lumière de tous les problèmes que j'ai eus avec les représentants littéraires de l'ADL au *Los Angeles Times* sur la question des "chiffres", je ne peux pas m'empêcher de trouver les révélations de Reich très éclairantes - et révélatrices. Franchement, je ne vois aucun problème dans les commentaires finaux de Reich sur Auschwitz et "l'Holocauste " : "Qu'il n'y ait que des mots d'histoire exacte dans ce royaume du mal sans limites.

Les personnes honnêtes ne voient aucun problème à l'appel de Reich (dans l'essai) pour que les reportages sur Auschwitz "ne contiennent que des mots d'histoire exacte". Aujourd'hui, la publication d'une nouvelle anthologie sur Auschwitz, réunie par l'écrivaine anglaise Vivian Bird, constitue un premier pas important vers "seulement des mots d'histoire exacte".

Auschwitz : The Final Count examine les "nouveaux" rapports des médias grand public (décrits ci-dessus) et fournit des faits supplémentaires essentiels qui doivent être pris en compte pour que l'histoire complète d'Auschwitz soit enfin racontée. Ce livre de 109 pages est un recueil (complété par des commentaires de Bird) de quatre ouvrages complets, déjà publiés, relatifs à Auschwitz et à l'Holocauste.

Le livre comporte une introduction fascinante de Bird qui explore le phénomène peu connu mais bien documenté selon lequel les chiffres du "bilan" officiel d'Auschwitz ont chuté d'un "sommet" de 9 000 000 de morts à un creux de 73 137 (dont 38 031 étaient des Juifs). Les lecteurs noteront que sur les 26 chiffres très variables cités par Bird, tous proviennent de diverses sources "responsables" et grand public. Aucun des chiffres cités par Bird ne provient d'une source accusée de "nier l'Holocauste", quelle que soit la signification de ce terme.

Il est évident que le nombre de personnes décédées à Auschwitz est essentiel pour comprendre ce qui s'y est passé. Mais les chiffres ne cessent de changer. Si le livre de Bird prouve quelque chose, c'est bien cela.

Cependant, Auschwitz ne se résume pas à l'évolution des chiffres. Les essais présentés dans l'ouvrage de Bird offrent chacun une facette unique et différente du problème global :

- *Le mensonge d'Auschwitz* de Thies Christophersen est une vision de l'intérieur d'Auschwitz. L'auteur allemand, un agronome, a été envoyé à Auschwitz non pas en tant que détenu, mais en tant que scientifique effectuant des recherches sur le développement du caoutchouc synthétique. Travaillant côte à côte avec le personnel pénitentiaire, Christophersen a vu de ses propres yeux la vie quotidienne à Auschwitz.

Auschwitz et, dans les années d'après-guerre, a été stupéfait d'entendre les histoires de "gazage" et toutes les histoires à dormir debout que nous associons aujourd'hui à Auschwitz.

Son essai, *Le mensonge d'Auschwitz*, publié pour la première fois en allemand en 1973, a suscité une grande consternation. Cependant, Christophersen n'a pas reculé et, en conséquence, il a été condamné à diverses amendes ou emprisonné pour avoir osé raconter son histoire de témoin oculaire.

Les habitués des "docu-fictions" sur Auschwitz trouveront dans le rapport de Christophersen une nouvelle perspective.

- *Zyklon B, Auschwitz, and the Trial of Dr. Bruno Tesch* est le deuxième film de l'anthologie de Bird. Rédigé par un chimiste chevronné, feu le Dr William Lindsey, il s'agit d'une démolition soigneusement documentée du procès pour crimes de guerre du Dr Tesch, qui a finalement été condamné et pendu. Le malheureux Tesch était copropriétaire d'une société qui achetait en gros (aux fabricants) et fournissait ensuite (en tant qu'intermédiaire) aux autorités des camps de concentration allemands le désormais tristement célèbre pesticide Zyklon B.

Bien que l'on nous ait dit que le Zyklon B a été utilisé pour gazer à mort des millions de Juifs, Lindsey montre que le composé a été utilisé comme insecticide et désinfectant pour épouiller non seulement les détenus d'Auschwitz, mais aussi les membres des SS qui géraient le camp, et pour fumiger leurs vêtements, leurs dortoirs, etc. En bref, le Zyklon B a été utilisé pour maintenir et entretenir la vie humaine, et non pour y mettre fin. L'essai de Lindsey examine les preuves et les témoignages frauduleux dans le procès Tesch et éviscère un autre élément essentiel non seulement de la légende d'Auschwitz, mais aussi de l'histoire de l'Holocauste dans son ensemble.

- Inside the Auschwitz *"Gas Chambers" est l'œuvre de Fred A.* Leuchter, un ingénieur américain au caractère bien trempé, autrefois connu comme étant peut-être la plus grande autorité américaine en matière de mécanismes d'exécution judiciaire. Leuchter décrit comment il a mené des expériences scientifiques sur les structures d'Auschwitz qui, selon les historiens de la cour, ont été utilisées pour exterminer un grand nombre de personnes - les tristement célèbres chambres à gaz. Leuchter a conclu qu'aucun gazage de ce type n'avait pu avoir lieu comme le décrit l'histoire officielle. Pour avoir osé présenter ses conclusions sur - la seule étude connue réalisée dans les chambres à gaz - Leuchter a été harcelé sans relâche. Mais il avait raison. Ses conclusions touchent au cœur de l'affaire d'Auschwitz.

- Le dernier essai est *"Pourquoi l'Holocauste est-il important ?",* écrit par Willis A. Carto, éditeur de TBR, qui souligne que l'Holocauste est devenu une industrie lucrative en soi, utilisée comme un outil politique très efficace non seulement pour extorquer des milliards de dollars des contribuables allemands et américains à Israël, mais aussi pour forcer les États-Unis à mener leur politique étrangère d'une manière favorable à Tel-Aviv (et contraire aux intérêts nationaux des États-Unis). L'essai de Carto met l'Holocauste en perspective.

L'histoire d'Auschwitz et de l'Holocauste est donc bien plus complexe qu'il n'y paraît. Les faits rassemblés donnent une image peut-être beaucoup plus intéressante de ce qui s'est réellement passé.

Le livre de Bird constituera, à bien des égards, le jugement final sur ce sujet. *Auschwitz : The Final Count en* scandalisera plus d'un, mais comme le dit Bird : "Pour ceux qui souhaitent enquêter sur les faits - et non sur les mythes - concernant les événements de la Seconde Guerre mondiale, cet ouvrage devrait mettre fin à certaines des principales légendes de l'Holocauste.

Voilà pour la vérité sur Auschwitz... La boucle est bouclée et, comme le dit le vieil adage, la vérité finira par éclater. Mais les histoires d'Auschwitz ne sont pas les seules "vieilles fictions... acceptées comme des faits" qui sont aujourd'hui corrigées à la lumière des efforts déployés pour mettre l'histoire en accord avec les faits.

Je sais, par exemple, que l'un de mes professeurs de lycée bien-aimés - feu Lucy Buck Lehman, dont l'intégrité était incontestable - m'a un jour raconté les horreurs qu'elle avait vécues en tant que bénévole de la Croix-Rouge au camp de concentration de Dachau, en Allemagne, à la fin de la Seconde Guerre mondiale. Elle m'a dit, avec beaucoup d'émotion : "J'ai vu ce qui s'est passé : "J'ai vu ce qui s'est passé. J'ai vu la chambre à gaz de Dachau où des milliers de Juifs ont été gazés. On ne peut pas nier l'Holocauste". Cette enseignante fait partie de ceux qui ont vu la chambre à gaz qui a été montrée à des centaines (peut-être milliers) d'Américains qui sont passés par le camp à la fin de la guerre.

Pourtant, des années plus tard, j'ai appris que le 19 août 1960, l'historien Martin Broszat, écrivant dans l'hebdomadaire hambourgeois *Die Zeit*, avait déjà rapporté que : "Ni à Dachau, ni à Bergen-Belsen, ni à Buchenwald, des Juifs ou d'autres prisonniers n'ont été gazés. La chambre à gaz de Dachau n'a jamais été entièrement achevée ni mise en service. Les centaines de milliers de prisonniers qui ont péri à Dachau et dans d'autres camps de concentration de l'Ancien Reich ont surtout été victimes des conditions d'hygiène et d'approvisionnement catastrophiques..."

Pour sa part, le chasseur de nazis de l'après-guerre, Simon Wiesenthal, a déclaré dans une lettre publiée le 24 janvier 1993 dans l'édition européenne de *Stars and Stripes* que : "Il est vrai qu'il n'y a pas eu de camps d'extermination sur le sol allemand... Une chambre à gaz était en cours de construction à Dachau, mais elle n'a jamais été achevée."

En 1995, l'American Jewish Committee (AJC) a indiqué dans *The Changing Shape of Holocaust Memory* qu'"il n'y a pas eu de centres de mise à mort en tant que tels en Allemagne... [et] aussi horribles qu'aient été les conditions à Dachau, sa chambre à gaz n'a jamais été utilisée...".

Ainsi, bien qu'il y ait eu une "chambre à gaz" à Dachau - évidemment celle que mon professeur de lycée a vue - elle n'a en fait jamais été utilisée aux fins qu'elle croyait.

La conclusion, je suppose, est la suivante : l'histoire de "l'Holocauste" est bien plus complexe qu'il n'y paraît et, en fait, tous les faits réunis forment une histoire bien plus intéressante sur ce qui s'est passé ou ne s'est pas passé et, plus important encore, sur la façon dont "les vieilles fictions ... acceptées comme des faits" sont utilisées pour soutenir une industrie de propagande lucrative non seulement aux États-Unis, mais dans le monde entier : le commerce de ce qu'on appelle la "Shoah".

La question de savoir si l'on croit ou non que "six millions de Juifs sont morts pendant l'Holocauste" semble être devenue l'ultime épreuve décisive de la respectabilité. Combien de temps faudra-t-il, je le demande en toute sincérité, avant que les Américains ne doivent prêter serment d'allégeance à cet article de foi ?

Le lien établi entre l'assassinat de JFK et l'Holocauste dans la frénésie médiatique suscitée par mon livre est plutôt ironique. Il s'agit en fait d'un autre "jeu de chiffres". L'histoire "officielle" de l'assassinat de JFK est qu'un assassin a tiré trois coups de feu sur le président - mais nous savons maintenant que plus d'un assassin a tiré plus de trois coups de feu. Les recherches critiques sur la conspiration de l'assassinat de JFK ont effectivement gonflé les chiffres. Dans le cas de l'histoire "officielle" de "l'Holocauste", la recherche critique (basée sur les faits) a, au contraire, dégonflé les chiffres. Nous savons aujourd'hui que six millions de Juifs ne sont pas morts pendant l'Holocauste.

Et il y a bien d'autres choses dans notre "mémoire" concernant l'Holocauste qui ne correspondent pas exactement à ce que nous "savons" être la vérité. On a dit aux Américains que la Seconde Guerre mondiale était un combat pour la survie de la "tradition judéo-chrétienne".

Cependant, dans son livre *The Holocaust in American Life*, le professeur Peter Novick, de l'université de Chicago, révèle, pour la première fois dans l'histoire, que l'expression désormais populaire de "tradition judéo-chrétienne" est le fruit d'une propagande de guerre concoctée à des fins politiques et qu'elle n'a aucun fondement dans la réalité historique ou dans les annales de l'enseignement juif ou chrétien.

Selon Novick, "c'est pendant les années hitlériennes que les philo-sémites américains ont inventé la "tradition judéo-chrétienne" pour combattre les propos innocents, ou pas si innocents, qui parlaient d'un assaut totalitaire contre la "civilisation chrétienne". En bref, ce terme a été inventé dans le but même d'éliminer le concept de "civilisation chrétienne".

Même en temps de guerre, souligne Novick, la propagande officielle du gouvernement américain (et de la communauté juive) contre les Allemands minimisait le traitement des Juifs par les Allemands.

En fait, selon Novick, la Ligue anti-diffamation (ADL) du B'nai B'rith craignait fortement que les Américains ne rejettent la responsabilité de la guerre sur les Juifs. Immédiatement après Pearl Harbor, le directeur de l'ADL, , a prévenu : "Il y aura des centaines de milliers de familles endeuillées, dont une grande partie a été conditionnée à croire qu'il s'agit d'une guerre juive".

Novick a révélé que Leo Rosten - un écrivain juif qui dirigeait la division spéciale de propagande anti-allemande de l'Office of War Information, connue sous le nom de département "Nature de l'ennemi" - craignait de mettre trop l'accent sur les atrocités commises par les nazis à l'encontre des Juifs. Rosten et les dirigeants juifs pensaient qu'il y avait tellement d'antisémitisme dans les rangs de l'armée américaine que les soldats américains risquaient de sympathiser avec les Allemands.

Selon Rosten : "L'impression sur l'Américain moyen est beaucoup plus forte si la question [de la lutte contre Hitler et les nazis] n'est pas exclusivement juive". Dans cette optique, selon Novick, les propagandistes américains devaient montrer que les nazis étaient "l'ennemi de tous, élargir plutôt que restreindre l'éventail des victimes des nazis".

En résumé, l'expression "tradition judéo-chrétienne" n'était rien d'autre que de la propagande de guerre. Ce concept est une escroquerie qui n'a absolument rien à voir avec un quelconque enseignement théologique, à l'exception de la perception populaire actuelle. Ce détail jette un nouvel éclairage sur une tournure de phrase très usitée qui est pratiquement obligatoire dans toutes les déclarations publiques qui osent aborder le sujet de la religion, autrement verboten.

Ainsi, bien que la communauté juive américaine - et Novick ne le dit pas - ait joué un rôle majeur dans la lutte contre les manifestations traditionnelles de dévotion religieuse aux États-Unis, le concept inventé de "tradition judéo-chrétienne" a toujours été un outil de propagande utile pour perpétuer l'histoire de l'Holocauste.

Et contrairement à ce que l'on vous a peut-être dit, immédiatement après la Seconde Guerre mondiale, les survivants de l'Holocauste n'étaient pas tenus en aussi haute estime (même par l'establishment juif) qu'ils le sont aujourd'hui. Aujourd'hui, comme le souligne Novick, ceux qui ont survécu à la guerre - en particulier ceux qui ont passé du temps dans les camps de concentration - ont été élevés à un statut spécial. Mais immédiatement après la guerre, comme le note Novick, l'attitude à l'égard des survivants n'était pas tout à fait la même.

- L'écrivain juif Samuel Lubell, écrivant dans le *Saturday Evening Post* du 5 octobre 1946, a déclaré que "ce n'était pas la survie du plus fort, ni celle du plus noble ou du plus raisonnable, et certainement pas celle du plus doux, mais celle du plus coriace".

- Selon un responsable juif, "ce sont souvent les éléments de l'"ex-ghetto" plutôt que la classe supérieure ou les cols blancs qui ont survécu

... le petit voleur ou le chef des petits voleurs qui ont offert un leadership aux autres, ou ont développé des techniques de survie".

- Un haut responsable du Comité juif américain a écrit que "ceux qui ont survécu ne sont pas les plus forts ... mais sont en grande partie les éléments juifs les plus bas qui, par la ruse et l'instinct animal, ont pu échapper au terrible destin des éléments plus raffinés et meilleurs, qui ont succombé".

- David Sh'altiel, futur général israélien, a déclaré que "ceux qui ont survécu ont vécu parce qu'ils étaient égoïstes et qu'ils s'occupaient avant tout d'eux-mêmes".

- David Ben-Gourion, le père fondateur d'Israël, a lui-même déclaré que les survivants comprenaient "des gens qui n'auraient pas survécu s'ils n'avaient pas été ce qu'ils étaient - des gens durs, méchants et égoïstes, et ce qu'ils ont subi là-bas a servi à détruire les bonnes qualités qui leur restaient".

Novick affirme que ces perceptions, aussi négatives soient-elles, se sont estompées avec le temps, mais le fait est qu'il s'agissait des perceptions de l'époque, et que ce n'est pas quelque chose dont on entend beaucoup parler aujourd'hui.

Les bien-pensants de tous bords sont d'accord avec les propos de feu le Premier ministre israélien, Yitzhak Rabin, qui a rejeté en 1995 les appels à une enquête sur les crimes de guerre israéliens longtemps étouffés contre les prisonniers politiques palestiniens chrétiens et musulmans : "Il n'y a aucun intérêt à évoquer les événements du passé, ni de notre côté, ni du leur.

Rabin avait raison. Ses paroles peuvent également s'appliquer au sujet de l'Holocauste. Je le répète : "Il n'y a aucun intérêt à évoquer les événements du passé - ni de notre côté, ni du leur".

Nous avons entendu *tout ce qu'il y* avait à entendre de la part des promoteurs de l'Holocauste, et nous savons ce qu'ils ont à dire. Leur message est si omniprésent, si présent dans les livres, les journaux, la télévision et la radio, qu'il est pratiquement impossible d'échapper à l'Holocauste dans la vie américaine.

Pour ma part, je ne me soucie pas franchement de savoir si une poignée de personnes sont scandalisées par le fait que je ne partage pas leur agonie à propos des événements de l'Holocauste, parce que ce n'est pas le cas. Et je ne me laisserai pas entraîner à dire que je partage leur point de vue, simplement pour éviter d'être taxé de "négationnisme". Je ne me sens pas coupable. Je n'ai pas honte. Qu'on se le dise : "J'en ai assez d'entendre parler de l'Holocauste."

En tant qu'Américain d'origine amérindienne, dont les ancêtres ont subi un véritable holocauste et dont les membres de l'ethnie continuent de souffrir aujourd'hui dans des camps de concentration appelés "réserves", j'ai du mal à sympathiser avec les Juifs américains qui, tout en se plaignant des tragédies de la Seconde Guerre mondiale, constituent aujourd'hui le groupe le plus puissant de la planète.

Pour moi, il n'y a pas de nuits agitées à s'inquiéter des six millions, des sept millions ou des quarante millions, quel que soit le nombre "favori" actuel des victimes de l'Holocauste. Je ne serai pas non plus dérangé par ce que l'écrivain juif Sylvia Tennenbaum a appelé une "perturbation psychique" qui semble s'être emparée de ceux qui, selon ses termes, ont maintenant tendance à "se vautrer dans des fantasmes vicariants" sur le sujet - quelque chose qu'un autre écrivain juif a décrit de manière caustique (et à juste titre) comme une "obsession nécrophilique".

Alfred Lilienthal, un pionnier de la critique juive américaine d'Israël, a déclaré que l'Holocauste est "un culte, et le culte dominant" parmi ceux qui sont obsédés par Israël. Le dissident juif Leon Wieseltier, fils de survivants de l'Holocauste, s'est également exprimé en ce sens, déclarant franchement que la centralité de l'Holocauste pour les Juifs américains "équivaut virtuellement à un culte de la mort".

Wieseltier ose se demander combien de Juifs américains "savent quoi que ce soit sur les poètes médiévaux juifs, la richesse de la culture, les philosophes juifs".

Grâce au travail de chercheurs honnêtes qui ont mis en lumière de nouveaux faits et balayé les mythes du passé, nous pouvons avancer dans le XXIe siècle en effaçant l'Holocauste de l'ardoise du débat historique et repartir sur de nouvelles bases.

L'Holocauste est terminé. Il n'y a plus d'Holocauste. Trop c'est trop.

CHAPITRE V

Le sionisme s'attaque aux Nations Unies

L'Organisation des Nations unies (ONU) a été mise au placard, mise sur la touche, jetée à la poubelle - du moins temporairement - par les rêveurs d'un monde unique qui voyaient autrefois dans cet organisme mondial le moyen d'établir un hégémon mondial.

Les impérialistes d'aujourd'hui, porteurs d'une ancienne philosophie hostile à toute forme de nationalisme autre que le leur, considèrent aujourd'hui les États-Unis comme la force motrice de la mise en œuvre du nouvel ordre mondial dont ils rêvent depuis des générations. Les États-Unis sont leur "nouvelle Jérusalem" et ils ont l'intention d'utiliser la puissance militaire de l'Amérique pour atteindre leurs objectifs.

Pendant près de 50 ans, les principaux médias américains ont dit aux Américains - et aux peuples du monde entier - que l'ONU était "le dernier espoir de l'humanité". Ce thème était un mantra rituel dans les écoles publiques américaines. Quiconque osait critiquer l'ONU était marginalisé, condamné comme un "extrémiste" hostile à l'humanité elle-même.

Toutefois, dans les années 1970, les choses ont commencé à changer. Alors que les nations du tiers-monde sortaient de leur statut colonial et que l'oppression par Israël des populations chrétiennes et musulmanes d'origine arabo-palestinienne devenait un sujet de préoccupation mondiale, l'ONU a pris un nouveau visage - du moins en ce qui concerne le monopole des médias américains. Soudain, l'ONU n'était plus considérée comme une chose si merveilleuse après tout.

Enfin, lorsque les Nations unies ont adopté en 1975 une résolution historique condamnant le sionisme comme une forme de racisme, la boucle a été bouclée.

Pour avoir lancé un défi direct au sionisme, le fondement de la création en 1948 de l'État d'Israël (ainsi que la capitale spirituelle d'un empire sioniste mondial en devenir), l'ONU a été dépeinte par les médias - dont la plupart sont aux mains de familles sionistes et d'intérêts financiers - comme un méchant incontesté.

Soudain, la critique de l'ONU est devenue tout à fait "respectable". Aux États-Unis, un mouvement émergent, dit "néo-conservateur", dirigé par une clique très soudée d'anciens communistes trotskistes juifs sous la tutelle d'Irving Kristol et de son acolyte, Norman Podhoretz, rédacteur en chef de la très influente revue mensuelle de l'American Jewish Committee, *Commentaire, a fait de l'*attaque naissante contre l'ONU une pièce maîtresse de son programme.

Toutefois, ce n'est qu'avec l'arrivée au pouvoir, en janvier 2001, de l'administration du président George W. Bush que l'effort visant à "sortir les États-Unis de l'ONU et l'ONU des États-Unis" (ou ses variantes) a été intégré dans le cadre de l'élaboration de la politique officielle de Washington. (ou ses variantes) s'est inscrit dans le cadre de l'élaboration de la politique officielle de Washington.

L'appropriation de l'establishment américain de la sécurité nationale par une foule de néo-conservateurs nommés par Bush - chacun d'entre eux étant, pour l'essentiel, un protégé de Irving Kristol, déjà cité, et de son fils, William Kristol, puissant commentateur des médias et décideur politique en coulisses - a garanti que la campagne contre l'ONU serait au cœur de la politique de l'administration Bush.

En outre, la rhétorique anti-ONU a reçu un soutien de plus en plus large dans les médias américains. Par exemple, dans le *New York Post*, journal publié par Mortimer Zuckerman, ancien président de la Conférence des présidents des principales organisations juives américaines (l'organe directeur du mouvement sioniste américain), un chroniqueur, Andrea Peyser, a parlé des "rats antiaméricains et antisémites qui infestent les rives de l'East River".

Si quelqu'un doute encore que la raison de l'opposition à l'ONU provient du fait que l'organisation mondiale s'est opposée aux exigences d'Israël, il convient de noter le commentaire révélateur de Cal Thomas, un associé de longue date du révérend Jerry Falwell, l'un des défenseurs les plus véhéments d'Israël dans l'Amérique d'aujourd'hui.

Dans une chronique publiée le 12 décembre 2004 dans le *Washington Times*, Thomas a repris à son compte les critiques formulées de longue date à l'encontre de l'ONU, qu'il considérait auparavant - de son propre aveu - comme le travail d'une "minorité". Thomas a déclaré que "le monde se porterait mieux sans cet organisme".

Notant que de nombreux Américains n'ont jamais pensé que les Nations unies seraient une bonne chose pour l'Amérique, Thomas a affirmé qu'il avait toujours pensé que ceux qui disaient de telles choses devaient être ignorés. Voici ce que Thomas a écrit :

> À l'époque de l'université, je les connaissais. Il s'agissait des marginaux, et même au-delà, qui croyaient que la fluoration de l'eau publique était un complot communiste visant à nous empoisonner, que Dwight Eisenhower était un communiste refoulé, que la Commission trilatérale et le Conseil des relations extérieures faisaient partie de la campagne en faveur d'un "gouvernement mondial unique", que les banquiers juifs dirigeaient l'économie mondiale et que les États-Unis devaient se retirer des Nations unies.

Selon Thomas : "Sans adhérer à la paranoïa et aux théories de la conspiration, je suis maintenant converti à la dernière". L'affirmation de Thomas à cet égard est une exposition franche de l'attitude du lobby sioniste à l'égard de l'ONU, maintenant que l'organisme mondial a très clairement échappé aux mains du mouvement sioniste et est considéré, selon eux, comme "ingérable" ou "irrécupérable", pour ainsi dire.

En fait, il ne fait absolument aucun doute que les sionistes perçoivent effectivement les États-Unis comme le nouveau mécanisme par lequel ils cherchent à atteindre leurs objectifs, en poussant les Nations unies sur la touche.

Le grand projet d'un nouvel ordre mondial - dans le sillage du nouveau rôle "impérial" de l'Amérique - a été présenté de manière assez directe dans un important document d'orientation en deux parties publié dans les numéros de l'été 2003 et de l'hiver 2004 du *Journal of International*

Security Affairs, organe de l'Institut juif pour la politique de sécurité nationale (JINSA), dont l'influence est indéniable.

Auparavant un groupe de réflexion peu connu à Washington, le JINSA est maintenant souvent reconnu publiquement comme la force directrice de la politique étrangère de Bush aujourd'hui. Un critique du JINSA, le professeur Edward Herman, est même allé jusqu'à décrire le JINSA comme "une agence virtuelle du gouvernement israélien".

L'auteur de l'article du JINSA, Alexander H. Joffe, un universitaire pro-israélien, a régulièrement écrit dans le journal du JINSA, ce qui reflète certainement la haute estime dans laquelle l'élite sioniste tient ses opinions. Sa série en deux parties s'intitulait *"L'empire qui n'ose pas dire son nom"* et proposait le thème suivant : "L'Amérique est un empire", suggérant que, oui, c'est une très bonne chose.

Le nouveau régime mondial à mettre en place ferait de l'Amérique "le centre d'un nouveau système international" dans "un monde qui ressemble à l'Amérique et qui est donc sûr pour tous". Cependant, ce à quoi l'Amérique "ressemble" est ce que les sionistes veulent qu'elle ressemble - pas nécessairement ce que le peuple américain perçoit comme étant l'Amérique.

Joffe a déclaré sans ambages que : La fin de l'Assemblée générale en tant qu'organe crédible peut être attribuée de manière plausible à l'infâme résolution "Le sionisme est un racisme" de 1975" (qui, soit dit en passant, a été abrogée depuis). L'auteur du JINSA affirme que le monde devrait être "reconnaissant" que les Nations unies aient été "discréditées, réduites à une farce et, en fin de compte, paralysées".

Suite à l'abandon de l'ONU en tant que vecteur de gouvernement mondial, écrit Joffe, "nous avons maintenant l'opportunité, et l'obligation, de recommencer". Il prévient toutefois que même l'Union européenne (UE) émergente constitue une menace pour le rêve d'un empire mondial (du moins, évidemment, du point de vue du mouvement sioniste).

L'auteur du JINSA affirme que l'UE est une "vision alternative de la communauté internationale" qui, comme il le dit franchement, est "l'authentique contre-vision d'un empire américain".

Selon Joffe, le plus grand problème de l'Europe et de l'UE est que "la culture reste au cœur des problèmes de l'Europe".

Le nationalisme est une doctrine née en Europe, tout comme ses mutants vicieux : le fascisme et le communisme". (Fervent défenseur du super-nationalisme israélien, l'auteur ne semble pas voir la logique de son attaque contre le nationalisme des autres peuples). Joffe s'est plaint que bien que "le nouvel empire européen soit multiculturel en théorie ... en réalité, il est dominé politiquement et culturellement par la France et économiquement par l'Allemagne". Aujourd'hui, dans l'Union européenne, "poussée par un sentiment de culpabilité postcoloniale et par l'ennui de l'après-guerre, la porte a été ouverte à toutes les idées. Aux niveaux les plus sinistres, elle a permis et même légitimé une vaste explosion de pensées et d'actions déréglées, à savoir l'anti-américanisme, l'antisémitisme et une grande variété de théories du complot".

En tout état de cause, ce que Joffe décrit comme "l'autre type d'internationalisme libéral" est ce que le mouvement sioniste favorise. Joffe le définit ainsi :

> Compte tenu de notre histoire et de nos valeurs, cet avenir consiste à tirer parti de l'empire américain de manière à ce qu'il devienne la base d'un nouveau système international démocratique.

Dans la deuxième partie de son essai, publiée dans le numéro d'hiver 2004 de la revue du JINSA, Joffe va plus loin et développe son appel à ce qu'il décrit comme "un empire qui ressemble à l'Amérique".

Pourtant, malgré sa rhétorique sur la "démocratie", Joffe a franchement parlé de l'engagement des États-Unis dans des conquêtes impériales massives dans les régions déchirées par les troubles en Afrique - probablement après que les États-Unis aient déjà fait des ravages dans les pays arabes du Moyen-Orient :

> Les conditions dans lesquelles l'Amérique et ses alliés prendraient simplement le contrôle des pays africains et les restaureraient sont loin d'être claires. Quels sont les seuils d'intervention ? Quelles sont les procédures et les résultats ? Qui se battra et qui paiera ? La restauration de l'Afrique impliquerait

des engagements à long terme ( ) et des coûts immenses, qui ne pourraient être pris en charge que par l'Afrique elle-même. En d'autres termes, elle nécessiterait probablement un contrôle économique américain, ainsi qu'un contrôle politique et culturel. Le colonialisme se paie toujours au fur et à mesure, et ce n'est pas beau à voir. La question est de savoir si l'Afrique peut payer le prix (ou se permettre de ne pas le faire) et si l'Amérique en a les tripes.

Bien entendu, l'Afrique n'est pas la seule cible de Joffe et de ses semblables. Joffe a parlé d'un programme mondial de grande envergure, qui va bien au-delà du continent africain. En fin de compte, cependant, Joffe a vendu la mèche sur les véritables intentions de ceux qui utilisent la puissance militaire des États-Unis comme mécanisme d'un programme plus vaste.

"De nouveaux arrangements doivent voir le jour sous l'égide des États-Unis afin d'offrir une alternative aux États désireux d'accepter des droits et des responsabilités. Joffe rêve d'une Organisation des Nations Unies refondue sous la force impériale des États-Unis. Enfin, il prédit la possibilité d'un gouvernement mondial, en écrivant :

> Il est possible qu'après une période de chaos et de colère, qui en tout état de cause ne ferait qu'intensifier les états existants, l'institution [les Nations Unies] *soit poussée* à changer. [souligné par l'auteur]

> Plutôt qu'un club qui admet tout le monde, les Nations unies du XXIe siècle pourraient - un jour, d'une manière ou d'une autre - être transformées en un groupe exclusif, sur invitation, composé uniquement de membres, d'États libres et démocratiques, partageant des valeurs similaires. Ou, en fin de compte, être remplacées par une seule. Ce jour-là, cependant, n'arrivera peut-être pas avant des décennies.

S'il subsiste un doute sur le fait qu'il parle d'un gouvernement mondial, il suffit de lire la conclusion de Joffe :

> La meilleure façon de préserver l'empire américain est de finir par y renoncer. La mise en place de la gouvernance mondiale ne peut se faire qu'avec le leadership américain et des institutions

dirigées par les Américains, du type de celles décrites schématiquement dans le présent document.

Il s'agit en fait d'utiliser la puissance militaire de l'Amérique pour faire avancer un tout autre programme (secret). Ici, dans les pages d'un journal sioniste, nous avons appris précisément ce qu'est "l'histoire derrière l'histoire". Elle n'a rien à voir, ni avec une "Amérique forte", ni même avec l'Amérique elle-même.

Les États-Unis ne sont qu'un pion - certes puissant - dans le jeu, qu'une élite agissant en coulisses déplace impitoyablement dans le cadre d'un plan visant à dominer le monde.

L'ancien ambassadeur d'Israël auprès de l'ONU, Dore Gold, est une autre preuve que c'est bien là le point de vue du mouvement sioniste. Dans son livre de 2004, *Tower of Babble : How the United Nations Has Fueled Global Chaos*, Gold a esquissé un scénario pour un nouveau régime mondial - sous le diktat des États-Unis - qui mettrait de côté l'ONU. Il écrit :

> Les États-Unis et leurs alliés occidentaux ont gagné la guerre froide, mais l'objectif commun de contenir l'expansionnisme soviétique n'est manifestement plus le ciment d'une coalition. Néanmoins, une coalition d'alliés pourrait commencer par neutraliser la plus grande menace pour la paix internationale aujourd'hui : le terrorisme mondial, une autre menace que l'ONU n'a pas réussi à contrer efficacement ...

> La question du terrorisme est liée à un certain nombre d'autres préoccupations communes à toutes ces nations : la dissémination d'armes de destruction massive, la prolifération de technologies militaires sensibles, le financement du terrorisme et le blanchiment d'argent, ainsi que l'incitation à la haine ethnique et à la violence dans les médias nationaux et dans les établissements d'enseignement. Leur engagement à réduire ces menaces conduirait les démocraties du monde entier à s'unir et à prendre des mesures ...

> Une telle coalition démocratique serait bien plus représentative de la volonté nationale des citoyens de chaque pays que ne l'est actuellement l'ONU. Curieusement, en sortant de l'ONU, ces

pays s'engageraient à nouveau à respecter les principes sur lesquels l'ONU a été fondée à l'origine. Ils adopteraient les principes énoncés dans la Charte des Nations unies et insisteraient pour que les membres de la coalition adhèrent pleinement - et pas seulement pour la forme - à un code de conduite international de base...

En bref, si Gold et ses alliés sionistes considèrent qu'un gouvernement mondial mérite d'être soutenu, ils ne voient pas l'ONU comme le moyen d'y parvenir. Gold a ensuite décrit un nouveau mécanisme pour parvenir à un nouvel ordre mondial :

> L'ONU ayant perdu la clarté morale de ses fondateurs, les États-Unis et leurs alliés doivent prendre l'initiative. Le monde suivra en temps voulu. Si plus de cent nations veulent rejoindre la Communauté des démocraties, l'idéal démocratique doit être puissant.

En fait, bien que cela n'ait pas été largement remarqué à l'époque, une "Communauté des démocraties" a été inaugurée par la secrétaire d'État de l'administration Clinton, Madeleine Albright, en juin 2000. Le mécanisme est donc déjà en place. M. Gold a conclu que les États-Unis et leurs alliés pourraient finalement "revigorer les Nations unies et faire du système de sécurité collective de l'organisation", mais, a-t-il ajouté, "ce jour est encore loin".

Entre-temps, les médias du lobby israélien ont promu le concept de Gold de ce que l'on pourrait décrire comme une ONU "parallèle" sous la domination des États-Unis et de leurs prétendus alliés.

Par exemple, le 6 février 2005, dans le *Washington Times*, Clifford D. May a soulevé cette question : "N'est-il pas grand temps d'envisager au moins des alternatives aux Nations Unies, d'explorer la possibilité de développer de nouvelles organisations au sein desquelles les sociétés démocratiques travailleraient ensemble contre des ennemis communs et pour des objectifs communs ?"

Cependant, il est indéniable qu'il ne s'agit pas d'une simple ligne de propagande sioniste. Cette philosophie oriente la pensée de l'administration Bush. Lorsque le président George Bush a lancé son appel à une révolution "démocratique" mondiale dans son deuxième discours inaugural, il n'a fait que reprendre les opinions du ministre israélien Natan Sharansky, une personnalité influente considérée comme plus dure que le premier ministre israélien au pouvoir, Ariel Sharon.

Non seulement Bush a publiquement et chaleureusement soutenu Sharansky, mais les médias ont révélé que Sharansky avait joué un rôle majeur dans la rédaction du discours d'investiture de Bush.

Ceci est particulièrement pertinent dans le contexte des propos sévères de Sharansky à l'égard de l'ONU et de ce qu'il a proposé dans son propre ouvrage, *The Case for Democracy*, largement présenté comme "la bible" de la politique étrangère de Bush.

Dans les dernières pages de son livre, Sharansky résume la situation :

> Pour protéger et promouvoir la démocratie dans le monde, je crois qu'une nouvelle institution internationale, dans laquelle seuls les gouvernements qui donnent à leur peuple le droit d'être entendu et compté auront eux-mêmes le droit d'être entendus et comptés, peut constituer une force extrêmement importante pour le changement démocratique ... Cette communauté de nations libres n'émergera pas d'elle-même ... Je suis convaincu qu'un effort réussi pour étendre la liberté dans le monde doit être inspiré et mené par les États-Unis.

Il en est ainsi une fois de plus : le concept des États-Unis en tant que force de réalignement mondial. Et bien que l'appel de Bush à une révolution démocratique mondiale basée sur le modèle Sharansky ait été critiqué dans le monde entier - même par les soi-disant "démocraties" - le journal juif américain *Forward* a noté le 28 janvier 2005 qu'"un leader mondial a approuvé sans réserve l'approche de Bush" - l'ancien Premier ministre israélien (et actuel ministre des Finances) Benjamin Netanyahu. Citant un discours que le dirigeant israélien a récemment prononcé en Floride, *Forward* a déclaré que Netanyahu a proclamé :

> Le président Bush a appelé à la démocratisation et il a raison sur un point très profond. Le monde arabe peut-il être démocratisé ? Oui, lentement, péniblement. Et qui peut le démocratiser ? Comme partout ailleurs dans le monde, dans toutes les sociétés,

qu'il s'agisse de l'Amérique latine, de l'ancienne Union soviétique ou de l'Afrique du Sud, la démocratie a toujours été obtenue par des pressions extérieures. Et qui a exercé cette pression ? Un pays : les États-Unis.

En dire plus reviendrait à compliquer cette simple conclusion : Bien que, pendant des années, les sionistes aient dénoncé les patriotes américains qui disaient qu'il était temps de "sortir les États-Unis de l'ONU et l'ONU des États-Unis", maintenant que les sionistes ont perdu le contrôle de l'ONU - qu'ils considéraient à l'origine comme leur véhicule pour établir un Nouvel Ordre Mondial - les sionistes ciblent l'ONU précisément parce qu'ils ont déterminé que les ressources militaires et financières des États-Unis sont leur meilleur atout pour établir le Nouvel Ordre Mondial dont ils ont longtemps rêvé. Les sionistes veulent que les États-Unis servent de moteur à la constitution d'un empire mondial sous leur contrôle.

En fin de compte, cela nous indique qui sont les "grands prêtres de la guerre" et quel est leur véritable programme. Reste à savoir ce que le peuple américain - et tous les autres vrais patriotes du monde entier - a l'intention de faire à ce sujet. La question est la suivante : le monde va-t-il enfin décider qu'il *est* temps de déclarer la guerre aux Grands Prêtres de la Guerre ?

CHAPITRE VI

Israël et le fondamentalisme islamique

Pourquoi Israël soutiendrait-il secrètement des extrémistes islamiques fondamentalistes ? Quels intérêts les Israéliens et Oussama ben Laden ont-ils en commun ? La réponse à ces questions provocatrices pointe vers un petit secret que les principaux médias américains gardent sous le coude.

Aussi difficile que cela puisse être à digérer pour l'Américain moyen, il existe des preuves solides du rôle joué de longue date - bien que méconnu - par le Mossad, le service de renseignement israélien, dans l'apport d'un soutien financier et tactique aux "extrémistes musulmans" présumés être les pires ennemis d'Israël. La vérité est que les extrémistes musulmans se sont révélés des outils utiles (bien que souvent involontaires) pour faire avancer l'agenda géopolitique d'Israël.

Bien que les médias aient consacré une grande partie de leur couverture au thème du "fondamentalisme islamique", ils n'ont pas poursuivi les liens documentés qui existent en coulisses entre Israël et les réseaux terroristes qui font aujourd'hui l'objet d'une obsession de la part des médias.

En fait, des preuves suggèrent que le méchant musulman numéro un dans le monde - Oussama ben Laden - travaillait presque certainement avec le Mossad dans le passé.

Bien que de nombreux Américains sachent aujourd'hui que les premiers efforts de Ben Laden contre les Soviétiques en Afghanistan ont été parrainés par la CIA, les médias ont été réticents à souligner que cette filière d'armement - décrite *par le* Covert Action Information Bulletin *(septembre 1987) comme* "la deuxième plus grande opération secrète" de l'histoire de la CIA - était également, selon l'ancien agent du Mossad

Victor Ostrovsky (qui écrit dans *The Other Side of Deception*), sous la supervision directe du Mossad.

Ostrovsky a noté que : "Il s'agissait d'une filière complexe car une grande partie des armes des moudjahidines étaient de fabrication américaine et étaient fournies aux Frères musulmans directement par Israël, en utilisant comme car riers les nomades bédouins qui parcouraient les zones démilitarisées du Sinaï."

L'ancien correspondant d'ABC, John K. Cooley, dans *Unholy Wars : Afghanistan, America and International Terrorism*, apporte une certaine confirmation aux allégations d'Ostrovsky. Il écrit :

> La discussion sur l'apport des étrangers à la formation et aux opérations en Afghanistan serait incomplète si l'on ne mentionnait pas l'Iran et l'État d'Israël. Le rôle majeur de l'Iran dans la formation et l'approvisionnement est un fait historique. Pour ce qui est d'Israël, les preuves sont beaucoup plus sommaires.

> Au moins une demi-douzaine de personnes bien informées ont insisté auprès de l'auteur, sans citer de preuves, sur le fait qu'Israël était effectivement impliqué dans l'entraînement et la fourniture ...

> La question de savoir si des unités des forces spéciales d'élite israéliennes ont formé les guerriers musulmans, qui allaient bientôt retourner leurs armes contre Israël au sein d'organisations musulmanes comme le Hamas, est un secret israélien bien gardé.

> Plusieurs Américains et Britanniques ayant participé au programme d'entraînement ont assuré à l'auteur que des Israéliens y avaient effectivement pris part, bien que personne ne reconnaisse avoir réellement vu ou parlé avec des instructeurs ou des agents de renseignement israéliens en Afghanistan ou au Pakistan.

> Ce qui est certain, c'est que de tous les membres de la coalition antisoviétique, ce sont les Israéliens qui ont le mieux réussi à dissimuler les détails et même les grandes lignes d'un rôle

d'entraînement ; bien plus que les Américains et les Britanniques
...

En outre, il convient de noter que Sami Masri, un ancien initié de la tristement célèbre Bank of Credit and Commerce International (BCCI), a déclaré aux journalistes Jonathan Beaty et S. C. Gwynne (tous deux du magazine *Time*) que la BCCI "finançait l'envoi d'armes israéliennes en Afghanistan. Il y avait des armes israéliennes, des avions israéliens et des pilotes de la CIA. Des armes entraient en Afghanistan et [la BCCI] les facilitait".

En fait, bien que la BCCI soit généralement considérée comme une banque "arabe" ou "musulmane", elle travaillait en étroite collaboration avec le Mossad dans le domaine même où Ben Laden a fait ses premières armes.

Il existe donc des preuves que Ben Laden faisait partie d'un réseau étroitement lié aux intrigues du Mossad pour l'armement et l'entraînement des rebelles afghans.

Cependant, l'histoire des liens entre le Mossad et les réseaux terroristes islamiques qui font aujourd'hui partie des cauchemars américains est bien plus complexe.

Dans son nouveau livre, *The Other Side of Deception*, Victor Ostrovsky, ancienne figure du Mossad, dévoile le fait troublant que le Mossad a toujours soutenu des groupes islamiques radicaux à ses propres fins.

Soulignant que les partisans de la ligne dure qui haïssent les Arabes et les Musulmans en Israël et au sein du Mossad pensent que la survie d'Israël réside dans sa force militaire et que "cette force découle de la nécessité de répondre à la menace constante de la guerre", les partisans de la ligne dure israéliens craignent que la paix avec un État arabe n'affaiblisse Israël et n'entraîne sa disparition. Dans cette veine, Ostrovsky écrit :

> Le soutien aux éléments radicaux du fondamentalisme musulman correspondait parfaitement au plan général du Mossad pour la région. Un monde arabe dirigé par des fondamentalistes ne serait partie prenante à aucune négociation avec l'Occident, laissant

ainsi Israël comme le seul pays démocratique et rationnel de la région.

L'une des principales cibles d'Israël était le royaume de Jordanie, alors dirigé par le roi Hussein, qui était en train de faire des ouvertures de paix à Israël. Ostrovsky rapporte que le Mossad était déterminé à "déstabiliser la Jordanie jusqu'à l'anarchie civile". Les moyens utilisés devaient être les suivants :

> Un afflux important de fausse monnaie, provoquant la méfiance du marché ; l'armement de fonds religieux talistes similaires au Hamas et aux Frères musulmans ; et l'assassinat de personnalités symbolisant la stabilité, provoquant des émeutes dans les universités et forçant le gouvernement à répondre par des mesures sévères et à perdre sa popularité.

En fait, cette tactique a également été utilisée par le Mossad dans ses relations avec des nations non arabes. Par exemple, dans l'édition de mars 1982 de son bulletin d'information, *Middle East Perspective*, le Dr Alfred Lilienthal, pionnier de la critique juive américaine des excès israéliens, a rapporté que le plus haut magistrat italien de l'époque, Ferdinando Imposimato, avait inculpé, selon les termes d'Imposimato :

> Au moins jusqu'en 1978, les services secrets israéliens ont infiltré les organisations subversives italiennes et ont plus d'une fois fourni des armes, de l'argent et des informations aux Brigades rouges [terroristes]. Le plan israélien consistait à réduire l'Italie à un pays déchiré par la guerre civile afin que les États-Unis dépendent davantage d'Israël pour leur sécurité en Méditerranée.

Lilienthal a souligné que les sources d'Imposimato étaient deux chefs des Brigades rouges emprisonnés qui ont rapporté que les Israéliens avaient non seulement aidé les Brigades rouges à enrôler de nouvelles recrues, mais aussi à traquer les traîtres qui s'étaient enfuis à l'étranger.

Même l'éditorialiste Jack Anderson, un relais d'information dévoué au lobby israélien, s'est vanté de l'habileté d'Israël : il a écrit, dès le 17 septembre 1972, que.. :

Les Israéliens sont également habiles à exploiter les rivalités arabes et à monter les Arabes les uns contre les autres. Les tribus kurdes, par exemple, habitent les montagnes du nord de l'Irak. Chaque mois, un envoyé israélien secret se glisse dans les montagnes depuis le côté iranien pour remettre 50 000 dollars au chef kurde Mulla Mustafa al Barzani. Cette subvention assure l'hostilité des Kurdes contre l'Irak, dont le gouvernement est militairement anti-israélien.

Dans une chronique du 25 avril 1983, Anderson a souligné qu'un rapport secret du Département d'État spéculait que si le leader de l'Organisation de Libération de la Palestine, Yassir Arafat, devait être délogé, "le mouvement palestinien se désintégrerait probablement en groupes radicaux dissidents qui, combinés à d'autres forces révolutionnaires dans la région, constitueraient une grave menace pour les gouvernements arabes modérés".

Ensuite, selon le récit d'Anderson, le département d'État a rapporté que :

Israël semble déterminé à faire face à cette menace ... et on peut s'attendre à ce qu'il étende considérablement sa coopération secrète avec les mouvements révolutionnaires.

Anderson a ajouté que "deux sources de renseignement bien placées" avaient expliqué que cela signifiait qu'il était dans l'intérêt d'Israël de "diviser pour mieux régner" en opposant les différentes factions palestiniennes les unes aux autres. Cela contribuerait ensuite à déstabiliser tous les régimes arabes et islamiques du Moyen-Orient. Anderson a ensuite affirmé sans ambages que les sources disaient qu'"Israël avait secrètement fourni des fonds au groupe d'Abu Nidal".

Les rapports d'Anderson sur les liens apparents d'Abu Nidal avec le Mossad n'étaient que la partie émergée de l'iceberg. Le journaliste britannique Patrick Seale, autorité reconnue en matière de Moyen-Orient, a consacré un livre entier, intitulé *Abu Nidal : A Gun for Hire*, dans lequel il expose et documente sa thèse selon laquelle Nidal a toujours été un substitut du Mossad.

Aujourd'hui, Nidal (qui serait en retraite en Égypte) a été remplacé par Oussama ben Laden dans les titres des médias en tant que "terroriste le plus recherché au monde".

Et, comme les efforts de Nidal pour diviser le monde arabe, en particulier la cause palestinienne, les activités de Ben Laden semblent avoir une congruence d'intérêts avec ceux d'Israël, bien qu'il s'agisse d'une chose que les grands médias ne sont pas prêts à reconnaître.

Alors que Ben Laden lui-même n'a jamais attaqué de cible israélienne ou juive, même *le Washington Post* a souligné que l'objectif principal de Ben Laden est de soutenir "une marque déstabilisante de fondamentalisme islamique dans une longue liste de régimes existants du Moyen-Orient et de l'Asie centrale".

Ce même article du *Post* révélait que, contrairement à l'opinion générale selon laquelle Ben Laden est en quelque sorte de mèche avec les cibles israéliennes favorites telles que Saddam Hussein en Irak et Muammor Qadaffi en Libye, un ancien associé de Ben Laden avait témoigné que Ben Laden était en fait très hostile à la fois au dirigeant irakien et au dirigeant libyen. Cela correspond à l'attitude d'Israël à l'égard des deux icônes arabes.

Compte tenu des liens antérieurs de Ben Laden avec les opérations conjointes de la CIA et du Mossad en Afghanistan et de la concordance inhabituelle de ses objectifs avec ceux du Mossad, la question se pose de savoir si Ben Laden n'est pas le successeur d'Abou Nidal, suppléant présumé du Mossad, et ce à plus d'un titre.

Et à la lumière des questions récentes sur la nationalité et l'identité des prétendus "pirates de l'air arabes" qui ont fait s'écraser les quatre avions qui ont semé le chaos sur le sol américain le 11 septembre, l'article de Jack Anderson du 17 septembre 1972, déjà cité, a souligné quelque chose qui mérite d'être noté :

> Les agents israéliens, immigrés dont les familles ont vécu en terre arabe pendant des générations, connaissent parfaitement les dialectes et les coutumes arabes. Ils ont pu s'infiltrer facilement dans les gouvernements arabes.

Même des sources israéliennes ont fourni d'autres données montrant à quel point le Mossad et d'autres éléments des services de renseignements israéliens ont été "cachés" dans le monde arabe. Le 29 septembre 1998, le célèbre journaliste israélien Yossi Melman, écrivant dans le journal israélien *Ha'aretz*, a révélé ce qui suit :

> Les agents du Shin Bet, qui travaillaient sous couverture dans le secteur israélo-arabe dans les années 1950, sont allés jusqu'à épouser des femmes musulmanes et à avoir des enfants avec elles, afin de poursuivre leur mission sans éveiller les soupçons. Lorsque l'unité a été dissoute, certaines familles ont été brisées, tandis que dans d'autres cas, les femmes se sont converties au judaïsme et sont restées avec leurs maris.

En fait, on peut se demander si ceux qui ont été identifiés comme les pirates de l'air du 11 septembre étaient bien les pirates de l'air. *Dans le New Yorker* du 8 octobre 2001, Seymour Hersh, journaliste d'investigation chevronné, a souligné un fait qui n'a pas été mentionné dans les médias grand public :

> De nombreux enquêteurs pensent que certains des premiers indices sur l'identité et les préparatifs des terroristes, tels que les manuels de vol, étaient destinés à être trouvés. Un ancien haut responsable des services de renseignement m'a dit : "Les traces laissées l'ont été délibérément pour que le FBI les poursuive".

Hersh a également soulevé la question de savoir si le réseau de Ben Laden était capable de mener seul l'attaque terroriste. Hersh a noté qu'un officier militaire de haut rang lui avait suggéré que, selon lui, "un important service de renseignement étranger pourrait également avoir été impliqué".

Hersh n'a pointé du doigt personne, mais un lecteur familier avec l'histoire passée de Hersh, qui a mis le doigt sur les intrigues du Mossad israélien, pourrait peut-être lire entre les lignes et deviner à quel pays étranger la source de Hersh pourrait, même de façon oblique, faire allusion.

En fin de compte, l'idée que la CIA et le Mossad financent des groupes terroristes islamiques n'a rien d'extraordinaire pour les anciens lecteurs du défunt *Spotlight*.

Dès le 15 mars 1982, le correspondant chevronné Andrew St. George révélait dans *The Spotlight* que le grand secret de concernant le scandale du trafic d'armes international de l'ancien haut fonctionnaire de la CIA Edwin Wilson était le partenariat de ce dernier avec le Mossad. Alors que Wilson affirmait que ces activités étaient menées avec l'approbation de la CIA - qui le niait, bien entendu - les principaux médias ont gardé le lien entre Wilson et le Mossad sous silence.

George a indiqué que Wilson s'était associé à deux agents vétérans du Mossad, Hans Ziegler et David Langham, qui ont créé une société, Zimex, Ltd, basée en Suisse. Le projet était connu sous le nom de KLapex, le cryptonyme de la CIA.

Il s'agissait d'une opération secrète conjointe de la CIA et du Mossad visant à mettre en place une chaîne de sociétés commerciales fictives dans le but de vendre et d'affréter des avions à réaction personnels à des dirigeants arabes. Les avions, qui allaient des jets d'affaires Gulfstream II aux 707 géants, étaient livrés avec des équipages de vol et de maintenance, dont chacun comptait des agents du Mossad parmi ses membres. La principale mission des espions israéliens était d'assurer le fonctionnement et l'entretien des systèmes d'écoute électronique sophistiqués dissimulés dans la cabine de chaque avion afin d'enregistrer les conversations confidentielles des hommes d'État arabes en plein vol.

George a toutefois révélé que le réseau commercial de KLapex était utilisé à des fins encore plus sinistres :

> Fournir une aide secrète à certains mouvements radicaux nationalistes, panarabes et islamiques au Soudan, en Égypte, en Syrie, en Arabie saoudite et dans les autres États du golfe Persique. Dans tous les cas, lorsque le Mossad apportait cette aide secrète - que ce soit sous forme d'argent liquide ou d'accès à des armes de contrebande, ou sous une autre forme - l'objectif était d'affaiblir ou de faire pression sur un gouvernement jugé hostile ou dangereux pour Israël à ce moment précis.

Il reste à voir quel parrainage israélien, s'il y en a un, se cache derrière les croquemitaines islamiques actuellement promus par les médias ; mais les preuves du parrainage et des liens israéliens passés sont là pour ceux qui osent les chercher.

CHAPITRE VII

Le député Jerry Voorhis avait raison : La Réserve fédérale n'est pas "fédérale"

Le 3 octobre 1989, l'influent *Washington Post* - le journal de référence politique de l'Amérique - a admis que les méga-banques qui constituent le système de la Réserve fédérale sont des entreprises privées. C'était peut-être la première fois qu'un journal de l'establishment reconnaissait ce fait.

Invariablement, lorsqu'il est question de la Fed dans les principaux médias, les banques de la Réserve fédérale, détenues et gérées par le secteur privé, sont qualifiées d'entités "fédérales".

Cependant, elles ne sont pas "fédérales". Les banques de la Réserve fédérale sont des entités privées. Le fait que le *Post* l'ait reconnu est vraiment significatif. L'aveu est apparu dans un article faisant partie de la rubrique régulière du *Post*, "The Federal Page", qui traite du Congrès et de la bureaucratie.

L'article ne portait pas sur la propriété des banques de la Réserve fédérale. Au contraire, cette référence à la nature privée de la Fed était enfouie dans les derniers paragraphes d'un rapport détaillant une nouvelle augmentation de salaire pour les employés du Conseil des gouverneurs du système de la Réserve fédérale.

(Le conseil est un organe de sept membres nommés par le président qui régit les affaires du système de la Réserve fédérale, et donc de l'économie du pays. C'est en ce sens le seul aspect de la Fed qui soit réellement fédéral. En outre, le système de la Réserve fédérale est composé des dirigeants de douze banques régionales privées, dominées par l'influente Banque fédérale de réserve de New York, qui est en grande partie sous le contrôle de la famille Rockefeller et de ses alliés du monde des affaires).

L'article du *Post* note que sous la direction d'Alan Greenspan, président du conseil des gouverneurs, la Fed a mis en place un nouveau barème de rémunération "pour faire face à la concurrence du secteur privé pour les postes clés".

Aussi incroyable que cela puisse paraître, le Congrès n'a pas son mot à dire sur les augmentations de salaire internes à la Fed, ce qui fait partie intégrante du statut "indépendant" vanté par la Fed et, pourrait-on ajouter, de l'immunité contre les audits indépendants et externes de ses dépenses internes et des politiques monétaires qu'elle met en œuvre.

La Fed est en effet autorisée à fixer le barème des salaires qu'elle souhaite, c'est-à-dire qu'elle est libre de dépenser l'argent des contribuables à sa guise. Dans le passé, cependant, la Fed suivait généralement les barèmes de rémunération de la fonction publique. Cependant, comme le note le *Post* dans l'intrigant paragraphe en question (révélant la nature privée de la Fed) :

> "Le nouveau barème des salaires, qui couvre les 1 500 employés du conseil, n'est pas aussi élevé que ceux en vigueur dans le secteur privé ou à la Federal Reserve Bank of New York, qui, comme les 11 autres banques régionales de la Réserve fédérale, est techniquement une société privée libre de fixer les salaires comme elle l'entend, selon un porte-parole du conseil".

Il est normal que cette révélation apparaisse dans les pages du *Post*. L'auteur de cette révélation n'est autre que le principal animateur du journal pendant de nombreuses années, le grand argentier de Wall Street Eugene Meyer, qui fut l'un des premiers membres du conseil d'administration de la Réserve fédérale. Aujourd'hui, le *Post* reste sous le contrôle du petit-fils de Meyer, Donald, qui porte le titre d'"éditeur".

La Fed n'a pas peur d'admettre dans les pages d'un journal ami comme le *Post* qu'elle est en réalité une entité privée, puisque le *Post* est une voix fiable qui fonctionne comme un journal "interne" pour l'establishment de Washington. Mais maintenant que nous avons la confirmation d'une soi-disant "source fiable" - un porte-parole de la Fed cité dans le prestigieux *Post* - nous pouvons affirmer avec confiance que les banques de la Réserve fédérale ne sont pas vraiment fédérales. Les détracteurs de la Fed, comme feu le député Jerry Voorhis (D-Calif.), avaient raison depuis le début.

Et si Voorhis siégeait aujourd'hui au Congrès, il ne fait aucun doute qu'il mènerait le combat pour l'audit et l'abolition du système de la Réserve fédérale.

Les défenseurs de la Fed qualifient ses détracteurs de "fous de droite". Mais il n'est pas question pour eux de coller cette étiquette à Voorhis. En fait, Voorhis - un ancien membre enregistré du Parti socialiste - était l'un des membres du Congrès les plus "libéraux" selon tous les critères.

Mais Voorhis était un intellectuel indépendant, un populiste prêt à s'opposer à l'élite ploutocratique, comme il l'a souvent fait. Par conséquent, c'est le fait de s'attaquer à la Fed qui a retourné la situation contre Voorhis.

Se décrivant lui-même comme un "socialiste chrétien" - et également un anticommuniste convaincu -, Voorhis était conscient de la réalité usuraire du monopole bancaire détenu et contrôlé par le secteur privé, connu sous le nom de Réserve fédérale.

En 1943, Voorhis est allé jusqu'à écrire un vibrant réquisitoire contre la Fed, un ouvrage controversé intitulé *Out of Debt, Out of Danger*. Dans son livre, Voorhis passe en revue l'histoire de la Fed et la façon dont elle a influencé la vie américaine au détriment des agriculteurs, des travailleurs et des petits entrepreneurs de ce pays. Et c'est précisément parce que Voorhis a critiqué ouvertement la Fed qu'il a payé le prix politique ultime.

En 1946, alors que Voorhis tente d'obtenir un sixième mandat à la Chambre des représentants, une clique de financiers et d'industriels bien financés (se faisant appeler le "Comité des cent") sélectionne et finance un candidat pour s'opposer à la réélection de Voorhis.

En fait, un émissaire de l'une des principales banques new-yorkaises (qui dominent la Fed par l'intermédiaire de la Federal Reserve Bank of New York, la plus influente des succursales régionales de la Fed) s'est rendu dans le sud de la Californie pour rencontrer le mystérieux comité et promettre son soutien à la campagne contre Voorhis.

Selon un agent des banques, Voorhis était considéré comme "l'un des hommes les plus dangereux de Washington", c'est-à-dire aux yeux des ploutocrates.

Néanmoins, Voorhis, bien établi et populaire, était sûr d'être réélu. Cependant, Voorhis a été pris par surprise et, en raison d'une opération particulièrement malveillante de "coups bas" à son encontre, il a été battu dans l'un des principaux bouleversements politiques de cette année-là.

Le cerveau de la campagne bien financée du Comité des cent contre Voorhis était un avocat notoire de Los Angeles, connu tout au long de sa carrière pour ses relations apparemment illimitées avec le crime organisé : l'énigmatique Murray Chotiner.

Plus tard, Chotiner a travaillé en étroite collaboration avec l'Anti-Defamation League (ADL) du B'nai B'rith pour organiser une opération machiavélique similaire contre Liberty Lobby, l'institution populiste de Washington qui publiait *The Spotlight*.

Ce n'est peut-être pas une coïncidence si la principale plainte de l'ADL contre Liberty Lobby découle du fait que Liberty Lobby a demandé à plusieurs reprises au ministère de la Justice d'exiger que l'ADL, un agent étranger de l'État d'Israël, s'enregistre en tant que tel auprès du ministère de la Justice, comme l'exige la loi sur l'enregistrement des agents étrangers (Foreign Agents Registration Act), dont l'un des auteurs n'est autre que Jerry Voorhis.

Quoi qu'il en soit, le député Voorhis s'est manifestement fait de puissants ennemis au sein de "l'establishment". Il en fut de même, plus tard, pour le jeune républicain qui avait été recruté par les ploutocrates pour se présenter contre Voorhis et qui, en fait, avait battu le populiste chevronné. Ce jeune républicain n'était autre que Richard Milhouse Nixon.

Ironiquement, Nixon - avant d'être "Watergated" de la présidence - a dit de Voorhis (qu'il appréciait personnellement) : "Je suppose qu'il n'y a guère eu d'homme avec des idéaux plus élevés que Jerry Voorhis ou mieux motivé que lui : "Je suppose qu'il n'y a guère eu d'homme avec des idéaux plus élevés que Jerry Voorhis, ou mieux motivé que Jerry Voorhis."

Pourtant, près de trente ans plus tard, lorsque la colère des médias contrôlés par la ploutocratie s'est abattue sur Nixon, les médias ont rappelé avec énergie la campagne de destruction de Voorhis menée par

Nixon en 1946, en ignorant soigneusement le fait que les puissants intérêts bancaires new-yorkais et internationaux (qui dominaient en fait les "grands médias") avaient été les principaux instigateurs de l'assaut de Nixon contre Voorhis.

Après sa défaite à la réélection, Voorhis est néanmoins resté un fervent critique de la Fed et a écrit plus tard : "La Fed n'agit pas en tant qu'instrument gouvernemental de la nation, et ses politiques et pratiques ne sont pas déterminées en tenant compte de la nation.

Au lieu de cela, ce sont les banques et les banquiers qui dirigent la Fed et qui la dirigent au profit de la communauté financière à presque tous les égards. "La création monétaire", selon Voorhis, "est le plus grand pouvoir économique connu de l'homme. Ce pouvoir devrait toujours être exercé dans l'intérêt de l'ensemble de la population, jamais dans l'intérêt d'une poignée de privilégiés.

"Les banques - les banques commerciales et la Réserve fédérale - créent tout l'argent de cette nation, et la nation et son peuple paient des intérêts sur chaque dollar de cet argent nouvellement créé. Cela signifie que les banques privées exercent de manière anticonstitutionnelle, immorale et ridicule le pouvoir de taxer le peuple. En effet, chaque dollar nouvellement créé dilue dans une certaine mesure la valeur de tous les autres dollars déjà en circulation".

Selon Voorhis : "Un système de réserve fédérale placé sous le contrôle des représentants élus des États-Unis pourrait être géré dans l'intérêt du public et non dans celui de la communauté des prêteurs, comme c'est le cas aujourd'hui."

CHAPITRE VIII

L'attentat à la bombe d'Oklahoma City

(inédit)

La plupart des Américains ignorent que le numéro du 22 mai 2001 de *The Village Voice* contenait une présentation succincte et bien écrite des failles dans la ligne de propagande du FBI concernant l'histoire officielle du gouvernement sur les événements entourant l'attentat à la bombe d'Oklahoma City.

Intitulé *Beyond McVeigh : What the Feds Won't Tell You About Oklahoma City (Au-delà de McVeigh : ce que les autorités fédérales ne vous diront pas au sujet d'Oklahoma City)*, l'article de James Ridgeway, journaliste libéral chevronné et bien connu, affirme que, tout simplement, la version officielle des événements donnée par le gouvernement "n'a pas de sens".

Ridgeway commente : "Aussi farfelues que leurs affirmations puissent paraître à première vue, les théoriciens du complot affirment qu'on ne peut ignorer la question de savoir si le gouvernement était au courant du complot à l'avance - ou même s'il a joué un rôle dans ce complot". Il propose ensuite à ses lecteurs ce qu'il appelle "une liste de certains événements - mais pas tous - qui laissent supposer l'existence d'un complot plus vaste".

Il suffit de dire que pratiquement tous les points mentionnés par Ridgeway sont familiers aux lecteurs de *l'American Free Press*, mais qu'ils ont probablement ouvert les yeux des lecteurs libéraux *de The Village Voice*.

Ridgeway conclut avec l'histoire d'Andreas Strassmeir, qui était presque certainement un informateur fédéral sous couverture aux côtés de Timothy McVeigh, et dont le défunt *Spotlight* a toujours dit qu'il était probablement le personnage central pour élucider ce qui s'est réellement passé.

Notamment, Ridgeway termine en racontant qu'une fois, lorsqu'un témoin de l'Oklahoma a parlé avec un individu à l'accent allemand supposé être Strassmeir et lui a demandé (manifestement avec beaucoup de perspicacité) s'il travaillait pour le gouvernement, la personne supposée être Strassmeir a "un peu ri".

Stephen Jones, ancien avocat de McVeigh, a déclaré sans ambages dans la nouvelle édition mise à jour de son livre, *Others Unknown*, qu'il voulait qu'il soit clair qu'il savait depuis le début qu'il y avait bien un "John Doe #2". Jones décrit sa source d'information comme étant "impeccable" - rien de moins que McVeigh lui-même.

Lors de l'émission *48 Hours* diffusée le 11 juin sur CBS, Jones a révélé que McVeigh avait fait preuve de "tromperie" lors de son premier test au détecteur de mensonges lorsqu'on lui a posé des questions spécifiques sur l'implication d'autres personnes dans l'attentat à la bombe, notamment sur le fait de savoir si d'autres personnes l'avaient accompagné lors de la livraison de la bombe au bâtiment Murrah.

Ce qui est étonnant, c'est que les partisans de la théorie du "kamikaze solitaire" du FBI essaient maintenant de discréditer Jones - qui était l'avocat de la défense désigné par le tribunal dans le plus grand procès pour meurtre de masse de l'histoire des États-Unis - en le qualifiant de "chercheur de publicité" pour avoir osé soulever des questions sur la crédibilité de son ancien client.

En fait, selon l'enquêteur indépendant J.D. Cash, les avocats de McVeigh en sont venus à penser que McVeigh délirait et se sont demandé si McVeigh ne croyait pas être la réincarnation du héros de la guerre d'Indépendance Patrick Henry.

Cash note que "durant ses premières semaines en prison, McVeigh présentait tous les symptômes d'un 'crankster' se remettant des effets destructeurs du [LSD et du crystal-meth]", deux drogues dont la sœur de McVeigh a confirmé qu'il les avait expérimentées.

Selon M. Cash, les "points sensibles" de M. McVeigh étaient "une idéologie de droite marginale et des fantasmes impliquant des femmes".

À cet égard, il est intéressant de noter que Kirk Lyons, l'ami proche et l'avocat d'Andreas Strassmeir, réputé associé de McVeigh, a été un recruteur actif pour le complexe d'Elohim City dans l'Arkansas, près de la frontière de l'Oklahoma, promettant aux jeunes "nationalistes blancs" qu'ils pourraient trouver les femmes de leurs rêves à Elohim City.

Van Loman, vétéran du mouvement nationaliste, a déclaré à *The Spotlight* qu'après l'échec de son propre mariage, Lyons a défendu avec enthousiasme l'idée que Loman s'installe à Elohim City pour y trouver un compagnon de fortune.

Confiant dans le fait qu'il pourrait trouver un nouvel amour sans s'installer dans le "club des cœurs solitaires" de Lyons, Loman déclare aujourd'hui :

"Je ne peux que me demander quel aurait été le cours de ma vie si j'avais suivi la suggestion de Kirk Lyons et si j'avais élu domicile à Elohim City. Dieu seul le sait. J'aurais peut-être fréquenté des gens comme Andreas Strassmeir et Timothy McVeigh et, d'une manière ou d'une autre, j'aurais été entraîné par inadvertance dans leur réseau d'intrigues".

La question est de savoir si Tim McVeigh a agi sur la base d'une recommandation similaire à celle que Loman a rejetée.

Les grands médias - ainsi que l'ADL et Morris Dees du Southern Poverty Law Center - continuent de suggérer que ceux qui doutent de la version officielle du gouvernement concernant l'attentat d'Oklahoma tentent de faire de Timothy McVeigh un "martyr". Rien n'est plus faux.

Le fait est que la plupart de ceux qui doutent de la version officielle du gouvernement sur l'attentat à la bombe pensent également que McVeigh a menti lorsqu'il a donné son récit "interne" aux deux auteurs qui ont produit le nouvel ouvrage dans lequel McVeigh est censé raconter "toute l'histoire".

Toutes les preuves accumulées - tant par le gouvernement que par les enquêteurs indépendants qui remettent en question la ligne officielle du gouvernement - suggèrent que McVeigh était impliqué dans l'attentat à la bombe.

Le gouvernement et les enquêteurs indépendants se séparent sur la question de savoir si d'autres personnes ont été impliquées.

CHAPITRE IX

Un auteur populiste s'exprime en Malaisie

Michael Collins Piper a passé une dizaine de jours en Malaisie, république d'Asie du Sud-Est, en août 2004. Accueilli par diverses organisations indépendantes et des particuliers, Piper s'est rendu à Kuala Lumpur, la capitale ultramoderne de cette puissance économique asiatique en plein essor, pour lancer la publication de ses livres controversés, *Final Judgment : The Missing Link in the JFK Assassination Conspiracy (Le chaînon manquant dans la conspiration de l'assassinat de JFK)* et *The High Priests of War (Les grands prêtres de la guerre)*, la première étude approfondie de l'histoire des néo-conservateurs pro-israéliens qui contrôlent la politique étrangère des États-Unis sous la présidence de George W. Bush.

Bien que la Malaisie soit un pays multiethnique avec d'importantes minorités chinoises et indiennes, avec une prédominance de la population malaise, l'anglais est largement et couramment parlé dans l'ensemble du pays, qui a fait partie de l'Empire britannique.

Plusieurs milliers d'exemplaires des deux livres de Piper sont déjà en circulation en Malaisie, et ils sont disponibles dans les principales librairies de ce pays, ce qui n'est pas le cas aux États-Unis. (Depuis la première visite de Piper, *The High Priests of War* a également été publié en malais, et son dernier livre, *The New Jerusalem*, a également été publié en anglais en Malaisie).

La visite de M. Piper était de bon augure car, comme l'ont souligné ses hôtes, c'était la première fois qu'un Américain connu pour son franc-parler populiste, nationaliste et critique du lobby israélien à Washington se rendait en Malaisie d'une manière aussi médiatisée.

En tant que présidente du Mouvement des non-alignés et de l'Organisation des pays islamiques, la Malaisie est de plus en plus influente sur la scène mondiale, en particulier après vingt ans de règne de l'ancien Premier ministre populaire, le Dr Mahathir Mohamad, qui a défié les efforts des mondialistes pour imposer des règles dictatoriales à sa nation par l'intermédiaire de moteurs du pouvoir impérial tels que le Fonds monétaire international et la Banque mondiale.

Le premier événement de la tournée de M. Piper a été une conférence donnée à l'hôtel cinq étoiles Mutiara de Kuala Lumpur devant une foule de près de 300 personnes - un éventail remarquable d'avocats, d'hommes d'affaires, d'industriels, d'universitaires et de diplomates de premier plan, dont un représentant de l'ambassade des États-Unis en Malaisie. Chandra Muzaffar, avocat, écrivain prolifique et conférencier considéré comme l'un des plus grands intellectuels d'Asie, était le modérateur. Président du Mouvement international pour un monde juste (JUST), Muzaffar est largement respecté au niveau international.

Plus tard, la conférence JUST elle-même a été marquée par une apparition spéciale de Piper, qui s'est adressé à une assemblée tout aussi nombreuse et intéressée sur le thème "Le pouvoir caché derrière Washington", en abordant non seulement la question évidente de l'influence du lobby israélien, mais aussi des blocs de pouvoir tels que le Conseil des relations étrangères, la Commission trilatérale et le groupe Bilderberg, plus secret, qui - comme l'a découvert Piper - était à peine connu de son auditoire par ailleurs bien informé. Le Dr R. S. McCoy, président de la division malaisienne de l'Association internationale des médecins pour la prévention de la guerre nucléaire, était le modérateur.

Lors d'une visite sur l'île historique de Penang, connue sous le nom de "Perle de l'Orient", Piper a répondu à cette question : "Les États-Unis au Moyen-Orient : La paix est-elle possible ?" devant une assemblée d'universitaires et d'étudiants de troisième cycle au Centre d'études internationales de l'École des sciences sociales de l'Université Sains [Science] de Malaisie. Le modérateur, le professeur Johan S. Abdullah, a conclu en remettant à M. Piper un livre de Cecil Regendra, éminent avocat, poète et militant des droits de l'homme qui a assisté à la conférence de M. Piper.

Au départ, il était prévu que M. Piper intervienne dans le cadre d'un cours donné par le Dr A. B. Kopanski à la prestigieuse International Islamic University (IIU) de Kuala Lumpur. Comme Piper, Kopanski est membre du conseil consultatif de *The Barnes* Review, la revue historique révisionniste. L'année dernière, il est venu à Washington pour s'exprimer lors de la conférence conjointe TBR-AFP sur l'histoire réelle et le premier amendement.

Cependant, la visite de M. Piper en Malaisie a suscité un tel intérêt dans les milieux intellectuels que les responsables de l'université ont organisé de leur propre chef une plus grande salle dans leur établissement, qui accueille des étudiants d'une centaine de pays.

C'est donc une salle comble (environ 300 personnes), composée d'étudiants énergiques, qui a accueilli M. Piper. Le président de l'IIU, Seri Sanusi Junid, personnalité très respectée dans les affaires malaisiennes, a rejoint Piper sur scène pour la conférence et a honoré l'Américain en lui conférant le titre de "protégé", à la grande joie des étudiants qui ont apprécié la conférence de Piper sur "Les néoconservateurs, le sionisme et la Palestine".

M. Piper a abordé le sujet tout aussi controversé "La presse américaine est-elle vraiment libre ?" au siège national du Malaysian Bar Council, l'association d'avocats qui, en Malaisie (contrairement aux États-Unis), est très indépendante et s'exprime ouvertement, se posant souvent en contrepoint du gouvernement. Mme Piper a fait remarquer que si, dans des pays comme la Malaisie, le gouvernement contrôle souvent partiellement les médias (ou leur impose des restrictions), la situation est différente aux États-Unis : des sociétés privées et des groupes d'intérêts particuliers possèdent les médias et utilisent ce pouvoir pour contrôler le processus politique.

Ce qui est intéressant, c'est qu'il y a eu un effort concerté en coulisses pour empêcher Piper de s'adresser au Conseil du barreau. Un appel anonyme - que l'on croit provenir de l'Anti-Defamation League (ADL), le groupe de pression du lobby israélien aux États-Unis - a exhorté le Conseil à annuler l'engagement de Piper, en se référant à des "preuves" contre Piper sur le site Web de l'ADL "prouvant" que Piper était dangereux. Les dirigeants du barreau ont rejeté l'avis de l'ADL et le modérateur de l'événement, l'avocat bien connu Tommy Thomas, a souligné que dans la longue histoire des forums du conseil, il n'y avait jamais eu d'effort pour empêcher un orateur d'être entendu sur , malgré un long palmarès d'orateurs controversés représentant des points de vue très diversifiés.

L'événement de clôture de la tournée de conférences de M. Piper était parrainé par *Oriental News*, le journal en langue chinoise de Kuala Lumpur. Devant une foule amicale et fascinée d'environ 250 personnes, M. Piper a abordé le thème suivant : "La carte des États-Unis pour la domination mondiale au XXIe siècle" : "Il a souligné que si les néoconservateurs de l'élite dirigeante de Washington sont connus pour leur enthousiasme de clocher à l'égard d'Israël, ce que l'on sait moins, c'est qu'ils placent les intérêts et la sécurité d'Israël au premier plan, même dans la conduite de la politique américaine à l'égard de l'Asie, de l'Europe, de l'Afrique et de l'Afrique du Sud, estimant que toutes ces politiques doivent être axées sur ce qu'il y a de mieux pour Israël.

Ce qui suit est le récit personnel de Piper de son voyage historique en Malaisie :

Mon voyage à Kuala Lumpur, la capitale de la Malaisie, ainsi que des voyages parallèles vers d'autres destinations de ce pays remarquable, m'ont donné une chance unique d'en apprendre beaucoup sur un pays qui reste mystérieux pour la plupart des Américains, bien que la Malaisie soit l'une des puissances économiques de l'Asie du Sud-Est et qu'elle soit, sans aucun doute, un leader du Tiers-Monde et d'autres pays non alignés. Mais surtout, j'ai eu l'occasion d'entendre ce que les Malaisiens pensent des États-Unis et de leurs politiques mondialistes aujourd'hui - des points de vue qui reflètent à bien des égards l'opinion mondiale.

Au cours de ma visite, j'ai rencontré non seulement des travailleurs moyens, mais aussi un éventail d'avocats, d'universitaires, d'intellectuels, de dissidents politiques, de chefs d'entreprise, de journalistes et plusieurs anciens fonctionnaires. On peut dire sans risque de se tromper que, malgré leurs différences socio-économiques, ethniques et religieuses, tous étaient d'accord pour dire une chose : "Contrairement à ce que prétend George W. Bush, nous ne détestons pas l'Amérique ou le peuple américain, mais nous n'aimons absolument pas les politiques menées par le président américain et ses conseillers néoconservateurs."

C'est aussi simple que cela. En fait, le point de vue malaisien reflète la pensée des gens en Russie et à Abu Dhabi dans les Émirats arabes unis, deux autres endroits où j'ai pris la parole au cours des dernières années.

Bien que la Malaisie fasse de l'islam sa religion d'État, le pays présente une grande diversité religieuse et ethnique, avec d'importantes populations de Chinois, d'Indiens et autres. Il est également très moderne et tourné vers l'avenir, l'anglais étant largement parlé par tous les groupes de population, y compris par la population malaise majoritaire.

Les Malaisiens apprécient leur culture et leur histoire et sont déterminés à rester indépendants, se méfiant de nombreux aspects de ce que l'on appelle grosso modo la culture "américaine", mais qui - comme tout Américain qui réfléchit le sait parfaitement - est en fait une marque de "culture" promulguée par les médias contrôlés aux États-Unis et qui, à vrai dire, ne reflète souvent que très peu la tradition américaine elle-même.

Si les Malaisiens apprécient la mode américaine, les films, tous les aspects de "notre mode de vie américain", ils tiennent à conserver leur propre individualité. Il n'y aura pas de "monde unique" pour les Malaisiens, même si les dirigeants américains restent attachés au rêve d'une plantation mondiale. C'est pourquoi le nationalisme franc de leur premier ministre de longue date, le très acclamé Dr. Mahathir Mohammed, et de leur dirigeant actuel, Abdullah Ahmad Badawi, est très apprécié par ces personnes à l'esprit indépendant.

En Malaisie, il est de notoriété publique que le lobby israélien joue un rôle majeur dans l'élaboration de la politique étrangère des États-Unis. Et de nombreux Américains seront heureux d'apprendre que les intellectuels malaisiens sont également très au fait des intrigues de blocs de pouvoir tels que le Conseil des relations étrangères et la Commission trilatérale, bien que l'existence du groupe Bilderberg, plus secret, ait été une surprise pour de nombreux Malaisiens.

Les Malaisiens avec lesquels je me suis entretenu - et qui représentent, comme je l'ai noté, un large éventail de groupes ethniques et de religions - sont uniformément préoccupés par le fait que les dirigeants actuels des États-Unis (par opposition au peuple américain dans son ensemble) sont déterminés à créer un empire mondial. Ils perçoivent l'économie américaine comme le véhicule des banquiers internationaux et sont conscients des manipulations du système de la Réserve fédérale sur le système monétaire américain, lié à l'empire financier de la famille Rothschild d'Europe. Dans cette optique, les Malaisiens considèrent les combattants américains comme des pions, la chair à canon de ces forces de haut niveau dont ils rejettent les objectifs.

Bien que la foi islamique soit forte en Malaisie, de nombreux Malaisiens - et cela surprendra de nombreux Américains - se méfient du fondamentalisme islamique pur et dur et se demandent même si Oussama ben Laden est "pour de vrai".

En d'autres termes, pour dire les choses crûment, de nombreux Malaisiens (comme beaucoup de gens dans le Moyen-Orient islamique, par exemple) soupçonnent Ben Laden d'être en fait une créature des services de renseignement israéliens, le Mossad, et de ses alliés dans divers éléments de l'appareil de sécurité nationale des États-Unis, et que Ben Laden a été un outil utile dans une campagne secrète visant à établir un hégémon mondial sous la domination des éléments sionistes et de leurs collaborateurs dans la communauté supercapitaliste internationale.

Dans mes diverses présentations en Malaisie, j'ai souligné le rôle du monopole des médias aux États-Unis dans l'élaboration de la politique américaine, en faisant remarquer que si, dans de nombreux pays, le gouvernement contrôle les médias, aux États-Unis, les propriétaires des médias - un petit groupe très uni de familles et d'intérêts financiers - exercent leur pouvoir pour contrôler le gouvernement, et donc les hommes politiques, et l'ordre du jour qu'ils mettent en œuvre. Les Malaisiens n'ont eu aucun mal à comprendre ce concept, bien que de nombreux Américains n'aient pas encore pris conscience de cette réalité.

Tous mes interlocuteurs malaisiens m'ont posé la même question : "Que faut-il faire pour briser ce pouvoir des médias et les conséquences qui en découlent ? "Que faudra-t-il faire pour briser ce pouvoir médiatique et les conséquences qu'il entraîne ?" Ma réponse a été la suivante : "Bien que les Américains dans leur ensemble restent largement ignorants de ce qui se passe, ils sont de plus en plus nombreux, grâce à des voix indépendantes telles que *American Free Press*, à ouvrir les yeux. Entre-temps, un nombre croissant de bons Américains patriotes au sein du département d'État, de l'armée, de la CIA et d'autres agences de renseignement, et ailleurs, sont de plus en plus mécontents de la "politique habituelle" et commencent à s'exprimer, remettant en question les intentions globales du lobby sioniste.

"En fin de compte", ai-je conclu, "ces faiseurs d'opinion commenceront à se faire entendre de plus en plus. C'est pourquoi non seulement le peuple américain, mais aussi les peuples du monde entier, doivent soutenir non seulement les médias indépendants, mais aussi les personnes en position de pouvoir aux États-Unis et ailleurs qui sont prêtes à s'exprimer, quelles qu'en soient les conséquences.

À cet égard, ce n'est probablement pas une coïncidence si, alors que j'étais sur le point de quitter la Malaisie, j'ai appris que le FBI menait depuis longtemps une enquête sur les activités du lobby israélien et ses liens avec les fauteurs de troubles néoconservateurs au sein de l'administration Bush. C'était presque comme une confirmation positive qu'il y a des gens qui osent parler.

Le résultat final de cette enquête - et des événements qui ont suivi - reste à voir, mais les vrais patriotes américains peuvent être assurés qu'ils ont l'amitié des vrais patriotes en Malaisie et partout ailleurs dans le monde, même si le monopole des médias prétend que "le reste du monde nous déteste".

SECTION DEUX

ASSASSINATIONS

CHAPITRE X

Les ambitions nucléaires d'Israël liées à l'assassinat de JFK

Les efforts déterminés (et alors secrets) déployés en coulisses par John F. Kennedy pour empêcher Israël de se doter d'un arsenal d'armes nucléaires ont-ils joué un rôle déterminant dans les événements qui ont conduit à son assassinat le 22 novembre 1963 ? Le Mossad, le service de renseignement israélien, a-t-il joué un rôle de premier plan dans la conspiration de l'assassinat de JFK, aux côtés d'éléments de la CIA et du crime organisé international ?

Pourquoi le cinéaste hollywoodien Oliver Stone n'a-t-il pas révélé, dans son film de 1993 consacré à l'assassinat de JFK, que le héros de son épopée, Jim Garrison, ancien procureur de la Nouvelle-Orléans, avait conclu en privé que le Mossad était en fin de compte le moteur de l'assassinat de JFK ?

À l'approche du 40e anniversaire de l'assassinat de JFK - alors que l'attention mondiale se concentre sur les problèmes de prolifération nucléaire au Moyen-Orient - est-il valable ou approprié de soulever la question d'une éventuelle complicité israélienne dans l'assassinat d'un président américain ?

Ce ne sont là que quelques-unes des questions très controversées posées par Michael Collins Piper dans son livre, *Final Judgment*, qui est devenu un proverbial "best-seller clandestin" aux États-Unis, le sujet d'un débat passionné sur l'internet, et l'objet d'échanges houleux dans divers forums publics.

Ce qui suit est l'étude complète des conclusions de Piper, telles qu'elles ont été publiées dans *Final Judgment*.

En 1992, l'ancien membre du Congrès américain Paul Findley, un républicain libéral, a fait le commentaire peu remarqué mais intriguant que "dans tous les mots écrits sur l'assassinat de John F. Kennedy, l'agence de renseignement d'Israël, le Mossad, n'a jamais été mentionnée, malgré le fait évident que la complicité du Mossad est aussi plausible que n'importe laquelle des autres théories".

Comment Findley - qui n'a jamais été connu pour être un extrémiste et qui n'est certainement pas un adepte des théories du complot - a-t-il pu en arriver à une telle affirmation ?

En réalité, cette thèse n'est pas si extraordinaire si l'on se réfère à l'histoire, en replaçant toutes les théories conventionnelles sur l'assassinat de JFK dans une nouvelle perspective, en calculant des détails jusqu'alors peu connus qui jettent une lumière crue sur les circonstances entourant la mort de JFK et les crises géopolitiques dans lesquelles le président américain était plongé à l'époque de son assassinat fracassant.

En vérité, même l'exposé le plus récent et le plus largement diffusé des théories sur l'assassinat de JFK - le film à succès d'Oliver Stone, *JFK*, sorti en 1993 - n'*a* pas présenté l'ensemble du tableau.

Bien que Stone ait présenté l'ancien procureur de la Nouvelle-Orléans, Jim Garrison, comme un héros pour avoir pointé du doigt des éléments de l'armée et des réseaux de renseignement américains comme étant la force motrice de l'assassinat de JFK, ce que Stone n'a pas dit à son public était quelque chose d'encore plus controversé : en privé, après quelques années de recherche et de réflexion, Garrison était parvenu à une conclusion encore plus surprenante : la force motrice de l'assassinat de JFK n'était autre que le redoutable service de renseignement d'Israël, le Mossad.

Aussi étonnant que cela puisse paraître, il y a en fait de bonnes raisons de conclure que Garrison a peut-être cherché dans la bonne direction. À l'heure où le débat sur les "armes de destruction massive" occupe le devant de la scène mondiale, cette thèse n'est pas si extraordinaire qu'elle en a l'air.

Le 40e anniversaire de l'assassinat de John F. Kennedy approche et la fascination exercée par le meurtre du 35e président des États-Unis ne faiblit pas. Les "mordus" de l'assassinat - non seulement sur le site aux États-Unis, mais aussi dans le monde entier - continuent d'ébrécher les conclusions des deux enquêtes officielles du gouvernement américain sur cette affaire.

Bien que le rapport de 1976 d'une commission spéciale du Congrès américain ait formellement contredit la conclusion de 1964 de la commission Warren nommée par le président, selon laquelle l'assassin présumé Lee Harvey Oswald avait agi seul, et qu'il ait conclu au contraire qu'il y avait effectivement une probabilité de conspiration derrière l'assassinat du président - faisant largement allusion à l'implication du crime organisé - la décision finale de la commission du Congrès a en fait soulevé plus de questions, à certains égards, qu'elle n'a apporté de réponses.

En 1993, le réalisateur hollywoodien Oliver Stone est entré dans la danse avec sa superproduction *JFK*, qui présentait l'interprétation de Stone de l'enquête sur l'assassinat de JFK menée par Jim Garrison, alors procureur de la Nouvelle-Orléans, et qui avait fait l'objet d'une large publicité entre 1967 et 1969.

Le film de Stone, dans lequel Kevin Costner incarne Garrison, soulève le spectre de l'implication de certains éléments du "complexe militaro-industriel", ainsi que d'une poignée d'exilés cubains anticastristes, de militants de droite et d'agents malhonnêtes de l'Agence centrale de renseignement. Le film raconte l'histoire de l'enquête menée par Garrison et des poursuites finalement infructueuses engagées contre Clay Shaw, homme d'affaires de la Nouvelle-Orléans (alors soupçonné d'être un collaborateur de la CIA, ce qui a été prouvé par la suite), pour son implication dans la conspiration de JFK.

Cependant, comme nous le savons maintenant, même Stone n'a pas été fidèle à son héros. A. J. Weberman, enquêteur indépendant de longue date sur l'assassinat de JFK, a depuis révélé que dans les années 1970 - bien après les poursuites engagées par Garrison contre Shaw - Garrison faisait circuler le manuscrit d'un roman (jamais publié) dans lequel il désignait le Mossad israélien comme le cerveau de la conspiration de l'assassinat de JFK.

Garrison n'a jamais rien dit de cette thèse inhabituelle, du moins publiquement. Mais à partir du milieu des années 1980, et jusqu'à aujourd'hui ( ), de nouvelles preuves sont apparues qui non seulement montrent que le Mossad avait de bonnes raisons d'agir contre John F. Kennedy, mais aussi que non seulement Clay Shaw (la cible de Garrison), mais aussi d'autres personnages clés souvent associés dans les écrits publiés à l'assassinat de JFK, étaient en fait étroitement liés au Mossad et à ses ordres.

Et ce qui est particulièrement intéressant, c'est qu'aucune des personnes en question - y compris Shaw - n'était juive. L'allégation selon laquelle l'implication du Mossad serait en quelque sorte de nature "antisémite" tombe donc à plat sur ce seul fait. Mais la complicité du Mossad - comme l'indique le dossier - est une possibilité très réelle.

Les détracteurs de Garrison continuent d'affirmer que le procureur de la Nouvelle-Orléans n'arrivait pas à se décider sur la personne qui, selon lui, avait orchestré l'assassinat du président John F. Kennedy. C'était en effet le principal reproche fait à ce procureur turbulent, franc et haut en couleur : il n'arrivait tout simplement pas à se décider. Et c'est l'une des raisons pour lesquelles même de nombreux partisans de Garrison ont commencé à mettre en doute sa sincérité, et même à se demander si l'enquête de Garrison valait la peine d'être menée.

En vérité, Garrison a eu tendance à tirer dans le tas. C'est peut-être là sa plus grande erreur - l'une des nombreuses - au cours de son enquête controversée sur l'assassinat du 35e président des États-Unis.

À un moment ou à un autre de cette enquête, Garrison a pointé du doigt l'un ou l'autre des différents conspirateurs possibles, allant des "extrémistes de droite" aux "barons du pétrole texans", en passant par les "exilés cubains anticastristes" et les "agents véreux de la CIA". Parfois, Garrison est allé jusqu'à dire que la conspiration incluait une combinaison de ces conspirateurs possibles.

Lorsque Garrison a finalement traduit un homme en justice, Clay Shaw, un cadre commercial très respecté de la Nouvelle-Orléans, Garrison avait réduit son champ d'action, suggérant principalement que Shaw avait été l'un des acteurs de second plan de la conspiration.

Selon Garrison, Shaw était essentiellement aux ordres de personnalités haut placées dans ce qui a été grossièrement décrit comme le "complexe militaro-industriel" - cette combinaison d'intérêts financiers et de fabricants d'armements dont le pouvoir et l'influence dans le Washington officiel - et dans le monde entier - constituent une force très réelle dans les affaires mondiales.

Garrison a suggéré que Shaw et ses co-conspirateurs avaient de multiples motivations pour stimuler leur décision de s'en prendre au président Kennedy. Il a notamment affirmé ce qui suit :

- Les conspirateurs se sont opposés à la décision de JFK de commencer à retirer les forces américaines d'Indochine ;

- Ils lui reprochaient de ne pas avoir fourni de couverture militaire aux exilés cubains qui tentaient de renverser Fidel Castro lors de l'invasion ratée de la Baie des Cochons ;

- Ils en voulaient à JFK d'avoir renvoyé Allen Dulles, directeur de longue date de la CIA, grand ancien de la guerre froide contre l'Union soviétique.

- En outre, Garrison a laissé entendre que le successeur de JFK, Lyndon Johnson, aurait pu vouloir que JFK soit démis de ses fonctions afin de s'approprier la couronne, mais aussi parce que JFK et son jeune frère, le procureur général Robert Kennedy, ne complotaient pas seulement pour écarter Johnson du ticket national démocrate en 1964, mais menaient aussi des enquêtes criminelles fédérales sur de nombreux associés et soutiens financiers proches de Johnson, y compris dans le domaine de la criminalité organisée.

En fin de compte, après une délibération relativement brève, le jury chargé de l'affaire Shaw a acquitté ce dernier. Ce n'est que plus tard - beaucoup plus tard - que des preuves sont apparues montrant que Shaw avait bien été un informateur de la CIA, malgré les protestations contraires de Shaw.

Ce n'est que ces dernières années qu'il a été établi, par exemple, que la CIA américaine sabotait délibérément l'enquête de Garrison de l'intérieur, sans parler de l'aide qu'elle apportait à la défense de Shaw. Et bien que certains continuent à dire que l'acquittement de Shaw "prouve" que Shaw n'avait rien à voir avec la conspiration de JFK ( ), le tableau d'ensemble suggère tout le contraire.

Shaw était impliqué dans quelque chose de très trouble, tout comme d'autres membres de son cercle d'amis et d'associés. Et ils étaient, à leur tour, directement liés aux étranges activités de Lee Harvey Oswald à la Nouvelle-Orléans l'été précédant l'assassinat de John F. Kennedy, avant le séjour d'Oswald à Dallas. Des dizaines d'écrivains - dont beaucoup ont des points de vue différents - ont documenté tout cela, encore et encore.

Ainsi, même si la légende "officielle" veut que Jim Garrison pense que la CIA et le complexe militaro-industriel sont les principaux responsables de l'assassinat de JFK, en fin de compte, Jim Garrison était parvenu en privé à une conclusion tout à fait différente, qui reste largement inconnue, même des nombreuses personnes qui ont travaillé avec Garrison tout au long de son enquête.

En fait, comme on l'a vu, Garrison avait décidé, sur la base de l'ensemble de ce qu'il avait appris d'une grande variété de sources, que les commanditaires les plus probables de l'assassinat de JFK étaient des agents des services de renseignements israéliens, le Mossad.

La vérité est que - bien que Garrison ne l'ait apparemment pas su à l'époque, précisément parce que les faits n'avaient pas encore été révélés - Garrison était peut-être sur quelque chose de bien plus important qu'il ne le pensait.

Les archives publiques démontrent aujourd'hui qu'en 1963, JFK était impliqué dans un conflit secret et amer avec le dirigeant israélien David Ben-Gurion au sujet de la volonté d'Israël de construire la bombe atomique ; Ben-Gurion a démissionné avec dégoût, déclarant qu'à cause de la politique de JFK, "l'existence d'Israël [était] en danger". Après l'assassinat de JFK, la politique américaine à l'égard d'Israël a immédiatement pris un virage à 180 degrés.

Le nouveau livre de l'historien israélien Avner Cohen, *Israel and the Bomb*, confirme le conflit entre JFK et Israël avec une telle force que le journal israélien *Ha'aretz* a déclaré que les révélations de Cohen "nécessiteraient la réécriture de toute l'histoire d'Israël". Du point de vue d'Israël ( ), écrit Cohen, "les exigences de Kennedy [à l'égard d'Israël] semblaient diplomatiquement inappropriées ... incompatibles avec la souveraineté nationale". Quoi qu'il en soit, Cohen souligne que "le passage de Kennedy à [Lyndon] Johnson ... a profité au programme nucléaire israélien".

Ethan Bronner, dans le *New York Times, a* qualifié la volonté d'Israël de fabriquer une bombe nucléaire de "sujet farouchement caché". Cela explique pourquoi les chercheurs de JFK - et Jim Garrison - n'ont jamais envisagé la piste israélienne.

Bien que tout cela constitue un motif solide pour Israël de frapper JFK, même le journaliste israélien franc-tireur Barry Chamish reconnaît qu'il existe "un dossier assez convaincant" pour la collaboration du Mossad avec la CIA dans le complot de l'assassinat.

Le fait est que lorsque Jim Garrison a poursuivi Clay Shaw pour conspiration dans l'assassinat, Garrison était tombé sur le lien avec le Mossad.

Bien qu'il ait été révélé (après son acquittement) que Shaw était un actif de la CIA, il a également siégé en 1963 au conseil d'administration d'une société basée à Rome, Permindex, qui était (selon les preuves) une façade pour une opération d'achat d'armes parrainée par le Mossad.

Comment et pourquoi Shaw s'est retrouvé associé à cette opération reste un mystère, mais le rôle très clair du Mossad dans les activités de Permindex ne fait aucun doute, malgré les protestations.

Jugez-en par vous-même : L'un des principaux actionnaires de Permindex, la Banque de Crédit Internationale de Genève, était non seulement le fief de Tibor Rosenbaum, un haut fonctionnaire du Mossad de longue date - en fait, l'un des pères fondateurs d'Israël - mais aussi le principal blanchisseur d'argent de Meyer Lansky, "président" du syndicat du crime et loyaliste israélien de longue date.

Selon les biographes israéliens sympathisants de Meyer Lansky : "Après qu'Israël soit devenu un État, près de 90% de ses achats d'armes à l'étranger ont transité par la banque de Rosenbaum, . Le financement de nombreuses opérations secrètes les plus audacieuses d'Israël a été assuré par les fonds de la [BCI]. Le financement d'un grand nombre des opérations secrètes les plus audacieuses d'Israël a été réalisé grâce aux fonds de la [BCI]". La BCI a également servi de dépositaire pour le compte Permindex.

Le fait que la BCI de Tibor Rosenbaum ait été une force de contrôle de l'énigmatique entité Permindex place Israël et son Mossad au cœur même de la conspiration de l'assassinat de John F. Kennedy.

Il convient également de noter que le directeur général et actionnaire de Permindex était Louis Bloomfield, de Montréal, figure de proue du lobby israélien au Canada (et au niveau international) et agent de longue date de la famille de Samuel Bronfman, chef du Congrès juif mondial, partenaire commercial intime de Lansky dans le trafic international de whisky de contrebande pendant la Prohibition et, bien plus tard, mécène de premier plan d'Israël.

Permindex était clairement le lien israélien avec l'assassinat de JFK. Le lien Permindex explique également la "connexion française" présentée dans le documentaire *Les hommes qui ont tué Kennedy*, mais qui ne raconte pas toute l'histoire :

- Ce Permindex a également été impliqué dans des tentatives d'assassinat du président français Charles De Gaulle par l'Organisation de l'armée secrète française (OAS), qui avait elle-même des liens étroits avec le Mossad.

- Comme l'OEA, les Israéliens détestaient De Gaulle non seulement parce qu'il avait accordé l'indépendance à l'Algérie, un nouvel État arabe important, mais aussi parce que De Gaulle, qui avait aidé Israël, lui avait retiré son soutien, s'opposant (comme JFK) à la volonté d'Israël de se doter d'un arsenal atomique.

- En 1993, un officier de renseignement français a affirmé à cet auteur que le Mossad avait sous-traité au moins l'un des assassins de JFK - probablement un tueur à gages corse - par l'intermédiaire d'un agent de renseignement français déloyal envers De Gaulle qui détestait JFK parce qu'il soutenait l'indépendance de l'Algérie.

Il existe également des preuves solides, fondées sur les révélations du regretté journaliste respecté Stewart Alsop, que JFK planifiait également une attaque contre le programme de bombes nucléaires de la Chine rouge - un plan scut tled by Lyndon Johnson within a month of JFK's assassination.

Au cours de cette même période, selon le célèbre historien britannique du renseignement Donald McCormack (qui écrit sous le nom de plume Richard Deacon dans son livre *The Israeli Secret Service*), Israël et la Chine rouge ont participé à des recherches secrètes conjointes sur les bombes nucléaires.

Nous savons maintenant qu'un acteur clé du réseau Permindex, Shaul Eisenberg, est devenu l'agent de liaison du Mossad avec la Chine et a finalement joué un rôle clé dans le développement des transferts massifs d'armes entre Israël et la Chine qui ont été portés à l'attention du public dans les années 1980.

Il n'est pas non plus anodin que James Angleton, l'agent de liaison de la CIA avec le Mossad, soit un fervent partisan d'Israël qui a non seulement orchestré le scénario reliant l'assassin présumé Lee Harvey Oswald au KGB soviétique, mais qui a également fait circuler par la suite des informations erronées afin de brouiller les enquêtes sur l'assassinat. Les récits des intrigues d'Angleton avec le Mossad pendant la guerre froide sont légion.

En ce qui concerne le lien souvent évoqué entre la "mafia" et l'assassinat de JFK, même les sources "classiques" sur le crime organisé notent que les figures de la "mafia" italo-américaine les plus souvent accusées d'être à l'origine de l'assassinat - Carlos Marcello de la Nouvelle-Orléans et Santo Trafficante de Tampa, en Floride - étaient en fait des subordonnés de Meyer Lansky, associé au Mossad.

En outre, le neveu et homonyme du tristement célèbre chef de la mafia de Chicago, Sam Giancana - également souvent soupçonné d'avoir commandité l'assassinat de JFK - a récemment affirmé que le véritable chef de la mafia de Chicago était un associé juif américain de Meyer Lansky - Hyman "Hal" Larner - qui, tout en tirant les ficelles de Giancana et de la mafia de Chicago, collaborait activement à des intrigues internationales avec le Mossad d'Israël.

Il n'est pas étonnant que certains critiques suggèrent qu'Oliver Stone a peut-être omis de mentionner ces détails dans *JFK* parce que le film a été financé par Arnon Milchan ( ), un marchand d'armes israélien devenu producteur hollywoodien que même l'émission *Sixty Minutes* de CBS a associé à la contrebande de matériel destiné au programme nucléaire israélien - ce qui, bien sûr, s'est avéré être le point de discorde amer (et peut-être fatal) entre JFK et Israël.

Bien que le diplomate israélien Uri Palti ait déclaré que tout cela - tel que décrit en détail dans le livre de cet auteur, *Jugement dernier* - était "absurde" et que l'auteur Gerald Posner, lié à la CIA, l'ait qualifié de "farfelu", le Los Angeles Times a admis à contrecœur en 1997 que la thèse du *Jugement dernier* était "en effet nouvelle","*Le Los* Angeles *Times* a admis à contrecœur en 1997 que la thèse du *Jugement dernier* était "vraiment nouvelle", déclarant qu'elle "tisse ensemble certains des fils essentiels d'une tapisserie que beaucoup considèrent comme unique"."

Et il convient de noter que si beaucoup pensent que la CIA a joué un rôle dans l'assassinat de JFK, nombre de ces mêmes personnes craignent d'évoquer la probabilité d'un rôle du Mossad. Pourtant, comme l'a souligné le journaliste Andrew Cockburn :

> Depuis les premiers jours de l'État israélien et de la CIA, il existe un lien secret qui permet aux services de renseignement israéliens de travailler pour la CIA et le reste des services de renseignement américains. Vous ne pouvez pas comprendre ce qui s'est passé avec les opérations secrètes américaines et les opérations secrètes israéliennes tant que vous ne comprenez pas cet arrangement secret.

Il existe au moins trois livres importants écrits par des journalistes renommés qui documentent les liens souterrains entre la CIA et le Mossad, sans oublier, sous une facette ou une autre, les aspects du conflit secret et amer entre JFK et Israël, non seulement à propos de la politique en matière d'armes nucléaires, mais aussi à propos de la politique américaine au Moyen-Orient en général. En outre, ces volumes démontrent que la politique américaine a effectivement connu un revirement radical à la mort du président Kennedy : 1) *L'option Samson : Israel' s Nuclear Arsenal and American Foreign Policy* (*L'arsenal nucléaire d'Israël et la politique étrangère américaine*), par Seymour Hersh, journaliste chevronné *du New York Times* et lauréat du prix Pulitzer.

2) *Dangerous Liaison : The Inside Story of the U.S.-Israeli Covert Relationship* par le couple Andrew et Leslie Cockburn, tous deux

journalistes libéraux respectés ; et 3) *Taking Sides : America' s Secret Relations with a Militant Israel* de Stephen Green, qui a été associé au très "grand public" Council on Foreign Relations et à la Fondation Carnegie pour la paix internationale.

Hersh et Green sont d'ailleurs juifs. Les trois livres ont été publiés par des maisons d'édition respectées.

Tous ces volumes montrent clairement que JFK et le Premier ministre israélien David Ben-Gourion étaient en profond désaccord, au point que Ben-Gourion pensait que la politique de JFK menaçait la survie même d'Israël - et il l'a dit. Après l'assassinat de JFK, la politique américaine à l'égard du Moyen-Orient a connu un étonnant virage à 180 degrés - le résultat le plus immédiat de l'assassinat du président américain. Il s'agit là d'un fait froid, dur et indiscutable, qui ne peut être débattu. Les preuves ne sont que trop claires.

Hersh a noté que la presse israélienne et la presse mondiale "ont dit au monde que la démission soudaine de Ben-Gurion était le résultat de son mécontentement face aux scandales et aux troubles politiques intérieurs qui secouaient Israël". Cependant, Hersh poursuit en disant, de manière assez significative, qu'il n'y avait "aucun moyen pour le public israélien" de savoir qu'il y avait "encore un autre facteur" derrière la démission : plus précisément, selon Hersh, "l'impasse de plus en plus amère dans laquelle se trouvait Ben-Gourion avec Kennedy au sujet d'un Israël doté de l'arme nucléaire". L'épreuve de force finale avec JFK au sujet de la bombe nucléaire était clairement la "raison principale" de la démission de Ben-Gourion.

La volonté de construire une bombe nucléaire n'était pas seulement un objectif majeur de la politique de défense d'Israël (son fondement même) ; c'était aussi un intérêt particulier de Ben-Gourion.

Quoi qu'il en soit, les révélations de Seymour Hersh sur JFK et Ben-Gurion ont été éclipsées par un ouvrage plus récent sur le même sujet , écrit par un universitaire israélien, Avner Cohen. Lorsque Cohen a publié en 1999 son livre *Israel and the Bomb* (New York : Columbia University Press), l'ouvrage a fait sensation en Israël.

L'"option nucléaire" n'était pas seulement au cœur de la vision *personnelle* du monde de Ben-Gourion, mais le fondement même de la politique de sécurité nationale d'Israël. Les Israéliens étaient essentiellement prêts, si nécessaire, à "faire exploser le monde" - y compris eux-mêmes - s'ils devaient le faire pour vaincre leurs ennemis arabes.

C'est ce que, selon Hersh, les planificateurs nucléaires israéliens ont considéré comme "l'option Samson", c'est-à-dire que Samson de la Bible, après avoir été capturé par les Philistins, a abattu le temple de Dagon à Gaza et s'est suicidé en même temps que ses ennemis. Comme le dit Hersh, "pour les partisans israéliens du nucléaire, l'option Samson est devenue une autre façon de dire "plus jamais ça" (en référence à la prévention d'un nouvel Holocauste)".

Tous les éléments de preuve, pris dans leur ensemble, démontrent clairement que c'est bien "l'option Samson" qui a été la cause première de la démission de Ben-Gourion.

En définitive, en 1963, le conflit entre JFK et Ben-Gurion était un secret pour le public israélien et le public américain, et il l'est resté pendant plus de vingt ans au moins ; et il le reste encore, malgré la publication du livre de Hersh, suivi du *Jugement dernier*, puis du livre d'Avner Cohen.

Le livre très puissant d'Avner Cohen a essentiellement confirmé tout ce que Hersh avait écrit, mais il est allé encore plus loin.

Cohen décrit comment le conflit entre JFK et Ben-Gurion a atteint son apogée en 1963 et comment, le 16 juin de cette année-là, JFK a envoyé une lettre au dirigeant israélien qui, selon Cohen, était "le message le plus dur et le plus explicite" à ce jour. Cohen ajoute : "JFK a envoyé une lettre au dirigeant israélien :

> Kennedy a exercé le levier le plus utile dont dispose un président américain dans ses relations avec Israël : la menace qu'une solution insatisfaisante compromettrait l'engagement et le soutien du gouvernement américain à l'égard d'Israël ...

Ben-Gourion ne lit jamais la lettre. Au lieu de cela, il a annoncé sa démission. Cohen affirme que Ben-Gourion n'a jamais fourni d'explication à sa décision, à l'exception d'une référence à des "raisons personnelles".

A ses collègues du cabinet, Ben-Gourion dit qu'il "doit" démissionner et qu'"aucun problème ou événement d'État n'en est la cause". Cohen ajoute que Ben-Gourion avait "conclu qu'il ne pouvait pas dire la vérité sur Dimona aux dirigeants américains, même en privé".

Immédiatement après la démission de Ben-Gurion, JFK a écrit une lettre au nouveau Premier ministre Levi Eshkol qui était manifestement *encore plus féroce* que les communications précédentes de JFK avec Ben-Gurion. Avner Cohen écrit :

> Depuis le message d'Eisenhower à Ben-Gurion en pleine crise de Suez en novembre 1956, aucun président américain n'avait été aussi direct avec un premier ministre israélien.
>
> M. Kennedy a déclaré à M. Eshkol que l'engagement et le soutien des États-Unis à l'égard d'Israël "pourraient être sérieusement compromis" si Israël ne permettait pas aux États-Unis d'obtenir des "informations fiables" sur ses efforts dans le domaine nucléaire.
>
> Les exigences de Kennedy étaient sans précédent. Elles constituaient en fait un ultimatum.

Cohen note que : "Du point de vue [d'Eshkol], les exigences de Kennedy semblaient diplomatiquement inappropriées ; elles étaient incompatibles avec la souveraineté nationale. Il n'y avait pas de base légale ou de précédent politique pour de telles demandes", explique Cohen. "La lettre de Kennedy a précipité une situation de quasi-crise au sein du cabinet du Premier ministre. La pression exercée par Kennedy sur Israël *n'a pas* pris fin avec la démission de Ben-Gourion. *Au contraire*, elle s'est clairement intensifiée.

Le journal israélien *Ha'aretz* a publié une critique du livre de Cohen le 5 février 1999, le qualifiant de "livre qui fait l'effet d'une bombe". La critique de *Ha'aretz*, rédigée par Reuven Pedatzur, est tout à fait inter estante. Elle se lit en partie comme suit :

> L'assassinat du président américain John F. Kennedy a mis un terme brutal aux pressions massives exercées par l'administration américaine sur le gouvernement israélien pour qu'il abandonne son programme nucléaire.

Cohen démontre longuement les pressions exercées par Kennedy sur Ben-Gurion. Il rapporte le fascinant échange de lettres entre les deux hommes, dans lequel Kennedy fait clairement comprendre au Premier ministre israélien qu'il n'acceptera en aucun cas qu'Israël devienne un État nucléaire.

Le livre laisse entendre que si Kennedy était resté en vie, il n'est pas certain qu'Israël disposerait aujourd'hui d'une option nucléaire.

Selon l'historien Stephen Green : "Le développement le plus important de 1963 pour le programme d'armes nucléaires israélien s'est produit le 22 novembre dans un avion reliant Dallas à Washington. Lyndon Baines Johnson a prêté serment en tant que 36e président des États-Unis, suite à l'assassinat de John F. Kennedy.

Green écrit : "Dans les premières années de l'administration Johnson, le programme d'armes nucléaires israélien était qualifié à Washington de "sujet délicat". La Maison Blanche de Lyndon Johnson n'a pas vu Dimona, n'a pas entendu Dimona et n'a pas parlé de Dimona lorsque le réacteur est devenu critique au début de 1964".

Ainsi, le point critique du différend entre John F. Kennedy et le gouvernement israélien dominé par le Mossad n'était plus d'actualité. Le nouveau président américain, longtemps partisan d'Israël, autorise la poursuite du développement nucléaire. Ce n'était qu'un début.

Comment la thèse plus conventionnelle selon laquelle la CIA a été le principal instigateur de l'assassinat de JFK s'articule-t-elle avec la théorie selon laquelle le Mossad a également joué un rôle clé dans la conspiration de John F. Kennedy ?

En 1963, John F. Kennedy n'était pas seulement en guerre contre Israël et le syndicat du crime dominé par le loyaliste israélien Meyer Lansky et ses hommes de main de la mafia, mais il était également en guerre contre leur proche allié dans le monde du renseignement international, la CIA.

La CIA avait bien sûr ses propres problèmes avec JFK. Six semaines seulement avant l'assassinat de John F. Kennedy, *le New York Times* a rapporté qu'un haut fonctionnaire de l'administration Kennedy avait prévenu qu'un coup d'État orchestré par la CIA en Amérique était une possibilité redoutable.

La CIA - comme ses alliés en Israël - avait de bonnes raisons (selon sa propre perception) de vouloir que JFK soit écarté de la Maison Blanche et remplacé par Lyndon B. Johnson.

La bataille de JFK avec la CIA au sujet de la débâcle de la Baie des Cochons n'était qu'un début. Dans les derniers jours de sa présidence, JFK ne se contentait pas de lutter contre les efforts de la CIA pour impliquer toujours plus profondément les États-Unis en Asie du Sud-Est, mais il s'apprêtait également à démanteler entièrement la CIA. L'existence même de la CIA était en danger.

Cela a bien sûr mis en lumière la CIA en tant que suspect probable dans l'assassinat de JFK, et c'est une piste d'enquête suivie par Jim Garrison.

Cependant, d'autres liens entre la CIA et l'assassinat, souvent évoqués, pointent également vers le Mossad.

Notons par exemple qu'une ancienne maîtresse de Fidel Castro, Marita Lorenz, agent de la CIA, a témoigné devant le Congrès américain que Frank Sturgis, agent de longue date de la CIA, célèbre pour son activisme anti-castriste, lui a dit après l'assassinat qu'il avait été impliqué dans l'assassinat de JFK.

S'appuyant sur sa propre étude approfondie de l'assassinat de JFK, l'ancien chef du contre-espionnage cubain, le général Fabian Escalante, a déclaré à la journaliste Claudia Furiati que les services de renseignement cubains avaient déterminé qu'en fait, "Sturgis était chargé des communications, c'est-à-dire qu'il recevait et transmettait des informations sur les mouvements à Dealey Plaza et sur le cortège aux tireurs et à d'autres personnes".

Si Sturgis a été impliqué dans la mécanique de l'assassinat, les preuves historiques suggèrent que Sturgis aurait pu agir en tant qu'instrument du Mossad dans le cadre de la conspiration.

La vérité est qu'une quinzaine d'années avant l'assassinat de JFK, Sturgis avait travaillé pour le Mossad.

De même, F. Peter Model, chercheur sur l'assassinat de JFK, a déclaré que Sturgis était un "mercenaire de Hagannah pendant la première guerre israélo-arabe (1948)", et que Sturgis avait également une petite amie en Europe dans les années 1950 qui travaillait pour les services de renseignement israéliens et avec laquelle il travaillait.

Sturgis lui-même a déclaré qu'il avait aidé sa petite amie en tant que coursier en Europe dans un certain nombre de ses activités pour le compte du Mossad.

George, ancien correspondant de Time-Life qui a passé beaucoup de temps à Cuba pendant et après la révolution de Castro, il était également bien connu des exilés cubains anticastristes que Sturgis avait travaillé pour le Mossad, et ce pendant une longue période.

En outre, à l'apogée des opérations anticastristes de la CIA à Miami, dans lesquelles Sturgis était un personnage clé, 12 à 16 agents du Mossad travaillaient à partir de Miami sous le commandement du directeur adjoint du Mossad, Yehuda S. Sipper, et leur influence s'étendait à l'ensemble de l'Amérique latine et des Caraïbes.

Citant un mémo de la CIA datant de 1976, le professeur John Newman, qui a enquêté sur les connaissances de la CIA concernant les activités de Lee Harvey Oswald, affirme que Sturgis a fondé la Brigade internationale anticommuniste et que "les bailleurs de fonds du groupe de Sturgis n'ont jamais été pleinement établis".

Les informations fournies par un certain nombre de sources suggèrent que le groupe de Sturgis aurait pu être une émanation des opérations du Mossad basées à Miami, entrelacées avec les propres intrigues de Sturgis, soutenues par la CIA, dans la même sphère d'influence.

En fait, une unité de la brigade de Sturgis était le "Interpen" de l'agent contractuel de la CIA Gerry Patrick Hemming, qui opérait en dehors de la Nouvelle-Orléans, et Sturgis était lié à ces opérations Interpen.

Ces activités autour de la Nouvelle-Orléans sont connues pour avoir impliqué deux des principaux acteurs entourant Lee Harvey Oswald avant l'assassinat de JFK : Guy Banister et David Ferrie, agents contractuels de la CIA (tous deux ont fait l'objet d'une enquête de Jim Garrison, et tous deux semblent avoir été définitivement liés par

Garrison à Clay Shaw dans le cadre d'activités impliquant des intrigues de renseignement). *En fait, il existe un lien israélien avec Interpen.* Selon Hemming lui-même, le "contact le plus important d'Interpen aux États-Unis" était le financier new-yorkais Theodore Racoosin, que Hemming décrit comme "l'un des principaux fondateurs de l'État d'Israël".

Hemming déclare franchement que, bien qu'il n'ait personnellement vu aucune preuve qui le convainque que le Mossad a participé directement à l'assassinat de JFK, il a déclaré : "Je sais depuis la fin des années 1960 que le Mossad était au courant de l'assassinat de JFK *avant même qu'il ne se produise,* qu'il a ensuite mené une enquête complète sur la question et qu'il a depuis lors conservé tous ces dossiers". [souligné par l'auteur].

Quoi qu'il en soit, *non seulement* Clay Shaw, un agent de la CIA de la Nouvelle-Orléans, est lié au Mossad par son association avec l'opération Permindex (tout comme Banister et Ferrie), mais nous constatons également que deux autres acteurs des opérations anticastristes de la Nouvelle-Orléans liés à la CIA (Sturgis et Hemming) se trouvaient dans la sphère d'influence du Mossad. Et Lee Harvey Oswald est lié à tous les acteurs clés impliqués.

Quoi qu'il en soit, nous savons aujourd'hui qu'au moins une personne qui aurait avoué avoir participé à l'assassinat de JFK - Frank Sturgis - entretenait depuis longtemps de multiples liens avec le Mossad, et ce pendant de nombreuses années avant (et après) l'époque de l'assassinat de JFK.

Et c'est ainsi. L'histoire est loin d'être terminée. Mais terminons par ceci :

Il y a quelques années, un Américain a rencontré le célèbre présentateur de la chaîne CBS, Walter Cronkite, à Martha's Vineyard. Il l'a informé de la théorie de l'implication du Mossad dans l'assassinat de JFK, et Cronkite l'a écouté attentivement.

En regardant la mer, Cronkite a fait une remarque très succincte : "Je ne vois aucun groupe - à l'exception des services secrets israéliens - qui aurait été capable de garder le complot de l'assassinat de JFK sous silence pendant si longtemps.

Les preuves démontrent que la thèse repose sur des bases très solides. Il s'agit d'un scénario qui a du sens, au grand dam de nombreux critiques. Ce scénario est plus proche que tout ce qui a été écrit jusqu'à présent de résumer l'ensemble de la conspiration de l'assassinat de JFK.

Cette reconstruction, certes "inhabituelle" et certainement controversée, de la conspiration de l'assassinat de JFK jette un nouveau regard sur un très grand puzzle dont l'image est remarquablement complexe et quelque peu obscure.

Sur l'image extrêmement confuse du recto du puzzle figurent tous les groupes et individus impliqués dans la conspiration de l'assassinat de JFK. Cependant, lorsque l'on retourne le puzzle, on trouve une grande image très claire du drapeau israélien.

CHAPITRE XI

Controverse autour de l'auteur du *jugement dernier*

Au cours de l'été 1997, une importante controverse, relayée par les journaux de tout le pays, a éclaté à propos du fait que Michael Collins Piper avait été invité à s'exprimer dans un petit collège communautaire du comté d'Orange, en Californie, sur le thème de son livre, Final Judgment, *qui documentait le rôle du service de renseignement israélien, le Mossad, dans l'assassinat du président John F. Kennedy. L'Anti-Defamation League of B'nai B'rith a été la principale force qui a tenté d'empêcher Piper de s'exprimer. Ce qui suit est un commentaire préparé par Piper en réponse à la controverse, qui a été publié par la suite dans le* Orange County Register .

Les conférences sur l'assassinat de JFK sont populaires sur les campus américains depuis 30 ans. Pourtant, la thèse de mon livre, *Final Judgment, est* une thèse que certains ne veulent pas que les étudiants entendent : l'agence d'espionnage israélienne, le Mossad, a joué un rôle avec la CIA et le syndicat du crime Lansky dans l'assassinat du président Kennedy.

Mon livre n'est pas encore "interdit à Boston", mais il l'est dans le comté d'Orange, semble-t-il. La semaine même (du 20 au 27 septembre 1997) où l'American Library Association et la National Association of College Stores ont parrainé la "Semaine des livres interdits", la controverse a fait rage dans le comté d'Orange parce que certains étaient mécontents que Steve Frogue, président des administrateurs du South Orange County Community College District (SOCCD), m'ait invité à parler de *Final Judgment* lors d'un séminaire du SOCCD sur l'assassinat de JFK.

Bien qu'un lobbying intensif ait forcé l'annulation du séminaire , une campagne bien financée est en cours pour démettre Frogue de ses fonctions parce qu'elle croit en la garantie de notre Constitution selon laquelle les Américains ont le droit d'exprimer des points de vue divergents.

Le diplomate israélien Uri Palti déclare que *le jugement dernier* est un "non-sens".

Pourtant, de manière contradictoire, les critiques continuent de déclarer que mes découvertes sont "dangereuses" et qu'elles ne devraient pas être entendues par des enfants "impressionnables" qui pourraient prendre un "cinglé" au sérieux.

Bien que les étudiants du comté d'Orange ne soient manifestement pas considérés comme suffisamment mûrs pour juger de ma théorie par eux-mêmes, ils sont considérés comme suffisamment mûrs pour s'engager dans l'armée et mourir dans le golfe Persique, en Bosnie, en Somalie ou dans d'autres lieux de choix autour du globe.

Voici ce qui est révélateur : mes détracteurs (comme Roy Bauer du Irvine Valley College) *refusent* absolument *de* débattre. Ils ne saisissent pas l'occasion de montrer, point par point, en quoi j'ai tort. Il n'est pas étonnant - à la lumière de la réaction hystérique au Jugement *dernier* - *que* certains pensent que le livre a en effet "épinglé la queue de l'âne", que mes critiques "ont trop protesté".

Beaucoup d'habitants du comté d'Orange ont entendu parler de *La Affaire Frogue*, mais peu d'entre eux savent ce *qu'est le jugement dernier* - *ce qu'*il dit ou ce qu'il ne dit pas.

Le jugement final compte 769 pages et est clairement documenté par plus de 1 000 notes de bas de page. L'analyse du contenu confirmera que 85% des 111 sources bibliographiques proviennent d'éditeurs "grand public" et constituent la base principale du matériel substantiel cité. Trois erreurs mineures, sans rapport avec la thèse, ont été relevées.

Malheureusement, en raison des allégations des critiques, de nombreuses personnes pensent que je "nie l'Holocauste" (ce qui n'est pas vrai). Par conséquent, selon l'argument spécieux, tout ce que je dis sur l'assassinat de JFK doit nécessairement être - selon Marcia Milchiker, administratrice du SOCCD - "absurde" et "mensonger", *même si l'Holocauste et l'assassinat de JFK sont deux sujets qui n'ont aucun rapport entre eux.*

Cette tactique (intelligente) détourne l'attention de ce que je dis réellement. Toutefois, pour mémoire, mon livre ne parle pas de l'Holocauste . Voici ce que prétend *Final Judgment* : En 1963, JFK était impliqué dans un conflit amer (alors secret) avec le dirigeant israélien David Ben-Gurion au sujet de la volonté d'Israël de fabriquer la bombe atomique ; Ben-Gurion a démissionné avec dégoût, après avoir dit à JFK qu'à cause de la politique de JFK, "l'existence d'Israël [était] en danger". Après l'assassinat de JFK, la politique américaine à l'égard d'Israël a immédiatement amorcé un virage à 180 degrés.

Tout cela est documenté par Seymour Hersh, lauréat du prix Pulitzer, dans *The Samson Option*, par James Cockburn dans *Dangerous Liaison* et par Stephen Green dans *Taking Sides, tous des* historiens respectés. Où est donc le "lien israélien" avec l'assassinat ?

Le fait est que lorsque Jim Garrison, procureur de la Nouvelle-Orléans, a poursuivi Clay Shaw pour conspiration dans l'assassinat de JFK, Garrison est tombé (sans le savoir) sur le lien avec le Mossad.

Bien que (après son acquittement) Shaw ait été présenté comme un atout de la CIA, il a été impliqué en 1963 dans des activités secrètes avec Tibor Rosenbaum, un officier de haut niveau du Mossad, dont la banque suisse blanchissait l'argent de la mafia pour Meyer Lansky, le "président" du syndicat du crime.

Certains disent que "la mafia a tué JFK". En fait, les chefs mafieux accusés d'avoir "tué" JFK - Carlos Marcello et Santo Trafficante - étaient non seulement des subordonnés de Lansky, mais aussi des collaborateurs de la CIA dans des complots contre Fidel Castro.

Et si beaucoup accusent James Angleton, de la CIA, d'avoir joué un rôle dans la dissimulation de l'assassinat, personne ne mentionne qu'Angleton, agent de liaison de la CIA avec le Mossad, était un fervent partisan d'Israël.

Pourquoi Oliver Stone n'a-t-il pas mentionné ces détails dans son film *JFK* ? Peut-être parce que *JFK* a été financé par Arnon Milchan du Mossad, le plus grand marchand d'armes d'Israël.

Tout ceci n'est que la partie émergée de l'iceberg. Face à l'hystérie du *jugement dernier*, rappelons les mots de JFK : "Une nation qui a peur de laisser son peuple juger de la vérité et du mensonge dans un marché ouvert est une nation qui a peur de son peuple.

Note de l'éditeur : Finalement, bien que le séminaire JFK en question ait été annulé, Piper s'est rendu dans le comté d'Orange et a visité le Saddleback College où les étudiants soucieux de liberté du journal de l'école ont invité Piper à prendre la parole lors d'un séminaire privé dans leur salle de classe privée - défiant ouvertement la "police de la pensée" de l'Anti-Defamation League. Piper - et les étudiants - ont donc eu le dernier mot.

CHAPITRE XII

Peter Jennings et l'assassinat de Kennedy - Beyond Conspiracy

Le regretté Peter Jennings de la chaîne ABC et ses marionnettistes en coulisses ont manifestement pris le peuple américain pour un imbécile. Peter Jennings, présentateur du *journal télévisé ABC Nightly News*, a perdu toute la crédibilité qu'il avait pu avoir dans la nuit du 20 novembre 2003. Ce soir-là, ABC News a présenté en grande pompe un documentaire de deux heures sur l'assassinat du président John F. Kennedy, animé par Jennings.

Intitulé *The Kennedy Assassination-Beyond Conspiracy* (*L'assassinat de Kennedy : au-delà de la conspiration*), le documentaire présente pendant deux heures des demi-vérités et des distorsions et soutient carrément la théorie de la commission Warren, discréditée depuis longtemps, selon laquelle Lee Harvey Oswald, agissant seul, a perpétré l'assassinat du 35e président des États-Unis.

Une chose doit être dite d'emblée : la meilleure façon de déterminer qui a réellement tué JFK est d'examiner la manière dont les médias d'élite ont rendu compte de son assassinat, puis de voir qui contrôle réellement les médias.

Une fois que cela est déterminé, la source de la conspiration et de sa dissimulation peut être immédiatement établie. Dans cette optique, voyons ce qu'ABC, aujourd'hui filiale de l'empire hollywoodien de la Disney Company de Michael Eisner, avait à dire.

Peter Jennings a lancé l'émission en déclarant que les théoriciens de la conspiration étaient "au-dessus de tout soupçon", puis a passé les deux heures suivantes à tenter de le prouver, en grande partie en ignorant la vérité.

En affirmant qu'il n'existe "pas la moindre preuve crédible d'une conspiration" derrière l'assassinat, Jennings a effectivement ignoré le travail acharné et le dévouement de milliers d'enquêteurs indépendants (et même de chercheurs pour l'enquête de la commission des assassinats de la Chambre des représentants au milieu des années 1970) qui ont mis au jour un vaste éventail de documents qui contredisent gravement la quasi-totalité des principales conclusions de la commission Warren.

ABC n'a jamais pris la peine de présenter ne serait-ce qu'un seul des nombreux critiques éminents et respectés qui ont émergé au cours des quarante dernières années pour remettre en question la légende du "tireur solitaire". Jamais aucun des principaux critiques de la Commission Warren n'est apparu à l'écran, ni même n'a été mentionné.

Le mieux qu'ABC ait pu faire a été de passer brièvement en revue une sélection d'ouvrages critiques à l'égard de la Commission Warren, parmi lesquels l'ouvrage pionnier de Mark Lane, *Rush to Judgment (La ruée vers le jugement)*. Mais ni Lane ni aucun autre critique de la Commission n'a participé à l'émission.

Au contraire, toutes les personnes interrogées par ABC qui ont exprimé une quelconque opinion sur la question ont soutenu sans réserve les conclusions de la Commission Warren. Et la plupart des personnes interrogées par ABC avaient déjà des griefs à faire valoir.

Il s'agit notamment de

- Robert Goldman, un professeur d'université qui a écrit un livre dénonçant toute forme de "théorie de la conspiration" sur le sujet, proclamant que de telles théories sont nuisibles. (Le livre de Goldman comprend d'ailleurs une attaque contre Michael Collins Piper, l'auteur de cette revue) ;

- Hugh Aynesworth, un journaliste qui a longtemps travaillé en étroite collaboration avec le FBI ;

- Gerald Posner, un avocat de Wall Street très réputé, dont le livre de mauvaise qualité, *Case Closed,* approuvant la Commission Warren (qui a été écrit avec le soutien de la CIA) est notoirement truffé d'erreurs ;

- Priscilla Johnson MacMillan, une journaliste ayant des liens de longue date avec la CIA, qui a été présentée comme la "biographe d'Oswald" ;

- James Hosty, l'ancien agent du FBI de Dallas qui a été affecté à Oswald après le retour de ce dernier d'Union soviétique.

(Hosty - soit dit en passant - était le "spécialiste" du bureau local sur les "extrémistes de droite" et, à ce titre, aurait servi de liaison avec les "chasseurs d'extrémistes" de l'Anti-Defamation League (ADL) du B'nai B'rith) ;

- Michael et Ruth Paine, le couple obscur de Dallas qui s'est lié d'amitié avec Oswald et sa famille. C'est Mme Paine qui a trouvé à Oswald un emploi au Texas School Book Depository un mois avant l'assassinat de JFK - un fait reconnu par ABC. Ce qu'ABC n'a pas mentionné, c'est que de nombreux chercheurs ont documenté les liens probables de M. et Mme Paine avec les services de renseignement, un couple inhabituel dont l'histoire complète n'a pas encore été racontée.

Et pour faire bonne mesure, ABC a même fait appel à Hillel Silverman, le rabbin de Dallas qui était le conseiller spirituel de Jack Ruby, le tenancier de boîte de nuit lié à la mafia qui a abattu Oswald deux jours après l'assassinat du président.

Le rabbin Silverman a assuré le public que Ruby ne faisait partie d'aucune conspiration et qu'il pensait faire une bonne action - ignorant le fait qu'il existe au moins une brève cassette filmée de Ruby faisant largement allusion à une conspiration et disant qu'il avait été "utilisé", et que la vérité complète ne serait jamais connue.

Un "témoin" particulièrement intriguant d'ABC prouvant la culpabilité d'Oswald était Volkmar Schmidt, dont l'association avec Oswald n'a jamais été décrite par ABC - et probablement pour une bonne raison : cela soulèverait trop de questions.

Cependant, les chercheurs de longue date sur l'assassinat de JFK ont reconnu Schmidt : émigré allemand ayant fui son pays natal après avoir été impliqué dans un complot visant à tuer Adolf Hitler, Schmidt a été présenté à Oswald par le mystérieux aristocrate russe George De Mohrenschildt, dont on pense généralement qu'il était - au moins pendant une partie de la période qui a suivi le retour d'Oswald au Texas - le "baby-sitter" d'Oswald auprès de la CIA.

On dit que Schmidt avait une fascination particulière pour l'hypnose, un point que certains qui pensaient qu'Oswald avait pu être préparé pour être un assassin (ou un bouc émissaire) du type "candidat mandchou" ont toujours trouvé intriguant.

Plus tard, Schmidt a présenté Oswald à Michael et Ruth Paine, déjà mentionnés, dont beaucoup pensent qu'ils ont remplacé De Mohrenschildt en gardant un œil sur Oswald pour le compte de la CIA.

Bien qu'ABC n'ait jamais interrogé la veuve d'Oswald - qui déclare aujourd'hui qu'elle croit à l'existence d'un complot et que son mari n'était pas l'assassin, mais plutôt le "pigeon" comme l'a proclamé Oswald lui-même - ABC a fait intervenir Robert, le frère aîné d'Oswald, qui a proclamé sa conviction de la culpabilité de son frère.

Ce qu'ABC n'a pas mentionné, en revanche, c'est que de nombreux détracteurs de la Commission Warren ont soulevé de sérieuses questions sur des déclarations antérieures quelque peu suspectes faites par Robert Oswald lui-même et utilisées pour "prouver" la culpabilité de son frère.

ABC n'a pas non plus mentionné la possibilité - soulevée par certains enquêteurs sur l'assassinat - que la CIA ait eu de multiples liens avec la famille Oswald elle-même, peut-être même avec sa propre mère, ajoutant ainsi de l'eau au moulin de la thèse selon laquelle la CIA avait l'œil sur Oswald depuis de nombreuses années avant l'assassinat de JFK.

À cet égard, la suggestion d'ABC selon laquelle Oswald était "un homme que personne ne connaissait vraiment" est tout à fait risible. Le professeur John Newman de l'université du Maryland, dans son ouvrage de référence, *Oswald and the CIA*, démontre de manière concluante que la CIA disposait de dossiers très complets sur Oswald, dont la plupart étaient d'ailleurs "traités" par le célèbre chef du contre-espionnage de la CIA, James J. Angleton, loyaliste israélien dévoué qui assurait seul la liaison entre la CIA et l'agence de renseignement israélienne, le Mossad.

Partant du principe que les théories du complot ont émergé à propos de l'assassinat de JFK parce que, comme l'a déclaré Peter Jennings, le peuple américain avait le sentiment que "quelque chose d'aussi horrible devait être l'œuvre de plus d'un homme", la chaîne ABC a parfois ignoré les faits de manière assez flagrante. Par exemple, ABC a affirmé que des témoins avaient vu l'officier de police de Dallas J. D. Tippit "faire signe à Oswald" avant qu'"Oswald" ne tire sur Tippit.

Cependant, la vérité est qu'il existe de multiples récits contradictoires, même sur les circonstances entourant le meurtre de Tippit der - qui a eu lieu peu après l'assassinat de JFK - et qu'il est loin d'être certain qu'Oswald ait commis ce crime.

Lorsque ABC a finalement décidé d'explorer le fait qu'il y avait effectivement des préoccupations concernant une conspiration derrière l'assassinat du président, ABC n'a pas approfondi la croyance la plus répandue, à savoir que la conspiration était très probablement traçable (comme elle l'était et l'est toujours) à des éléments au sein de la CIA.

Au contraire, ABC s'est donné beaucoup de mal pour prouver qu'il ne s'agissait pas d'une conspiration soviétique, faisant même appel à un célèbre transfuge soviétique, Yuri Nosenko, pour affirmer qu'il était "impossible" que les Soviétiques aient jamais utilisé Oswald. En réalité, très peu de détracteurs de la Commission Warren ont jamais pensé qu'il s'agissait d'une conspiration soviétique.

En fait, les détracteurs de la Commission ont prétendu que les véritables conspirateurs de l'assassinat avaient délibérément tenté de relier Oswald aux Soviétiques (et au dictateur cubain Fidel Castro) dans l'un des nombreux buts possibles : soit forcer une dissimulation officielle pour "empêcher une guerre avec l'Union soviétique", soit provoquer une invasion de Cuba par les États-Unis en représailles contre Castro. Quoi qu'il en soit, la plupart des critiques de la Commission n'ont jamais pris au sérieux l'idée que les Soviétiques ou Castro l'avaient fait.

En examinant le mystérieux séjour d'Oswald en Union soviétique - où beaucoup pensent qu'il était un agent de la CIA - ABC a insisté sur le fait que les Soviétiques n'ont jamais pris Oswald trop au sérieux d'une manière ou d'une autre et que, malgré la proclamation répétée d'ABC qu'Oswald n'était "personne", les autorités soviétiques ont quand même "cédé" et permis à Oswald de rester en Union soviétique lorsque, après avoir été prié de partir, il a fait une tentative de suicide peu de temps après son arrivée. L'idée que les Soviétiques auraient "cédé" face à un tel "inconnu" est pour le moins saugrenue. Manifestement, pour une raison ou une autre, les Soviétiques ont décidé qu'il valait la peine de garder un œil sur Oswald. Mais ABC ne voulait pas que son public envisage cette possibilité.

En évoquant la période tout aussi mystérieuse d'Oswald à la Nouvelle-Orléans (avant son retour définitif à Dallas avant l'assassinat de JFK), ABC ne mentionne pas une seule fois l'association très claire d'Oswald avec l'ancien membre du FBI Guy Banister et son collègue agent contractuel de la CIA David Ferrie. ABC mentionne, avec un certain effroi, qu'Oswald a réussi à acquérir une célébrité "éphémère" en se présentant publiquement comme un agitateur de rue pro-Castro, interviewé à la télévision et à la radio alors qu'il distribuait des tracts pro-Castro.

On pourrait également mentionner que les chaînes de télévision et les stations de radio locales de la NBC qui ont contribué à faire connaître Oswald à l'époque appartenaient à Edith et Edgar Stern - des acteurs majeurs du lobby pro-israélien et des amis proches de Clay Shaw, impliqué plus tard par le procureur Jim Garrison dans les circonstances entourant la manipulation d'Oswald à la Nouvelle-Orléans avant l'assassinat. Mais, bien sûr, ABC ne l'a pas mentionné.

ABC évoque le voyage d'Oswald au Mexique et fait appel à Edwin Lopez, ancien enquêteur de la commission des assassinats de la Chambre des représentants, pour démontrer qu'il n'existe aucune preuve qu'Oswald ait comploté avec les Soviétiques ou les Cubains dans le cadre de l'assassinat de JFK.

C'est très bien ainsi. Cependant, ABC n'a pas mentionné que les détracteurs de la Commission Warren considèrent Lopez comme un héros précisément parce que l'ensemble des enquêtes approfondies de Lopez ont effectivement prouvé que c'était la CIA - en particulier le bureau du chef du contre-espionnage James Angleton - qui travaillait dans les mois précédant l'assassinat de JFK pour relier Oswald aux Soviétiques. En bref, ABC ne prenait qu'une partie de ce que Lopez avait découvert et le déformait pour les téléspectateurs.

L'un des points forts de la présentation d'ABC était un graphique informatisé en couleurs (assez divertissant) de l'assassinat de Kennedy qui prétendait "prouver" qu'un seul coup de feu avait effectivement transpercé le président Kennedy, puis le gouverneur du Texas John B. Connally.

Ce qu'ABC n'a pas mentionné, c'est que, dans le passé, l'auteur Gerald Posner avait vanté les mérites d'une simulation informatisée similaire prouvant le même point. Mais Posner n'a pas mentionné dans son livre, *Case Closed*, que la même société qui a produit cette simulation a également produit une autre simulation démontrant que plus d'un tireur aurait pu être impliqué dans l'assassinat de John F. Kennedy.

Cependant, en ce qui concerne la blessure à la tête de JFK, dont la plupart des critiques sérieux pensent qu'elle a été tirée de face (et donc, de toute évidence, pas par Lee Harvey Oswald ni par quiconque dans le Texas School Book Depository), la simulation informatisée d'ABC a simplement montré l'évidence : l'arrière de la tête de JFK se trouvait dans la ligne de mire du bâtiment abritant le livre.

Jennings, de la chaîne ABC, a expliqué que la raison pour laquelle la tête de JFK a été violemment tirée vers l'arrière (comme si on lui avait tiré dessus de face) est que, selon Jennings, les corps peuvent bouger dans n'importe quelle direction lorsqu'ils reçoivent une balle. C'est du moins ce qu'il affirme. La plupart des chasseurs, policiers, soldats et autres utilisateurs d'armes à feu diraient probablement le contraire.

Lorsque ABC a dû faire face au fait que la House Assassinations Committee de 1976 avait finalement conclu (sur la base d'un enregistrement sonore réalisé sur Dealey Plaza) qu'il y avait eu un deuxième tireur tirant de face, elle a convoqué sa simulation informatique pour montrer uniquement que le policier (dont le microphone radio avait enregistré les coups de feu) ne pouvait pas - c'est ce que la simulation a montré - se trouver à l'endroit où les experts sonores avaient conclu qu'il se trouvait au moment où l'enregistrement avait été réalisé. En d'autres termes, la magie informatique d'ABC n'a pas réfuté le fait qu'un coup de feu a été tiré de face, mais seulement que l'enregistrement du coup de feu n'a pas été fait de l'endroit où il était supposé avoir été fait.

ABC a bien tenté de discréditer la "théorie" de Robert Blakey, directeur du House Assassinations Committee, selon laquelle "la mafia" aurait tué Kennedy, mais ABC ne faisait en réalité que discréditer une autre théorie qui n'a jamais été prise au sérieux.

Quant à Blakey lui-même, bien qu'il n'ait cessé d'affirmer que Jack Ruby, figure de la mafia de Dallas, était lié à la "mafia", Blakey a soigneusement ignoré les véritables liens de Ruby avec le syndicat du crime non italien de Meyer Lansky et de ses partenaires, les Bronfman ( ). Ce n'est pas une surprise puisque Blakey, à un moment donné, était en fait un "consultant" rémunéré de Morris Dalitz, figure du syndicat Lansky, principal responsable de la mafia Lansky à Las Vegas.

Lorsqu'il s'est agi d'aborder la question d'Oliver Stone et de son film controversé *JFK*, Jennings et ABC n'ont pu que souligner, à juste titre, que Stone avait, de son propre aveu, fait preuve d'une certaine "licence dramatique" en présentant son film sur l'enquête menée par Jim Garrison sur le dénommé Clay Shaw.

La vérité est que de nombreux chercheurs sérieux sur l'assassinat de JFK ont été très critiques à l'égard de Stone et de son film. Cet auteur a été l'un des premiers à souligner que le film de Stone a été financé par Arnon Milchan, un marchand d'armes israélien qui a joué un rôle clé dans le programme israélien de développement d'armes nucléaires, celui-là même que JFK était si déterminé à stopper net.

Pour se débarrasser de Stone (et de Garrison), ABC a présenté un extrait du film dans lequel Garrison (interprété par l'acteur Kevin Costner) prononce un discours dramatique. Jennings, de ABC, fait une remarque ironique : "Le vrai Jim Garrison n'a jamais fait ce discours", suggérant ainsi que tout ce qui est associé de près ou de loin au film ou à Garrison n'est en quelque sorte "pas réel".

Il y aurait beaucoup à dire - et beaucoup d'autres le feront - sur cette propagande honteuse de Peter Jennings et de son patron, Michael Eisner, patron de Disney, le géant d'Hollywood qui contrôle aujourd'hui ABC. Mais qu'il suffise de dire que la véritable clé pour comprendre qui a vraiment tué JFK, et pourquoi, peut être mieux comprise en examinant la façon dont les médias américains se sont si complètement consacrés à la dissimulation de cette conspiration.

Ainsi, la réponse à la simple question "Qui contrôle les médias" permet de trouver une solution à la question "Qui a vraiment tué JFK et pourquoi ? "Qui a vraiment tué JFK et pourquoi ?"

CHAPITRE XIII

La mafia de Chicago a-t-elle vraiment participé à l'assassinat de JFK ?

Si vous pensez que Sam Giancana, célèbre figure de la "mafia" italo-américaine, était le "grand homme" de la mafia à Chicago, vous allez être surpris.

Double Deal, de Michael Corbitt, apporte une validation remarquable à la thèse selon laquelle le Mossad israélien a joué un rôle clé, aux côtés de la CIA et du crime organisé, dans l'assassinat du président John F. Kennedy.

Ce livre révélateur dévoile de nouveaux faits sur l'histoire secrète de la célèbre "mafia" de Chicago, en révélant certains détails importants qui n'ont jamais été racontés auparavant et qui jettent une lumière nouvelle sur de nombreux événements majeurs qui ont façonné la vie américaine (et la politique étrangère) au cours de la seconde moitié du 20e siècle.

L'auteur, Corbitt, ancien chef de la police de Willow Springs, Illinois (banlieue de Chicago), s'est associé à l'écrivain Sam Giancana, neveu et homonyme du légendaire chef de la mafia de Chicago, Sam Giancana, pour produire un ouvrage surprenant de 347 pages qui dévoile, pour la première fois, l'identité surprenante de l'homme mystérieux peu connu qui était le véritable "pouvoir derrière le trône" du crime organisé à Chicago et dont l'influence s'étendait jusqu'en Israël, au Panama, en Iran, à Las Vegas et à Washington, D. C.C.

Corbitt - qui a passé une longue période en prison après avoir été condamné pour racket fédéral, point culminant d'une vie d'implication dans le crime organisé - admet librement ses nombreux méfaits et ne prétend pas à l'innocence. Il reconnaît avoir utilisé son statut de chef de la police d'une petite ville pour promouvoir les intérêts de la mafia. Ses récits de première main (et souvent glaçants) sur la vie dans la mafia sont parallèles à de nombreuses histoires déjà racontées.

Malgré son célèbre nom de "mafieux", Giancana, le coauteur de Corbitt, n'a jamais été impliqué dans les "affaires familiales". Il y a quelques années, il a écrit *Double Cross*, un best-seller relatant la vie et les crimes de son défunt oncle, assassiné en 1975.

Cependant, ce qui rend le nouveau livre de Corbitt-Giancana unique, c'est que les auteurs osent dire quelque chose qui n'a jamais été publié auparavant : qu'un obscur gangster non italien nommé Hyman "Hal" Larner a été la force continue qui a guidé en coulisses la mafia de Chicago pendant plus de trente ans.

Malgré la "porte tournante" des chefs de la mafia italo-américaine, comme Giancana et d'autres, qui ont été tour à tour emprisonnés ou "tués", c'est Larner qui a toujours été l'homme de la situation.

En outre, les auteurs révèlent qu'une grande partie des activités criminelles de Larner ont été menées non seulement de concert avec la CIA, mais aussi, en particulier, avec le Mossad israélien.

Larner n'était pas seulement une figure majeure de la criminalité à Chicago, mais aussi sur la scène internationale. Il n'était pas seulement un associé de longue date (bien que certainement moins connu) du chef du crime juif Meyer Lansky (un collaborateur connu du Mossad), mais aussi le successeur de Lansky à la mort de ce dernier en 1983.

Selon Corbitt, il a appris très tôt, à l'époque de la mafia, l'existence de Larner, même si la présence de Larner à un niveau aussi élevé dans la mafia n'était pas un sujet sur lequel les enquêteurs du gouvernement ou les médias captivés par la mafia voulaient se pencher. Corbitt écrit : Tous les autres membres de l'Outfit étaient dans les journaux tous les jours, leurs photos étaient placardées en première page du *Tribune*. Mais lorsque le nom de Hy Larner était mentionné dans les journaux, il n'était décrit que comme un "associé" ou un "protégé" d'un gangster et rien de plus. Personne ne savait jusqu'**où** allaient ses contacts, ni à quel niveau ils se situaient. Les journalistes le qualifiaient d'"énigme" et d'"homme mystérieux".

Au fur et à mesure que Corbitt progressait dans les cercles du crime organisé sous le patronage de Giancana, il a fini par découvrir comment et pourquoi la mafia de Chicago pouvait opérer si librement. C'est leur partenariat avec le Mossad - l'acheminement d'armes vers Israël - qui a permis à la mafia de Chicago d'obtenir une carte de sortie de prison pour les représentants du gouvernement américain :

> Sur l'insistance de Meyer Lansky, [Giancana] et ses amis ont commencé à travailler avec le Mossad israélien, faisant passer des armes en contrebande au Moyen-Orient.
>
> Tout entrait et sortait du Panama, ce qui signifiait que tout était géré par Hy Larner. Larner était sans aucun doute le conseiller financier le plus fiable de Sam Giancana. Tout le monde au Panama - des banquiers aux généraux - lui mangeait dans la main. Une fois que les armes ont commencé à être acheminées vers Israël, Larner a également eu à sa disposition l'armée américaine et ses pistes d'atterrissage.

Et contrairement à la légende populaire, ce n'est pas Giancana ni un autre célèbre mafieux de Chicago, Johnny Roselli, qui ont cimenté les désormais tristement célèbres complots CIA-Mafia visant à tuer Castro. C'est Larner et son partenaire, Meyer Lansky, qui sont à l'origine de ce complot.

En outre, révèlent Corbitt et Giancana, les relations de Larner avec d'autres personnalités du monde du crime, telles que Carlos Marcello, chef de la mafia de la Nouvelle-Orléans, et Santo Trafficante, de Tampa, étaient tout aussi intimes.

Larner et les deux figures de la mafia méridionale étaient engagés dans de lucratives opérations de contrebande d'armes et de drogues dans les Caraïbes, sans parler des entreprises de jeu de la mafia. En ce qui concerne l'association de Larner avec Lansky, Corbitt écrit :

> Tous deux étaient absolument brillants lorsqu'il s'agissait de manipuler de l'argent, probablement les meilleurs que la mafia ait jamais vus. Ils étaient également sionistes, défenseurs passionnés du droit divin des Juifs à occuper la Terre sainte de Jérusalem. On ne penserait pas que la religion d'une personne

puisse faire une différence, pas quand il s'agit d'un accord comme celui que le crime organisé a conclu avec la CIA.

Mais Hy Larner et Meyer Lansky n'étaient pas seulement des sionistes ; c'étaient aussi des mafieux qui pensaient que la fin justifiait les moyens. Mettez le crime organisé et le gouvernement américain à leur disposition et vous obtiendrez une force très puissante, capable de changer la face de la pègre et du monde.

Larner et Giancana étaient également engagés dans des opérations de jeu avec des casinos basés en Iran, alors fief du Shah d'Iran dont la tristement célèbre police secrète, la SAVAK, était une création conjointe de la CIA et du Mossad - un point de discorde majeur lorsque les fondamentalistes islamiques ont renversé le Shah et l'ont contraint à l'exil.

Corbitt révèle également l'incroyable histoire de Giancana (avec l'aide de Larner) qui a finalement réussi à se débarrasser du ministère américain de la justice.

Il s'avère que même si le président Lyndon Johnson et ses conseillers sionistes voulaient faire la guerre à l'Égypte et aux autres États arabes au nom d'Israël, l'enchevêtrement des États-Unis au Viêt Nam a empêché Johnson d'agir.

Cependant, Giancana a non seulement apporté une somme d'argent substantielle pour aider à armer Israël pour sa guerre de 1967 contre les pays arabes, mais en outre, Larner et Giancana ont organisé des expéditions d'armes volées vers Israël à partir de l'un de leurs postes avancés au Panama, une opération menée en collaboration avec l'agent du Mossad basé au Panama, Michael Harari.

En échange de ce service rendu à Israël, le président Johnson a ordonné au ministère de la Justice d'abandonner sa campagne contre Giancana.

Mais l'arrangement entre Giancana et Larner a fini par prendre fin. Larner, semble-t-il, était presque certainement à l'origine de l'assassinat de Giancana en 1975. Larner a cependant continué à prospérer, alors même que les successeurs de Giancana étaient confrontés à une série de poursuites fédérales, largement saluées par les médias comme "la fin de la mafia à Chicago".

Pendant ses années dans la mafia, Corbitt a souvent fait office de coursier pour Larner, voyageant à Las Vegas, en Amérique centrale et ailleurs. Selon Corbitt, il est aujourd'hui certain que de nombreuses activités de Larner ont joué un rôle central dans la désormais célèbre affaire Iran-contra qui a secoué l'administration Reagan-Bush dans les années 1980.

Corbitt a finalement été accusé de corruption et s'est retrouvé en prison. Mais il était amer envers ses alliés de la mafia qui, selon lui, l'avaient trahi. Il a proposé d'aider le FBI à mettre Larner hors d'état de nuire.

Cependant, en 1997, alors qu'il semblait que la procédure contre Larner était en cours, Corbitt a été informé par le FBI que le département d'État était intervenu et avait annulé l'enquête. Comme l'explique Corbitt, "il semble que mon vieil ami M. Larner ait des amis très influents".

En fait, ce n'était pas la première fois que de hauts responsables du gouvernement fédéral ordonnaient au FBI, à l'IRS et à la DEA, conjointement et individuellement, de cesser leurs enquêtes sur les affaires de Larner, et ce ne serait pas la dernière.

Bien que les journaux panaméens aient annoncé en 1991 la mort de Larner, des rumeurs ont fait surface plusieurs années plus tard, selon lesquelles Larner était en fait bien vivant et vivait à Flathead, dans le Montana.

Puis, alors que le livre de Corbitt était prêt à être imprimé, le *Miami Herald* a annoncé que Larner était décédé le 12 octobre 2002 et qu'il allait être enterré à Skokie, dans l'Illinois. Comme le dit Giancana de manière simple et révélatrice :

> Curieusement, il n'y a pas eu de gros titres annonçant la mort de l'un des mafieux les plus puissants du pays.

Que Larner soit vivant ou définitivement mort n'a donc pas vraiment d'importance. Selon Giancana :

Ce qui compte, c'est que l'alliance illicite que lui et ses acolytes ont forgée il y a une cinquantaine d'années avec , des dirigeants internationaux et des éléments malhonnêtes au sein des services de renseignement et de l'armée des États-Unis, est toujours vivante... Les agences fédérales connaissent les noms des auteurs de ces actes. Elles savent où ils vivent. Et pourtant, elles ne font rien.

Double Deal est un livre étonnant qui vous fera réfléchir à deux fois sur ce que vous pensiez savoir sur un large éventail de sujets, allant de la "Mafia" à l'assassinat de JFK en passant par l'Iran-contra et toute l'histoire de la contrebande d'armes et de fusils de la CIA, et bien d'autres choses encore. Tous ces sujets ont apparemment un fil conducteur commun, mais peu connu : la connexion israélienne longtemps cachée.

CHAPITRE XIV

Le Mossad lié à l'assassinat de Martin Luther King

Un acteur clé de l'assassinat de Martin Luther King Jr. a été lié à un personnage clé de la conspiration de l'assassinat de JFK. Tous deux, à leur tour, ont été fermement liés à une implication commune dans une opération de contrebande d'armes basée aux États-Unis et intimement liée au service de renseignement israélien, le Mossad.

Cette révélation figure dans un nouveau livre, *An Act of State*, du Dr William F. Pepper, qui - à moins que quelque chose de plus explosif ne survienne - sera probablement le dernier mot sur la question de savoir qui a tué King et pourquoi.

Basé sur les enquêtes menées par Pepper dans le cadre de son rôle de longue date en tant qu'avocat de l'assassin présumé de King, James Earl Ray, *An Act of State* ne fait pas l'apologie du Mossad, loin s'en faut.

Cependant, la référence circonspecte de Pepper au Mossad est un éclair de rappel pour tous ceux qui ont déjà lu *Final Judgment*, le premier livre à non seulement documenter le rôle du Mossad dans l'affaire JFK, mais aussi à évoquer la probabilité d'une implication israélienne dans l'assassinat de Martin Luther King.

L'affirmation de Pepper concernant le Mossad repose sur des déclarations faites à l'un des enquêteurs de Pepper par l'ancien colonel John Downie du 902e groupe de renseignement militaire, une unité basée au sein du ministère de la défense.

Selon Downie, le mystérieux personnage "Raul" - dont l'assassin présumé de King, James Earl Ray, affirmait qu'il l'avait aidé à le piéger (Ray) pour le meurtre de King - faisait partie d'une opération internationale de contrebande d'armes basée aux États-Unis (opérant en partie au Texas) dont Pepper avait déjà déterminé - par d'autres sources

- qu'elle impliquait Jack Ruby, le gardien de la boîte de nuit de Dallas qui a tué l'assassin présumé de JFK, Lee Harvey Oswald.

Le lien entre "Raul" et Ruby était loin d'être ténu : "Raul" et Ruby ont été placés ensemble par les sources de Pepper à de nombreuses reprises avant l'assassinat de JFK, cinq ans avant le meurtre de King.

L'opération de contrebande utilisait des armes volées dans les bases et les armureries de l'armée américaine, qui étaient livrées à l'organisation criminelle Carlos Marcello, basée à la Nouvelle-Orléans, qui, à son tour, livrait ces armes pour qu'elles soient vendues en Amérique latine et du Sud et ailleurs. Le produit des ventes d'armes aurait été partagé à parts égales avec le 902e groupe de renseignement militaire américain, qui utilisait sa part pour financer des opérations secrètes et hors budget.

Voici le lien avec le Mossad : Downie a déclaré que l'un des individus - un acteur clé de cette opération - était "un agent principal du Mossad travaillant en Amérique du Sud et agissant en tant qu'agent de liaison principal auprès de l'armée américaine et de la CIA".

Il semble que *Final Judgment* ait presque certainement mis le doigt sur l'identité de l'individu décrit par la source de Pepper.

Dans *Final Judgment*, j'ai souligné que le célèbre "homme au parapluie" qui a été photographié sur Dealey Plaza à Dallas le 22 novembre 1963 ressemblait étrangement à Michael Harari, figure du Mossad de longue date, aujourd'hui tristement célèbre (mais alors dans l'ombre).

En 1963, Harari était sur le terrain en tant que spécialiste des assassinats du Mossad et aurait certainement été à Dallas si, comme l'affirme *Final Judgment*, le Mossad avait joué un rôle de premier plan dans la conspiration de JFK. En outre, les documents publiés montrent que, tout au long de sa carrière, Harari a été fortement impliqué dans des opérations de renseignement israéliennes au Mexique, en Amérique du Sud et dans les Caraïbes, jusqu'à son rôle, plus largement médiatisé, de conseiller principal du dictateur panaméen de l'époque, Manuel Noriega, qui a finalement été renversé lors d'une invasion par les États-Unis.

Harari était-il donc l'"agent principal du Mossad travaillant en Amérique du Sud" mentionné par la source militaire américaine de Pepper ? Si ce n'est pas le cas, il s'agit certainement de quelqu'un avec qui Harari a travaillé.

Le fait que Jack Ruby - qui faisait partie de l'opération de contrebande liée au Mossad découverte par Pepper - ait eu de multiples connexions avec le Mossad et Israël n'est pas une surprise pour ceux qui ont lu *Final Judgment*, qui soulignait ce fait :

- Contrairement au mythe, Ruby n'était pas un homme de main de la "mafia" italo-américaine, mais plutôt un agent clé du trafic de stupéfiants au sein du syndicat du crime du chef de la mafia et loyaliste israélien Meyer Lansky ;

- Ruby s'est vanté dès 1955 - selon les dossiers du FBI - d'avoir fait de la contrebande d'armes à destination d'Israël ;

- Luis Kutner, l'avocat de longue date de Ruby - qui remonte aux premières années de Ruby à Chicago - avait des liens très étroits avec les services de renseignement et était un acteur majeur du lobby pro-israélien ;

- Al Lizanetz, l'un des principaux hommes de main de Kemper Marley, patron du crime en Arizona (un homme de paille bien rémunéré de la famille Bronfman, associée de la première heure à Meyer Lansky), avait affirmé que Ruby, qui opérait au Texas, était également à la solde des Bronfman ;

- La nuit précédant l'assassinat de JFK, Ruby a rencontré un ami proche, Lawrence Meyers, qui était en relation avec une entreprise liée par le FBI à la contrebande d'armes pour Israël.

Ainsi, bien que les liens de Ruby avec le Mossad aient été occultés par d'autres auteurs sur l'assassinat de JFK, les détails peuvent être trouvés dans *Final Judgment*.

En fait, il existe d'autres liens israéliens étranges autour de l'assassinat de Martin Luther King qui n'ont guère retenu l'attention.

Dans son précédent ouvrage sur l'assassinat de Martin Luther King, *Orders to Kill*, William Pepper décrivait le parcours du Canadien Eric Galt, dont James Earl Ray avait adopté l'identité au cours de ses nombreux voyages. Il semble que Galt ait dirigé un entrepôt abritant un projet de munitions ultrasecret financé par la CIA, le Centre des armes de surface de la marine américaine et le Commandement de la recherche et du développement en électronique de l'armée. Il s'agissait de produire et de stocker des "fusées de proximité" utilisées dans les missiles sol-air et les obus d'artillerie.

En août 1967, selon Pepper, Galt "coopérait à une autre opération du 902 [Military Intelligence Group] qui impliquait le vol de certaines de ces fusées de proximité et leur livraison secrète à Israël". Selon Pepper, il a obtenu "un mémorandum confidentiel publié par le 902e MIG le 17 octobre 1967 qui confirme et discute de cette opération, le projet MEXPO, défini comme un "projet d'exploitation de matériel militaire de la division scientifique et technique (S&T) en Israël".

Ainsi, par des moyens qui restent aujourd'hui encore mystérieux, le "pigeon" de l'assassinat de King utilisait l'identité d'un individu qui avait des liens avec Israël et sa recherche "scientifique et technique" - ce qui, bien sûr, va dans le sens du développement nucléaire. Notons également que Galt était lié à la "division scientifique et technique" d'Israël.

Il est également établi (mais rarement mentionné) qu'avant l'assassinat de King, Ray avait reçu deux numéros de téléphone de la part de son contact, "Raul", que ce dernier lui avait indiqué de contacter en cas de besoin. Ray a par la suite déterminé que le numéro de la Nouvelle-Orléans était celui de la société Laventhal Marine Supply ; et dans son appel précoce de sa condamnation, peu mentionné et rédigé par lui-même, Ray a affirmé que "le résident inscrit à la Nouvelle-Orléans était, entre autres, un agent d'une organisation du Moyen-Orient bouleversée par le soutien public que King aurait apporté, avant sa mort, à la cause des Arabes palestiniens". Bien entendu, Ray faisait référence à l'Anti-Defamation League (ADL) du B'nai B'rith.

Plus tard, lorsque Ray a témoigné devant la Commission des assassinats de la Chambre des représentants, il a fait référence à ce numéro mystérieux et a commenté : "Je ne veux pas entrer à nouveau dans le domaine de la diffamation et dire quelque chose qui pourrait être embarrassant pour un ou plusieurs groupes ou organisations ... il [King] avait l'intention, comme au Vietnam, de soutenir la cause arabe ... quelqu'un dans son organisation a pris contact avec les Palestiniens en vue d'une alliance". Là encore, Ray parlait manifestement d'une prise de position de King susceptible de contrarier l'ADL, même s'il parlait de ce sujet sans l'exprimer directement.

Le fait que l'ADL s'en prenne à King a surpris de nombreux admirateurs et détracteurs de ce dernier, d'autant plus que l'ADL a souvent fait l'éloge de King en public, notamment dans ses publications destinées à un public noir.

La première révélation publique de l'espionnage de King par l'ADL a été faite dans le numéro du 28 avril 1993 du *San Francisco Weekly, un* journal libéral "alternatif" :

> Pendant le mouvement des droits civiques, alors que de nombreux Juifs prenaient la tête de la lutte contre le racisme, l'ADL espionnait Martin Luther King et transmettait les informations à J. Edgar Hoover, a déclaré un ancien employé de l'ADL.

> "C'était un savoir commun et accepté avec désinvolture", a déclaré Henry Schwarzschild, qui a travaillé au département des publications de l'ADL entre 1962 et 1964.

> "Ils pensaient que King était une sorte d'électron libre", a déclaré Schwarzschild. "Il s'agissait d'un prédicateur baptiste et personne ne pouvait être sûr de ce qu'il allait faire. L'ADL était très inquiète à l'idée d'avoir un missile non guidé.

En ce qui concerne l'ADL, le nouveau livre de Pepper laisse échapper un autre détail intéressant : il s'avère que l'ADL aurait conservé un important dossier (dont l'ADL a nié l'existence) sur un certain général Henry Cobb, qui a œuvré pour saboter les efforts de Pepper en vue de disculper James Earl Ray. Pepper n'explique pas pourquoi l'ADL possédait ce dossier sur Cobb, mais on peut en conclure que les documents auraient pu être utilisés pour "convaincre" Cobb de "coopérer" à la dissimulation de l'assassinat de Martin Luther King.

La thèse de Pepper est que le véritable assassin de King - peut-être un policier de Memphis - a été engagé par Frank Liberto, un riche associé de Memphis de la famille criminelle Marcello basée à la Nouvelle-Orléans (elle-même un maillon clé du syndicat du crime Lansky, lié à Israël), mais que, même pendant l'exécution du crime, des tireurs d'élite de l'armée américaine étaient sur les lieux, observant les événements et fournissant des renforts éventuels au cas où King survivrait à l'assaut des "civils". Son livre présente un scénario effrayant et très bien documenté. Toutefois, il est peu probable que Pepper s'étende sur le fil conducteur israélien qui traverse tout le scénario.

Quelle que soit l'opinion que l'on a de Martin Luther King, il ne fait aucun doute qu'il avait l'intention d'aller au-delà de son action en faveur des "droits civiques" fondés sur la race et de s'engager dans le domaine de la politique étrangère des États-Unis, ce qui posait un problème certain au pouvoir en place. C'est précisément ce qui a conduit à son assassinat.

SECTION TROIS

INTERVIEWS

CHAPITRE XV

Reality Radio Network The "Lost" *Final Judgment* Interview 9 juin 2003

Victor Thorn : Michael, commençons cet entretien en parlant de *Final Judgment*. Permettez-moi de préparer un peu le terrain en remontant à 1992. Un représentant de l'Illinois nommé Paul Findley a déclaré que de tous les livres qui ont été écrits sur l'assassinat de Kennedy, aucun - ou peut-être seulement quelques-uns - n'avait jamais mentionné le rôle du Mossad dans cet assassinat. À l'heure actuelle, tant de livres ont été écrits sur l'assassinat que même Elvis a été pointé du doigt. Ils ont donc été les seuls à rester indemnes pendant 30 ans, jusqu'en janvier 1994, date de la sortie de votre livre. Le livre s'intitule *Final Judgment : The Missing Link in the JFK Assassination Conspiracy (Le chaînon manquant dans la conspiration de l'assassinat de JFK)*. Après cette brève introduction, dites-nous quelle a été la réaction à la sortie de ce livre.

Michael Collins Piper : Permettez-moi de vous expliquer brièvement comment j'en suis venu à l'écrire, car je pense que c'est très important.

Il y a eu beaucoup de livres, pas seulement sur l'assassinat de Kennedy, mais aussi sur la politique étrangère de Kennedy, sur la Baie des Cochons à Cuba, sur ses relations avec l'Union soviétique et, bien sûr, sur la politique de JFK en Asie du Sud-Est. Mais jusqu'au début des années 1990, rien n'avait été écrit sur les relations de JFK avec Israël et le monde arabe. En fait, jusqu'au mois dernier, il n'y avait pas un seul livre sur la politique de JFK au Moyen-Orient. Aujourd'hui, un livre sur ce sujet très spécifique vient de paraître.

Mais au début des années 1990, j'ai lu plusieurs livres, dont un de Seymour Hersh, lauréat du prix Pulitzer, qui traitait du programme d'armement nucléaire israélien ; un autre de Stephen Green (*Taking Sides : America's Secret Relations with a Militant Israel*), et un autre d'Andrew et Leslie Cockburn, une équipe mari et femme, intitulé

Dangerous Liaisons, qui traitait des relations secrètes entre les États-Unis et l'agence de renseignement israélienne, le Mossad. Le fil conducteur que j'ai trouvé dans ces trois livres, qui donnent une vue d'ensemble du sujet, est qu'en dépit de la perception publique du contraire, John F. Kennedy était, en fait, en désaccord profond avec le gouvernement d'Israël jusqu'à l'époque de son assassinat.

J'ai commencé à me pencher sur ce sujet en me disant : "Mon Dieu, parmi tous les suspects possibles qui ont été évoqués, je me suis rendu compte qu'à ce moment-là, dans toute la littérature sur l'assassinat de Kennedy, personne n'avait jamais envisagé la possibilité qu'Israël ait pu participer à l'assassinat. La raison en est que John F. Kennedy essayait d'empêcher Israël de fabriquer la bombe nucléaire. Cela est d'autant plus important que toute la politique de défense d'Israël, sa défense nationale, s'articule autour du thème de la défense nucléaire. Et John F. Kennedy essayait de les empêcher d'atteindre leurs objectifs.

Sur cette base, j'ai commencé à consulter la littérature habituelle sur le thème de l'assassinat de JFK et, bien sûr, on y trouve divers noms et personnes souvent mentionnés comme suspects possibles. Ces personnes étaient appelées "droitistes", "anticommunistes", elles travaillaient pour la CIA, elles étaient conservatrices, etc.

Mais la seule chose que j'ai trouvée et qui n'a jamais été mentionnée - et cela inclut la soi-disant "mafia" - la seule chose que je n'ai jamais trouvée mentionnée dans la plupart des cas de joueurs ou d'acteurs importants, ce sont leurs liens non seulement avec le lobby israélien, mais aussi avec des liens très distincts avec les services de renseignement israéliens. Ces mêmes liens avec les services secrets israéliens se sont croisés avec les éléments du crime organisé américain et avec la CIA, les noms les plus souvent mentionnés publiquement en rapport avec l'assassinat de JFK.

C'est l'objet de mon livre. J'ai rassemblé tout cela. Je l'ai décrit comme une sorte d'image secrète de l'autre côté du puzzle. Vous regardez un puzzle et vous voyez tous ces liens apparemment disparates : la mafia, le crime organisé , même des éléments du Ku Klux Klan et de la droite à la Nouvelle-Orléans. Tous ces gens sont censés avoir été montrés du doigt à un moment ou à un autre, et en fait, si vous regardez de l'autre côté du puzzle, vous voyez qu'ils sont tous liés. Et la véritable image de l'autre côté du puzzle, c'est le drapeau israélien.

Cela a bouleversé beaucoup de gens.

Victor Thorn : Vous montrez une implication complexe entre les quatre acteurs clés : le Mossad, la CIA, le syndicat du crime organisé de Lansky, dont vous dites qu'il est à la tête de toute l'affaire à la place des Italiens - et enfin, les médias avec cette organisation appelée Permindex qui flotte au centre de tout cela. Mais pour en revenir à Israël, vous dites qu'ils avaient les moyens, l'opportunité et, surtout, le mobile pour être impliqués dans cet assassinat précisément parce qu'ils voulaient devenir une puissance nucléaire.

Michael Collins Piper : Je suppose que c'est ce qui rend ce livre très opportun, car nous venons de mener une guerre au Moyen-Orient qui ne semble pas encore terminée en raison des allégations selon lesquelles Saddam Hussein possédait toutes ces armes de destruction massive. Mais je vais vous dire : il ne semble pas qu'il possédait des armes de destruction massive. Bien sûr, nous le savions. Ce qui est intéressant, c'est que nous savons qu'à un moment donné, il a essayé de les développer.

Nous savons également que la raison pour laquelle il essayait de développer ces armes de destruction massive était précisément le fait qu'il savait, comme d'autres États arabes du Moyen-Orient, et comme les Iraniens, qu'Israël dispose en fait d'un arsenal nucléaire massif qui, selon une source autorisée que j'ai vue, est considéré comme le cinquième plus important au monde.

Ainsi, si l'on veut être cohérent et soulever des questions sur la course aux armements nucléaires, on ne peut pas se contenter de poser des questions sur Saddam Hussein ou les Nord-Coréens. Si l'on considère l'instabilité de l'État d'Israël, avec des factions littéralement très conflictuelles qui se battent parfois les unes contre les autres, certains suggérant qu'une guerre civile pourrait finir par éclater en Israël, je dirais que nous, , devrions vraiment nous préoccuper de la possession d'armes nucléaires par Israël.

Comme je l'ai dit, j'ai soulevé ces questions et toutes les sources que j'ai citées à ce sujet étaient des sources "grand public". C'est amusant parce que j'ai remarqué que lors d'une des tentatives ratées de critique de mon livre, quelqu'un avait posté sur Internet une partie de la critique que vous aviez sur votre site web. Et une personne a essayé de répondre à cela en disant : "Oh, Piper - et probablement maintenant Victor Thorn - donnent l'impression qu'il s'agit d'une gigantesque conspiration où tout le monde trébuche les uns sur les autres."

Vous savez, pour avoir lu mon livre - et tous ceux qui l'ont lu le savent - que je n'identifie guère plus de cinq ou dix acteurs clés qui auraient été impliqués dans la planification, selon moi.

Victor Thorn : Exactement.

Michael Collins Piper : Il s'agissait d'une conspiration de grande ampleur dans le sens où ils tuaient le président des États-Unis, mais en termes de nombre de personnes impliquées, il n'y avait pas besoin d'être si nombreux.

Victor Thorn : Vous montrez qu'il y a un noyau interne de planificateurs, un noyau secondaire et quelques personnes à la périphérie.

Michael Collins Piper : C'est vrai. Aujourd'hui encore, beaucoup de personnes dont les noms ont souvent été associés à l'assassinat - et c'est strictement mon opinion d'après ce que je peux voir - mais il y a beaucoup de noms de personnes qui ont été impliquées dans des choses à Dallas et dans d'autres villes qui se déplaçaient en quelque sorte à la périphérie. Ils n'avaient rien à voir avec l'assassinat et n'avaient probablement aucune idée que John F. Kennedy allait être assassiné.

Ils n'ont fait que des choses sur instruction d'autres personnes qui les ont finalement impliqués d'une manière ou d'une autre.

C'est pourquoi, par exemple, nous avons l'histoire de Clay Shaw à la Nouvelle-Orléans. À ce jour, je ne suis pas convaincu que Clay Shaw ait participé activement à la préparation de l'assassinat de JFK ; mais d'un autre côté, il ne fait aucun doute qu'il évoluait dans les cercles des personnes mêmes qui étaient liées à l'assassinat. Et c'est qu'il a été entraîné dans l'enquête de Jim Garrison.

Victor Thorn : Michael, il y a une chose que vous avez évoquée dans ce livre et qui est tellement incroyable que tout le monde devrait la connaître. En 1950, il y a eu ce qu'on appelle la Déclaration tripartite qui disait en gros que les États-Unis exerceraient des représailles contre tout pays du Moyen-Orient qui en attaquerait un autre. Tant que cela a duré, il y a eu la paix, ou du moins une paix relative au Moyen-Orient. Il y avait un équilibre. John Kennedy voulait préserver cet accord tripartite, et il semble d'une importance vitale à notre époque, d'autant plus qu'il n'y a pas d'équilibre au Moyen-Orient.

Michael Collins Piper : C'est intéressant parce que cela soulève un autre sujet. Il y a ce nouveau livre - un livre extraordinaire dans le sens où il est très détaillé, mais très peu sincère.

Il s'intitule, je crois, *Support Any Friend (Soutenez n'importe quel ami)*, et tente très maladroitement de présenter John F. Kennedy comme le père de la relation spéciale entre les États-Unis et Israël. Ce qui est intéressant dans ce livre, c'est que lorsqu'il s'agit de discuter du conflit entre JFK et Israël au sujet des armes nucléaires, l'auteur - qui a franchement été financé par des fondations soutenues par Israël et des fondations financées ici aux États-Unis par des partisans d'Israël - affirme que la lutte de JFK avec Israël a renforcé nos relations avec ce pays. C'est au mieux un vœu pieux. C'est absolument absurde, voilà ce qu'il en est.

Je dois dire franchement que je n'essaie jamais de surestimer ma propre influence, mais je dois vraiment penser que ce livre a été écrit d'une certaine manière en réponse à *Final Judgment* parce que, de plus en plus, le mot à propos de mon livre s'est répandu. Je connais un cas où un exemplaire du livre a été lu par une vingtaine de médecins et de techniciens médicaux dans une grande ville de l'ouest du pays. Ce qui se passe, c'est que la nouvelle de ce conflit entre JFK et Israël s'est répandue, et maintenant ils sortent un livre pour dire : "En fait, JFK et Israël étaient vraiment très amis". Et ce n'est pas vrai !

Victor Thorn : Après l'assassinat de Kennedy, LBJ est entré en fonction et a fait deux choses horribles pour notre pays. Tout d'abord, vous montrez dans votre livre que presque immédiatement après l'entrée en fonction de LBJ, notre aide à Israël est montée en flèche et a atteint des sommets. En outre, quelques jours après son entrée en fonction, il a signé des documents qui ont intensifié notre engagement au Viêt Nam. Entre le Vietnam et notre aide à Israël, LBJ a été désastreux pour notre pays.

Michael Collins Piper : Cela a changé tout le cours des événements. C'est un fait que les premières grandes ventes d'armes des États-Unis à Israël ont eu lieu sous l'administration Kennedy.

Mais la raison pour laquelle Kennedy a fait cela, c'est qu'il espérait l'utiliser comme un moyen d'influencer Israël pour qu'il ne construise pas d'armes nucléaires. Mais même jusqu'à sa dernière grande conférence de presse, quelques semaines avant son assassinat, Kennedy se plaignait du fait que le lobby israélien à Washington avait essentiellement saboté les efforts visant à jeter des ponts vers le monde arabe, et plus particulièrement vers l'Égypte.

Kennedy a effectivement vendu des armes à Israël, la première vente d'armes jamais réalisée depuis la création de l'État d'Israël. Ce n'est qu'après l'assassinat de Kennedy que la politique américaine a changé de manière aussi radicale, et ce fut également le changement de politique au Viêt Nam. L'assassinat de Kennedy - plus que les gens ne le pensent - a été un tournant majeur dans la politique américaine et, à ce jour, il a des répercussions qui nous affectent aujourd'hui. Chaque fois qu'un jeune Américain revient d'Irak dans un sac mortuaire, c'est une conséquence directe de l'assassinat de Kennedy.

Victor Thorn : Je suis d'accord. Vous racontez une autre histoire sur la façon dont Israël a commencé à construire une installation nucléaire à Dimona, et ils pensaient le faire sans que Kennedy s'en aperçoive, mais il était au courant. Il savait ce qu'ils faisaient. En fait, il en savait tellement qu'il les a défiés et a envoyé des gens là-bas pour leur dire qu'ils allaient inspecter cette installation. En lisant cela, j'ai pensé à ce qui se passe aujourd'hui avec les "installations nucléaires" au Moyen-Orient. Ils les déplacent ici et les déplacent là, et Israël a fait la même chose à l'époque.

Michael Collins Piper : Oui, ce qu'ils ont fait, c'est qu'ils ont construit une "usine de couverture", pour ainsi dire. Une usine nucléaire "de couverture" autour de l'usine principale pour essayer de distraire les inspecteurs américains en armement, pour les convaincre que ce n'était pas dans le but de construire des bombes nucléaires, mais dans le but de distiller de l'eau pour faire fleurir le Moyen-Orient. À ce moment-là, la situation était tellement intense ; c'était juste deux semaines avant l'assassinat de Kennedy. Une réunion de haut niveau s'est tenue ici à Washington entre un représentant israélien, un représentant américain et d'autres, et ils ont en fait mis de côté la question nucléaire parce qu'elle était si sensible et qu'ils avaient d'autres choses à régler. Ils l'ont donc mise de côté. Cela se passe au milieu des lettres très virulentes du président Kennedy au Premier ministre israélien Ben Gourion, puis à son successeur.

Tout indique - bien que certains aient tenté de le réfuter - que l'intransigeance perçue de JFK sur la question des armes nucléaires a été l'une des raisons pour lesquelles Ben Gourion a démissionné de son poste de Premier ministre d'Israël. Toute cette question nucléaire entre Israël et les États-Unis est une chose à laquelle on ne peut pas échapper.

L'autre chose que les gens m'ont dite, et j'aimerais vraiment avoir un critique sérieux qui puisse me démolir, mais ils ne l'ont pas fait - l'autre critique qui revient, et je ris presque quand je l'entends, c'est "Oh, eh bien, un petit pays minuscule comme Israël ne s'impliquerait jamais dans l'assassinat d'un président américain parce que, s'ils se faisaient attraper ? Je leur réponds toujours : "Celui qui a tué John F. Kennedy ne s'est pas fait prendre parce qu'il savait que Lyndon Johnson et la Commission Warren allaient étouffer l'affaire".

Et bien sûr, sans insister sur ce point, dans mon livre, je montre de manière très convaincante qu'il y avait des personnes clés au sein du personnel de la Commission Warren, et pas seulement des membres de la Commission elle-même, qui étaient en fait directement liées, ou devrais-je dire, impliquées dans le programme d'armes nucléaires d'Israël ; et deuxièmement, des personnes qui en tiraient profit. C'est donc cette question cachée du problème nucléaire que JFK avait avec Israël.

J'ai reçu davantage de lettres de personnes qui m'ont dit : "Lorsque j'ai entendu parler de votre livre pour la première fois, j'ai pensé que c'était de la folie". Ils pensaient que c'était de la propagande ou que c'était idiot. Puis ils ont lu le livre, et ils se sont retournés et m'ont écrit des lettres d'excuses en disant : "Vous savez quoi, je pense que vous avez peut-être raison".

J'en retire une grande satisfaction, et l'autre jour, un homme m'a écrit pour me dire qu'il avait reçu un exemplaire de mon livre d'une "personne très importante" qui lui avait dit : "Je pense que vous devez lire ce livre parce que c'est à peu près ce qui s'est passé".

Donc, le mot sur mon livre est sorti, et c'est en partie grâce à des gens comme vous qui ont osé dire des choses gentilles à son sujet et faire passer le mot. C'est le seul moyen. Nous en revenons à ce dont nous avons parlé.

C'est là l'essence même de mon travail et du vôtre : faire connaître les vraies nouvelles et les opinions, théories et idées alternatives qui ne sont pas exprimées dans les grands médias, qu'il s'agisse de l'assassinat de Kennedy, de la politique étrangère des États-Unis, de la politique économique ou de toute autre question importante. C'est là tout l'enjeu. Nous avons la liberté d'expression dans ce pays, et beaucoup de gens essaient de nous la retirer. Nous savons qui sont les coupables.

Victor Thorn : Ce qui va surprendre les gens lorsqu'ils liront ce livre, c'est qu'ils penseront qu'il traite uniquement de l'assassinat de Kennedy. Ce qui m'a frappé, c'est à quel point il est historique, à quel point il va au-delà pour montrer des événements politiques, des événements actuels et des choses qui se sont produites jusqu'à aujourd'hui. Comme vous l'avez dit à propos de David Ben Gourion (et je paraphrase ici) : il était si catégorique à ce sujet - il a dit que la survie même d'Israël dépendait de l'obtention d'armes nucléaires.

Michael Collins Piper : Absolument, absolument. Vous avez raison. C'est vrai. C'est une autre chose à propos du *jugement dernier*.

Bien qu'il s'articule autour de l'assassinat de JFK, il est très différent de beaucoup d'autres livres sur le sujet parce qu'il place l'ensemble de l'assassinat dans un contexte historique et montre comment les événements actuels de l'époque ont été influencés par l'assassinat et comment il est lié à d'autres développements dans l'histoire, allant de choses comme l'implication de la CIA dans le commerce international de la drogue au Vietnam, en passant par l'Amérique centrale et l'Amérique du Sud. Tout est lié et, comme je l'ai dit, le fil conducteur est la connexion israélienne.

Même aujourd'hui, avec le scandale de l'Iran-Contra, la partie secrète de cette affaire était Israël. Israël était impliqué jusqu'au cou dans l'affaire Iran-Contra. Même les accords américains, et bien sûr les accords Iran-Contra, étaient directement liés à l'implication de la CIA dans le trafic de drogue.

Si vous regardez l'Amérique du Sud actuellement, les Israéliens sont profondément liés au trafic de drogue. Cela est littéralement lié à l'Irak en raison de la guerre Iran-Irak. Les Israéliens ont joué sur les deux tableaux et ont contribué à modifier le rôle des États-Unis dans cette guerre qui a entraîné la mort de millions de personnes. Il s'agit de la guerre entre l'Irak et l'Iran. Tout cela nous ramène aux événements de Dallas.

Victor Thorn : Michael, vous nous ramenez à une figure bien connue : Meyer Lansky.

Michael Collins Piper : Meyer Lansky est un personnage très intéressant. Nous avons tous ces films merveilleux. *Le Parrain* est un grand film. J'adore ce film. Je l'ai vu dix fois. Il raconte l'histoire d'une famille italo-américaine, du crime organisé, etc. "La Mafia, la Mafia." Mais si vous regardez les différents personnages qui ont été le plus souvent liés à l'assassinat de JFK, et quand ils disent que c'est la Mafia qui l'a fait, vous trouvez Carlos Marcello à la Nouvelle-Orléans, et Santo Trafficante à Tampa. Je suis désolé de vous le dire, mais ces types étaient tous étroitement liés au Mossad par l'intermédiaire de Meyer Lansky.

Meyer Lansky est celui qui a fait de Carlos Marcello le chef du crime organisé à la Nouvelle-Orléans. En fait, Carlos Marcello ne faisait même pas partie de la célèbre famille "mafieuse" qui dirigeait la Nouvelle Orléans. Meyer Lansky est arrivé, a fait disparaître le véritable chef de la mafia et a confié le pouvoir à Carlos Marcello. Santo Trafficante n'est devenu le responsable de Tampa que parce qu'il s'est allié à Meyer Lansky. Meyer Lansky, à son tour, était très lié aux Israéliens et au Mossad. Il était également impliqué dans de nombreuses affaires de la CIA.

Depuis la parution *de* la cinquième édition de *Final Judgment*, un nouveau livre fascinant a été publié, intitulé *Double Deal*. Le co-auteur de ce livre est Sam Giancana, neveu du célèbre Sam Giancana de Chicago. Il s'avère, selon M. Giancana et son co-auteur, qui était un policier local de Chicago lié à la Mafia, que le véritable pouvoir derrière le trône du crime organisé à Chicago, des années 1930 aux années 1970 et 1980, était un certain Hyman Larner, lui-même partenaire de Meyer Lansky, qui, à son tour, a conclu de nombreuses affaires avec le Mossad.

Ainsi, même Sam Giancana, le célèbre caïd de la mafia de Chicago, a vu défiler des chefs de la mafia et des figures du crime italo-américain à Chicago, qui restaient au pouvoir pendant quelques années, puis finissaient par aller en prison. Mais Hyman Larner n'est jamais allé en prison.

Comme je l'ai dit, on ne cesse de retourner les pierres et de trouver la connexion israélienne. Et je ne parle pas nécessairement d'un lien juif. Je parle d'un lien israélien.

Victor Thorn : J'aimerais que nous ayons toute la soirée pour parler de ce sujet ; mais dans un autre ordre d'idées, je sais que ces dernières semaines et ces derniers mois, vous avez couvert cette horrible nouvelle décision de la FCC qui vient d'être adoptée il y a quelques jours. Dites-nous ce que vous en pensez et ce que vous voyez arriver à ce pays maintenant qu'elle a été adoptée.

Michael Collins Piper : Il s'agit d'une chose très complexe, mais en gros, voici ce qu'il en est au moment où nous parlons : il y a une poignée de grandes sociétés internationales qui contrôlent un grand nombre de journaux, de stations de radio, de chaînes de télévision et, de plus en plus, de diverses formes de communication. Les chiffres varient en fonction de l'estimation de chacun ( ), mais il y a en gros un maximum de dix grandes sociétés. Il s'agit de chaînes de journaux, de sociétés de communication telles que Disney, Viacom, etc.

Au fil des ans, des restrictions ont été imposées par la Commission fédérale des communications, qui a limité le nombre de journaux et/ou de stations de télévision/radio pouvant être détenus sur un marché médiatique donné. Toutefois, l'année dernière, la Commission fédérale des communications a été présidée par Michael Powell, nommé par les Républicains et fils du secrétaire d'État Colin Powell. La Commission est actuellement composée d'une majorité de républicains.

Quoi qu'il en soit, la FCC a annoncé qu'elle allait modifier les règles et permettre aux grands groupes de médias d'acheter davantage de journaux, de stations de radio et de chaînes de télévision sur les différents marchés des médias. L'idée même d'une presse libre est qu'il y ait autant de voix différentes que possible. Or, les nouvelles règles proposées par la FCC ont été conçues pour permettre aux grandes entreprises d'accroître leur influence.

L'AFP a publié un article en première page sur ce sujet et je tiens à vous dire qu'à l'époque, je suis assez confiant en affirmant que c'était la première fois que cette histoire recevait une publicité nationale. Des articles ont été publiés dans les sections économiques des journaux. Enterrés, devrais-je dire, dans les sections économiques des journaux.

Mais au cours des deux derniers mois, au fur et à mesure que la nouvelle se répandait, diverses organisations - de droite comme de gauche - et remarquez, je n'adhère pas à cette théorie de la "droite" contre la "gauche".

Je considère qu'il s'agit d'une question de grandes sociétés et de groupes d'intérêts spéciaux contre le peuple. Quoi qu'il en soit, un large éventail d'organisations, de la National Rifle Association à la National Organization for Women, en passant par de nombreuses autres personnes, encouragent leurs partisans à contacter la FCC et le Congrès pour leur dire : "Nous ne voulons pas que cela se produise. Nous sommes contre le monopole des médias. Nous sommes contre la poursuite de la fusion de ces entreprises".

Le résultat est que la FCC a reçu près de 500 000 lettres, courriels, cartes postales - et j'en passe -, soit 500 000. C'est sans précédent. Malgré tout, la FCC est allée de l'avant et a adopté ces nouvelles réglementations.

La population s'est largement opposée à ce projet. Les seules personnes qui l'ont soutenue étaient les grandes entreprises. Ils ne cessent de nous dire que nous avons une presse libre et que nous avons une démocratie aux États-Unis, alors que nous avons 500 000 personnes qui se sentent suffisamment concernées pour faire quelque chose et leur dire "non" - et pourtant, ils sont allés de l'avant et l'ont fait quand même.

Lisa Guliani : Michael, l'auteur Edward Aboud affirme que la majorité de l'électorat n'est pas représentée dans les grands médias. Quels sont vos commentaires à ce sujet ?

Michael Collins Piper : Je pense que c'est tout à fait vrai. Je viens de rédiger un article pour *American Free Press* dans lequel je souligne, en m'appuyant sur les travaux de Robert McChesny, qui est un très bon auteur spécialisé dans les médias et professeur de communication médiatique à l'université de l'Illinois - en tout cas, il souligne que l'on a l'impression que les médias de masse sont libéraux ; mais les médias sont beaucoup plus conservateurs que beaucoup ne le croient. En fait, on trouve beaucoup de ce que j'appelle des "voix conservatrices approuvées", comme Bill O'Reilly à FOX News, Rush Limbaugh, Mike Savage, G. Gordon Liddy - ces "voix conservatrices approuvées" qui sont autorisées à discuter de certaines questions. Mais vous ne les entendrez pas parler du Nouvel Ordre Mondial.

Vous ne les entendrez pas parler de la Commission trilatérale ou du Conseil des relations extérieures. Ils ne parlent jamais de "conspiration". Ils ne parlent pas de la Réserve fédérale ou de choses de ce genre.

Ce que nous avons, c'est un média d'entreprise qui répond aux intérêts d'une élite puissante et fortunée dans ce pays. Voilà à quoi cela se résume.

Victor Thorn : Pour préserver le statu quo.

Michael Collins Piper : Exactement.

Victor Thorn : C'est la définition du conservatisme : préserver le statu quo. Je dirais donc que les médias sont très conservateurs dans le sens du statu quo ( ).

Michael Collins Piper : C'est vrai, et c'est très drôle parce qu'on trouve tous ces commentateurs conservateurs très célèbres et bien payés dont les livres sont promus par les médias et qui sont promus dans les médias, qui parlent de la façon dont les libéraux contrôlent les médias. Mais si les libéraux contrôlaient vraiment les médias, ces voix conservatrices "approuvées" n'auraient aucune portée ni aucun débouché.

C'est une sorte de petite fête. Ils s'assoient et savent que le grand secret réside dans le fait que c'est une élite qui contrôle les médias, et ils nous donnent un régime régulier de supposé débat entre la droite et la gauche qui nous maintient tous concentrés - oserais-je dire - soit dans le champ gauche, soit dans le champ droit. Et nous passons à côté de ce qui se passe réellement au centre, pour ainsi dire.

Lisa Guliani : Et ce qui finit par se produire, c'est que les vraies nouvelles ne sont pas mises à la disposition du public.

Michael Collins Piper : Non, ce n'est pas le cas. Et c'est ce qui m'irrite vraiment. Quelqu'un a mentionné aujourd'hui un article paru dans l'*AFP* cette semaine qui soulignait que la presse grand public avait beaucoup parlé de la tragédie entourant cette femme, Laci Peterson, en Californie. Pardonnez-moi, c'est très tragique, mais je vais vous dire une chose : ici, à Washington, D.C., des gens sont brutalement assassinés tous les deux jours, et cela rien qu'à Washington. Des gens sont même assassinés à State College et cela ne fait pas la une des journaux nationaux, alors que ces autres meurtres sont parfois très sensationnels.

Il faut donc se demander pourquoi les médias ont fait de l'affaire Laci Peterson un sujet d'actualité nationale. Qu'essaient-ils de faire ? Essaient-ils de nous détourner des vraies nouvelles qui touchent tous les Américains ? C'est ce que je crains. En fait, je sais que c'est ce qui se passe.

Victor Thorn : Tout comme la "Long Island Lolita", il a les bons ingrédients.

Michael Collins Piper : Exactement. C'est une véritable offense pour moi, en tant que personne raisonnablement éduquée, d'être nourrie de ces non-nouvelles sous l'apparence de nouvelles, alors qu'il y a de vrais problèmes comme la Réserve fédérale, qui affecte notre système monétaire, ou comme la guerre du Golfe. Toutes ces choses affectent notre vie quotidienne, notre survie et notre existence, non seulement en tant qu'Américains, mais aussi en tant qu'êtres humains sur cette planète. C'est dans ce contexte que nous nous concentrons sur l'affaire Peterson ou, si j'ose dire, sur l'affaire O.J. Simpson.

Lisa Guliani : Ou, comme le dit Edward Aboud, "la couverture par l'équipe des tempêtes de pluie".

Michael Collins Piper : Exactement ! Sérieusement, c'est à cela qu'on en arrive, et c'est pourquoi il est si important qu'il y ait des médias indépendants. Ces grands monstres des médias, ce monopole des médias - leur excuse pour pouvoir acheter de plus en plus de médias est que tout le monde a accès à l'Internet. Mais ce qu'ils oublient de dire, c'est qu'un grand nombre de ces grandes sociétés - même aujourd'hui - lorsque les gens cherchent des nouvelles et des informations, il y a des gens à Peoria, dans l'Illinois ou à Lincoln, dans le Nebraska, qui pensent qu'ils ont vraiment accès aux vraies nouvelles parce qu'ils peuvent aller sur Internet et accéder au *New York Times* et au *Washington Post*, qu'ils ne pouvaient pas obtenir par abonnement, tout simplement parce qu'ils n'existaient pas. En réalité, les mêmes informations sont répétées à l'infini par le biais d'un grand nombre de canaux différents.

On a demandé un jour à Walter Cronkite, l'arrière-grand-père des journaux télévisés (ou peut-être de la propagande télévisuelle) : "Comment décidez-vous de ce qui va passer au journal télévisé du soir ?". Il a répondu : "Il y a toujours fort à parier que si vous voulez décider de ce que sera le journal télévisé, c'est ce qui se trouve en première page *du New York Times"*. Si c'est ainsi que Walter Cronkite a pris les devants, cela signifie que celui qui décide de ce qui fait la une du *New York Times* décide également de ce qui sera diffusé ce soir-là dans le journal télévisé de CBS.

Victor Thorn : Michael, que pensez-vous que cette décision de la FCC va entraîner dans quelques années ? Comment voyez-vous le marché des médias dans quelques années ?

Michael Collins Piper : À ce stade, plusieurs membres du Congrès ont soulevé des questions à ce sujet. Ce qui est positif, c'est qu'il semblerait qu'ils essaient d'utiliser cette question comme thème de campagne contre George Bush. Certains membres du Congrès se sentent probablement aussi concernés que vous et moi. Si nous pouvons en tirer profit parce que les démocrates veulent l'utiliser contre George Bush, je suis tout à fait d'accord pour le faire parce que c'est important. Nous devons continuer à nous concentrer sur cette question, même s'ils ne modifient pas à nouveau ces règles, même si le Congrès ne prend pas de mesures pour obliger la FCC à faire marche arrière - ce qu'il peut faire - nous devons continuer à nous battre sur ce sujet. C'est un autre point important à mentionner.

D'autres pays, comme la Nouvelle-Zélande, le Canada et l'Australie, ont créé des partis politiques alternatifs et des tiers partis qui ont fait du démantèlement des monopoles des médias une question politique majeure.

Et ce sont des partis politiques qui ont un impact. S'ils peuvent le faire dans d'autres pays, dans un pays comme les États-Unis où nous disposons de tant de moyens de communication, de tant de capacités à mettre en avant les problèmes, alors je pense que nous devons le faire ici, aux États-Unis, également.

Lisa Guliani : Le problème que nous rencontrons est d'élargir le cercle, parce que les informations sur l'Internet sont si délibérément confinées à l'intérieur de la boîte qu'il est pratiquement impossible d'essayer de les diffuser auprès du grand public.

Michael Collins Piper : C'est vrai, et c'est l'un des problèmes que je rencontre avec Internet ; mais d'un autre côté, le cercle s'est considérablement élargi grâce à Internet.

Franchement, cela a été un problème pour des publications telles que l'*American Free Press*. Je ne dirais jamais que nous avons un monopole, mais dans un sens, il y a quelques années, lorsque je travaillais pour *The Spotlight* - il y a *peut-être* 20 ans - *The Spotlight* était un grand journal, et il y avait beaucoup de petites publications indépendantes. Aujourd'hui, malheureusement, beaucoup de ces petites publications indépendantes ont disparu, conséquence directe d'Internet. Ce n'est que grâce à un public fidèle, , qu'un journal comme l'*American Free Press a* pu survivre.

Lisa Guliani : Vous avez notre plus grand respect.

Michael Collins Piper : C'est là tout l'enjeu. C'est la raison pour laquelle l'*American Free Press* a pu survivre, uniquement grâce à ses sympathisants. Je tiens à souligner un autre point, sans vouloir insister, mais un journal comme *American Free Press* ou votre publication sur Internet, nous dépendons de nos sympathisants pour financer littéralement nos efforts, car si nous n'avions pas ce soutien, nous ne pourrions pas exister. En revanche, les grands médias de ce pays, les grands journaux, les chaînes de télévision et les stations de radio reçoivent littéralement des milliards de dollars de financement de la part des annonceurs et des grandes entreprises.

Et vous savez, l'ironie de la chose, c'est que la plupart des gens ne le savent pas, mais la plupart des Américains pensent que leur journal quotidien est une sorte de service public. Un peu comme le téléphone, la radio ou la télévision. Pour la plupart des gens, l'impression qu'ils en ont est celle de la "gratuité". Ils l'allument et reçoivent leurs informations "gratuitement". Ils paient peut-être 10, 15 ou 25 cents par jour pour leur journal. Ils ne considèrent pas cela comme un coût, et pensent donc que des gens comme Tom Brokaw sont là pour être gentils et leur apporter les informations dont ils ont besoin.

Mais en fait, Tom Brokaw fait partie des membres du Conseil des relations extérieures. Certaines familles puissantes ont des intérêts financiers substantiels dans les trois grands réseaux. Il s'agit donc d'un monopole médiatique. *American Free Press* dit que les médias sont l'ennemi, et nous le croyons.

Lisa Guliani : Nous y croyons aussi.

Victor Thorn : Michael, intéressons-nous un instant aux affaires étrangères. Dites-nous ce que vous pensez de cette feuille de route pour la paix.

Michael Collins Piper : Le concept de base de la feuille de route est quelque chose que tout le monde aimerait soutenir. Cependant, vous trouvez des critiques de la soi-disant droite chrétienne ici aux États-Unis qui disent que George Bush, qu'ils louaient il y a seulement quelques semaines pour avoir bombardé l'enfer de l'Irak ; ces mêmes personnes disent maintenant que George Bush va en enfer parce qu'il abandonne Israël.

D'un autre côté, certains éléments parmi les Palestiniens disent que cette feuille de route est une capitulation des Palestiniens et qu'ils ne s'assiéront pas. Ils refusent de participer à cette capitulation. Une partie du problème, et cela vient de mes propres études sur le Mossad, est que si l'on commence à étudier certains de ces groupes fondamentalistes islamiques et groupes palestiniens intransigeants, on découvre au fil des ans que les Israéliens ont en fait financé le Hamas à un moment donné. Or, le Hamas est leur ennemi le plus acharné.

Les Israéliens ont infiltré en profondeur un grand nombre de ces groupes "terroristes". Ils savent ce qu'ils font et quand ils vont faire exploser des bombes. Même si nous aimerions tous voir la paix au Moyen-Orient, je ne pense pas franchement qu'elle se produira. Je ne pense pas qu'elle soit à portée de main dans l'immédiat parce qu'il y a trop d'éléments intransigeants des deux côtés ; et étonnamment, on trouve des éléments intransigeants même dans la droite israélienne qui financent et encouragent les éléments extrémistes parmi les Palestiniens et d'autres groupes parce que c'est à leur avantage.

S'ils parviennent à faire croire que les Palestiniens ne veulent pas la paix, ils peuvent alors se retourner et dire qu'ils ne s'assiéront pas pour négocier. C'est un véritable piège à serpents. C'est une véritable tragédie parce qu'il y a beaucoup d'innocents des deux côtés - musulmans, chrétiens et juifs - parmi toutes les personnes impliquées ici.

Il ne s'agit pas vraiment d'un problème religieux, même si la question de la religion revient sans cesse sur le tapis. Il s'agit d'une véritable politique du pouvoir, et on peut se demander si les véritables détenteurs du pouvoir - les contrôleurs secrets de ce monde - ne veulent pas qu'il en soit ainsi. C'est comme s'ils voulaient ce genre de problèmes parce que cela leur donne le pouvoir de façonner le monde. Je veux qu'il y ait un État palestinien, et si les Israéliens se comportent bien, je veux qu'ils aient leur propre État.

Mais dans l'état actuel des choses, je ne vois pas comment cela pourrait se produire.

Victor Thorn : Vous retenez votre souffle autant que nous le faisons. Qu'en est-il de Perle, Wolfowitz, Cheney et Rumsfeld ? Veulent-ils continuer à faire tourner la machine de guerre ?

Michael Collins Piper : J'en ai bien peur. Au début, je pensais qu'ils visaient la Syrie, mais tout à coup, les choses semblent s'être évaporées. Maintenant, tout d'un coup, l'accent semble être mis sur l'Iran.

J'ai entendu l'autre jour que Condoleezza Rice avait discrètement fait savoir qu'il n'y aurait plus d'action militaire sous la première administration Bush. Ils ne veulent pas prendre le risque de gâcher les choses. Je pense que c'est probablement parce qu'ils savent que l'affaire irakienne n'est pas encore réglée. Il y a encore des cadavres qui reviennent à la maison. La guerre est loin d'être terminée, malgré la grande apparition de notre président sur le porte-avions et toutes ces merveilleuses photos de troupes souriantes l'accueillant. Ce n'est pas aussi simple que cela.

Je pense que ce qui me préoccupe le plus - et c'est une chose terrible - c'est que je parlais de ce sujet avec quelqu'un dans la rue ce soir, et il m'a demandé s'il allait y avoir une autre attaque terroriste. Je lui ai répondu : "Eh bien, vous savez, c'est bien possible".

Et quand je dis "ils", je ne parle pas de cette poignée de terroristes arabes qui opèrent depuis des grottes en Afghanistan. Je parle des personnes qui ont commandité ce crime. Je ne sais pas qui a fait ça, mais je ne crois pas qu'une poignée de terroristes l'ait fait.

Victor Thorn : Pensez-vous que la vérité sera un jour révélée sur le 11 septembre à grande échelle ?

Michael Collins Piper : Non. Vous savez pourquoi cela ne se fera jamais à grande échelle ? Des bribes de vérité sont révélées ici et là, à leur manière. L'autre jour, l'une des épouses de l'une des personnes décédées dans l'un des avions du 11 septembre a témoigné devant une commission spéciale et a soulevé toutes ces questions très sérieuses. Les médias n'en ont jamais parlé.

CHAPITRE XVI

WING TV Les grands prêtres de la guerre Interview 24 mai 2004

Victor Thorn : Aujourd'hui, sur WING TV, nous sommes fiers d'annoncer notre premier invité, quelqu'un que nous considérons comme le meilleur écrivain politique du pays : M. Michael Collins Piper. Il est l'auteur de *The High Priests of War (Les grands prêtres de la guerre)*, récemment publié, ainsi que du livre fondamental sur l'assassinat de JFK, *Final Judgment (Jugement final)*, qui en est maintenant à sa sixième impression. Michael écrit également pour le journal *American Free Press*. Comment allez-vous, Michael ?

Michael Collins Piper : Je suis prêt à me lancer. Beaucoup de choses se passent dans notre monde aujourd'hui, Victor et Lisa, nous devons donc être plus vigilants que jamais, je le crains.

Lisa Guliani : Michael, nous sommes ravis de vous avoir parmi nous.

Michael Collins Piper : Oui, c'est bon d'être de retour dans votre émission. J'ai déjà participé à votre émission de radio, mais c'est une nouvelle expérience pour moi avec WING TV. Ce sera une expérience d'apprentissage pour nous tous, je suppose.

Victor Thorn : Vous êtes notre premier invité, nous commençons donc par un BANG ! Entrons donc dans le vif du sujet. Dans quelle mesure notre politique étrangère est-elle dictée par les intérêts d'Israël ?

Michael Collins Piper : Je vous le dis, à un moment donné, j'aurais dit qu'il s'agissait d'une influence très forte. Je dirais maintenant, sur la base de ce que j'ai observé et de ce que j'ai appris en écrivant *Les grands prêtres de la guerre,* qu'une clique pro-israélienne - ce groupe que j'ai appelé les "grands prêtres de la guerre" - les néo-conservateurs - contrôle absolument l'appareil décisionnel de la politique étrangère des États-Unis. Cela ne signifie pas que tous les membres de l'administration Bush, par exemple, font partie de cette clique. Mais ceux qui sont membres des grands prêtres de la guerre, cette clique de néo-conservateurs vatives, sont le facteur prédominant dans l'élaboration de la politique.

Le sénateur Fritz Hollings - un sénateur retraité de Caroline du Sud - a lui-même déclaré que l'objectif de la guerre en Irak était axé sur la politique de protection d'Israël du président Bush.

C'est précisément de cela qu'il s'agissait. Cela n'avait rien à voir avec les armes de destruction massive. Cela n'avait rien à voir avec la diffusion de la démocratie. Elle n'avait rien à voir avec la libération du peuple irakien de Saddam Hussein. Elle s'inscrivait simplement dans le cadre d'une politique visant à protéger Israël de Saddam Hussein.

Cette politique a été définie par ces néo-conservateurs et fait partie d'une politique beaucoup plus vaste dans laquelle ils veulent non seulement étendre les frontières d'Israël du Nil à l'Euphrate (ils appellent cela le Grand Israël), mais il s'agit également d'un complot. Appelons les choses par leur nom : un complot visant à utiliser la puissance militaire des États-Unis - les hommes et les femmes, les garçons et les filles qui meurent là-bas - pour soutenir tout ce programme néoconservateur secret.

Lisa Guliani : Je vais vous citer quelques noms et j'aimerais que vous parliez de leur rôle dans cette clique. Tout d'abord, Paul Wolfowitz.

Michael Collins Piper : D'accord, Paul Wolfowitz est secrétaire adjoint à la Défense sous Donald Rumsfeld, mais à vrai dire, Wolfowitz et son lieutenant, Douglas Feith, sont probablement les véritables puissances derrière le trône au Pentagone. Wolfowitz fait partie de cette cabale néo-conservatrice depuis 25 ou 30 ans, mais il est évident que ce n'est qu'avec la guerre d'Irak et les circonstances qui l'ont entourée que les gens ont commencé à s'intéresser à ces néo-conservateurs et à leur programme de guerre. Wolfowitz existe depuis très longtemps.

Lisa Guliani : Et Richard Perle ?

Michael Collins Piper : Richard Perle est probablement le grand magicien des néo-conservateurs, s'il y en a jamais eu un. Il est certainement leur principal stratège géopolitique en coulisses.

Il est surtout le plus influent dans les cercles militaires et de défense. Ancien secrétaire adjoint à la défense dans l'administration Reagan, il a plus récemment "conseillé" le président Bush en tant que membre du Defense Policy Board, apparemment indépendant. Richard Perle est très lié à Israël. Il a été un lobbyiste enregistré pour l'industrie israélienne de l'armement et il a fait l'objet d'une enquête du FBI - notre propre FBI - pour espionnage au profit d'Israël. Bien entendu, il n'a jamais été poursuivi. Il s'agit donc de l'un des hommes qui ont manipulé la politique au sein de l'administration Bush et à l'extérieur.

Victor Thorn : En plus, leur "Prince des Ténèbres".

Michael Collins Piper : On appelle Richard Perle le "prince des ténèbres". C'est assez approprié, en fait.

Lisa Guliani : William Kristol.

Michael Collins Piper : William Kristol est rédacteur en chef *du Weekly Standard,* publié par Ruppert Murdoch. *Le Weekly Standard* est un magazine hebdomadaire qui se fait l'écho des néo-conservateurs. Je disais l'autre jour à quelqu'un que ce magazine est tellement centré sur Israël qu'il ne peut même pas faire un article sur le baseball sans mentionner Israël d'une manière ou d'une autre dans un certain contexte. Ce magazine est la clé pour comprendre la politique des néo-conservateurs - ils pensent que chaque aspect de la politique étrangère des États-Unis, qu'il traite directement du Moyen-Orient ou non, même s'il s'agit de l'Islande, de l'Irlande ou de l'Indonésie ; chaque politique menée par les États-Unis - ils veulent qu'elle soit soigneusement intégrée aux intérêts d'Israël. Si les États-Unis décident de conclure un accord commercial amical avec l'Indonésie, cet accord doit être sabordé s'il s'avère qu'il interfère avec la commercialisation des produits israéliens aux États-Unis. C'est dire l'intensité avec laquelle les néo-conservateurs ont corrélé et intégré Israël dans leur propre réflexion politique.

On peut s'en convaincre en lisant le magazine de William Kristol. Lui et son père Irving Kristol ont été les principaux coordinateurs politiques du mouvement néo-conservateur dans le Washington officiel. Ils ont mis la main sur de nombreuses fondations. Grâce à cette influence, ils ont pu contrôler la distribution de l'argent des fondations à de nombreux groupes néo-conservateurs servative groups. Ainsi, si vous n'avez pas les faveurs de William Kristol et de son père, Irving Kristol et des néo-conservateurs, vous ne recevrez pas d'argent. Que disent-ils toujours ? Suivre l'argent ? Eh bien, si vous suivez l'argent, il vous ramène toujours à la famille Kristol.

Lisa Guliani : Qu'en est-il du rôle d'Henry Kissinger dans tout cela ?

Michael Collins Piper : Henry Kissinger est un personnage très intéressant dans tout cela parce que, traditionnellement, il n'était pas considéré comme faisant partie du réseau néo-conservateur. Pourtant, depuis qu'il a quitté ses fonctions de secrétaire d'État en 1977 et qu'il s'est lancé dans les affaires privées, il s'est en fait immergé dans le réseau de pouvoir néo-conservateur par le biais de ses associations avec William Kristol, Irving Kristol et le réseau néo-conservateur.

Ironiquement, bon nombre de ces néo-conservateurs modernes critiquaient ouvertement les politiques défendues par Henry Kissinger lorsqu'il était secrétaire d'État dans les administrations Nixon et Ford. Mais aujourd'hui, Kissinger, d'une certaine manière, s'est rallié aux néo-conservateurs, essentiellement en défendant ces mêmes politiques. Maintenant qu'il n'est plus en fonction, il peut faire précisément ce qu'il veut sans être gouverné par qui que ce soit d'autre.

Victor Thorn : Toujours l'opportuniste.

Michael Collins Piper : Oui, c'est un opportuniste.

Kissinger n'est généralement pas reconnu comme un néo-conservateur en soi, en raison de ses origines politiques, mais il en est venu à approuver les politiques qu'ils préconisent. C'est donc intéressant.

Le léopard peut changer ses taches.

Victor Thorn : Lorsque nous parlons des néo-conservateurs, il est facile de voir à quel point ils sont diaboliques et trompeurs, mais il y a toujours cet élément d'intrigue autour d'eux, comme s'il s'agissait d'une secte qui a en quelque sorte reçu une large notoriété. Que pouvez-vous dire de cet élément "intrigant" qui semble les suivre ?

Michael Collins Piper : Vous savez, il est très intéressant que vous souleviez cette question car il faut garder à l'esprit que j'ai mentionné le père de William Kristol, Irving Kristol, qui a été le parrain intellectuel de ce mouvement néo-conservateur. Il a été le parrain intellectuel de ce mouvement néo-conservateur, et ce dont il faut se souvenir, c'est que bien qu'ils soient reconnus aujourd'hui comme des conservateurs, ils ont commencé intellectuellement - et c'est toujours très complexe - mais ils ont commencé en tant que communistes trotskistes.

Ils étaient des disciples de Léon Trotsky. Je reviens ici aux années 1930. Irving Kristol était un communiste trotskiste.

Ils détestaient Josef Staline, dictateur nationaliste de l'Union soviétique, et suivaient Léon Trotski, expulsé de Russie par Staline. Trotski avait l'idée d'étendre la révolution mondiale. Staline n'était pas d'accord avec cette idée. Il voulait plus ou moins contenir les choses à l'intérieur de la Russie et voir le monde d'un point de vue nationaliste russe. Cela ne faisait pas de Staline un type sympathique, mais les autres types étaient les inter-nationalistes, les trotskistes.

Ces disciples américains de Trotsky - des gens comme Norman Podhoretz, Irving Kristol et une poignée d'autres - ont commencé à "évoluer" intellectuellement. Au fil du temps, ils sont soudain devenus ce qu'ils ont eux-mêmes appelé les néo-conservateurs. En d'autres termes, ils ne sont qu'une nouvelle forme de trotskisme à l'ancienne.

Victor Thorn : Ils étaient des adhérents de Henry "Scoop" Jackson, et lorsque les démocrates n'ont plus accordé autant d'attention à Israël, c'est à ce moment-là que la rupture s'est produite.

Michael Collins Piper : Oui, c'est ce qui est intéressant. Lorsque la plupart des gens pensent à 1972, ils se souviennent de Nixon contre McGovern, et tout le monde a l'impression que la communauté juive est très libérale et qu'elle vote automatiquement pour les candidats démocrates. En fait, ce qui s'est passé en 1972, c'est que les partisans juifs purs et durs d'Israël, qui sont en fait ce que l'on pourrait appeler l'épine dorsale des néo-conservateurs, ont rompu avec McGovern, et

McGovern n'a pas reçu beaucoup d'argent de la part de sources qui auraient normalement donné au Parti démocrate.

C'est à ce moment-là que le groupe néo-conservateur, les dirigeants de ce que l'on appelle aujourd'hui les néo-conservateurs, ont commencé à quitter le parti démocrate pour rejoindre le parti républicain. Vers 1980, ils soutenaient tous fermement Ronald Reagan. C'est la raison pour laquelle nous avons assisté à une accumulation massive d'armes sous Ronald Reagan dans les années 1980. Les néo-conservateurs étaient là pour dire : "Oh, l'Union soviétique se prépare à s'engager dans toutes ces grandes entreprises militaires à travers le monde et nous avons besoin d'un renforcement massif des armements, et ce n'est que si nous continuons à renforcer les armements que nous pourrons soutenir l'État d'Israël, qui est notre grand allié dans la guerre contre le communisme".

Bien sûr, nous avons dépensé des milliards et des milliards de dollars pour renforcer nos défenses, tout en laissant beaucoup de choses aller chez nous ; et il s'est avéré que l'Union soviétique s'est effondrée de toute façon. Et cela n'avait rien à voir avec notre politique d'armement. L'Union soviétique s'est effondrée comme on l'avait prédit.

Mais ce qui est intéressant, c'est qu'une fois de plus, les néo-conservateurs nous ont menti. Ils nous ont dit que la CIA sous-estimait la puissance soviétique et que, par conséquent, nous avions besoin de cet armement massif. Les néo-conservateurs ont menti. Ils ont menti, ils ont menti, ils ont menti... tout comme ils ont menti au sujet de Saddam Hussein. Il y a un vieux dicton qui dit : "Si tu me trompes une fois, tu auras honte" : Trompe-moi une fois, honte à toi. Trompe-moi deux fois, honte à moi.

Victor Thorn : Eh bien, dans ce pays, nous avons beaucoup de "honte sur moi" maintenant.

Michael Collins Piper : Oui, nous nous sommes encore fait avoir parce que ces néo-conservateurs sont les menteurs qui nous ont apporté les derniers jours de l'augmentation massive des armements dans la guerre froide, une augmentation des armements qui n'était pas nécessaire et qui a coûté beaucoup à l'économie américaine ; et aussi maintenant ils nous ont apporté la guerre en Irak dans laquelle nous perdons des gens tous les jours. Bien sûr, le président Bush a déclaré la victoire il y a un an, mais cela ne me semble pas être une victoire.

Lisa Guliani : Si l'on considère que les néo-conservateurs étaient au départ un petit groupe peu puissant, comment cette clique a-t-elle pu acquérir un tel pouvoir au sein de notre gouvernement ?

Michael Collins Piper : C'est un point très intéressant, et je pense que tout se résume aux médias. Un bon exemple en est ce type, William Kristol. Bien qu'il ne soit que l'éditeur d'un magazine à relativement faible tirage, ce magazine est considéré comme "incontournable" dans les cercles politiques républicains. Tous les jeunes républicains intelligents ont désormais un exemplaire du *Weekly Standard* dans leur mallette.

Victor Thorn : Vous le voyez probablement partout à Washington, n'est-ce pas ?

Michael Collins Piper : Oui, et c'est un magazine plutôt ennuyeux, à vrai dire. À part cela, il est influent. En outre - et vous le remarquerez vous-même - vous ne pouvez pas allumer la télévision ou ouvrir un journal national relatant un événement politique majeur sans trouver William Kristol cité ou interviewé. Il est omniprésent dans la presse. Lui et d'autres néo-conservateurs ont ce talent heureux d'être sélectionnés pour être cités à la télévision. Non pas parce qu'ils font leur propre promotion, ce qu'ils font, mais parce qu'ils bénéficient du soutien bienveillant et amical de la presse américaine.

En d'autres termes, il y a peut-être dix ou quinze autres personnes tout aussi citables, ou même plus citables, pour ainsi dire, mais la presse va toujours vers William Kristol. Ou à Richard Perle.

Ce sont eux qui ont coordonné tout cela ; et puis, bien sûr, avec tout l'argent que j'ai mentionné plus tôt par le biais de leurs fondations, ils ont été en mesure d'avoir beaucoup d'influence dans les cercles de décideurs politiques républicains à Washington en plaçant leurs gens, leurs alliés, à des endroits clés et en les faisant monter en grade. En conséquence, lorsque chacun de ces nouveaux collaborateurs commence à construire son propre réseau de pouvoir, il est toujours relié à la famille Kristol.

Victor Thorn : L'une des forces de votre livre est de montrer que les néo-cons font partie d'un mouvement mondialiste beaucoup plus large, comme les Bilderbergs, le CFR et le Royal Institute of International

Affairs ; et vous montrez qu'ils sont contrôlés, ou , qu'ils font partie de ce tableau plus large.

Michael Collins Piper : Oui, c'est quelque chose qu'il est facile de pointer du doigt. Beaucoup de gens écrivent sur la politique étrangère et disent : "Le Council on Foreign Relations est derrière tout ça", ou "Le groupe Bilderberg est derrière tout ça", ou "Le lobby sioniste est derrière tout ça". Le fait est que tous ces groupes sont interconnectés et se chevauchent à bien des égards, et qu'il est impossible de s'éloigner du Council on Foreign Relations sans s'intéresser à la famille Rothschild en Europe, qui est l'un des principaux mécènes d'Israël.

Bien que le CFR soit une organisation américaine créée avec le soutien de la famille Rockefeller et d'autres familles new-yorkaises, le fait est que le Council on Foreign Relations est en quelque sorte le parent pauvre américain du Royal Institute of International Affairs, qui est financé en Europe, à Londres, par la famille Rothschild. Encore une fois, tout cela fait partie d'un réseau. Ces groupes opèrent tous en tandem. Il existe des divergences d'opinion au sein de ces groupes, comme c'est le cas pour le groupe Bilderberg. Beaucoup de membres européens du groupe Bilderberg ne voulaient pas que les États-Unis aillent en Irak. La France et l'Allemagne se sont opposées catégoriquement à l'intervention des États-Unis en Irak.

Ainsi, même au sein des cercles les plus élevés, il existe des divergences d'opinion, et une grande partie de celles-ci sont en fait liées au clivage entre les partisans d'Israël et ceux qui ne recherchent que l'argent et le pouvoir et qui ne sont pas idéologiquement motivés par le souci d'Israël. C'est la caractéristique du mouvement néo-conservateur.

Mais ce réseau néo-conservateur de la ligne dure dont nous parlons est très fortement lié au groupe Likoud d'Ariel Sharon et à Israël, et il est le reflet des fondamentalistes islamiques de la ligne dure. Il se trouve que ce sont des fondamentalistes juifs purs et durs et qu'ils sont alliés à des fondamentalistes chrétiens purs et durs aux États-Unis. C'est une étrange dichotomie.

Lisa Guliani : Le reste du Congrès et de la classe politique a-t-il été rendu impuissant par le pouvoir de cette clique ? Et quel est, selon vous, l'avenir de l'Amérique ? Les gens nous demandent tout le temps ce que l'on peut faire pour les combattre.

Michael Collins Piper : Oh là là, ce sera probablement la question la plus difficile. En ce qui concerne le reste du Congrès, je pense qu'il est très révélateur qu'au cours des dernières années, l'un des critiques les plus virulents d'Israël et de la politique américaine à cet égard ait été Jim Traficant. Il est actuellement incarcéré dans une prison fédérale de l'État de New York et son appel pour un nouveau procès a récemment été rejeté. Il va donc passer sept ans en prison. Bien sûr, Fritz Hollings est venu ici l'autre jour pour dénoncer l'influence israélienne à Washington, mais il prend sa retraite. Il a 84-85 ans et se retire du Sénat.

Victor Thorn : Et la députée Cynthia McKinney...

Michael Collins Piper : Oui, Cynthia McKinney a été chassée du pouvoir en Géorgie, mais elle a fait son retour. Il y a quelques points positifs au Congrès sur diverses questions, mais dans l'ensemble, le Congrès est impuissant. L'argent du lobby israélien qui y circule est très puissant. Mais les médias sont encore plus puissants. C'est ce qu'il faut toujours garder à l'esprit, car tout membre du Congrès qui sort du rang est sûr d'être frappé par un barrage de publicité négative dans les médias. Les médias peuvent vous faire et vous défaire. Ce que l'avenir immédiat nous réserve ne semble pas très bon en ce qui concerne le choix entre Bush et Kerry, car Kerry promet seulement de gérer la guerre un peu mieux.

Victor Thorn : Remettez-le à l'ONU...

Michael Collins Piper : Oui, et je ne compterais même pas là-dessus. Kerry fait partie de l'élite de la politique étrangère. N'oubliez pas qu'il est Skull & Bones aux côtés de George W. Bush. C'est donc l'un des non-choix qui s'offrent à nous. Personnellement, je voterai pour Ralph Nader s'il est en lice.

Lisa Guliani : Que pouvons-nous faire ?

Michael Collins Piper : Vous savez, c'est une bonne question. Je suppose que nous devons continuer à faire ce que nous faisons jusqu'à ce qu'un mouvement politique national al se rassemble et ait une réelle chance d'arriver et de commencer à gagner des élections. Mais en ce qui concerne les élections locales, tout le monde pense à présenter un candidat à la présidence tous les quatre ans. Les gens ont vraiment besoin de faire des choses dans leur communauté locale pour remuer les choses et obtenir un débat public sur les événements et ainsi de suite.

Il y a encore une opportunité à saisir.

La plupart des gens n'ont pas de forum national, mais ils ont des contacts dans leur communauté locale. Faire passer le message par tous les moyens possibles est, à l'heure actuelle, la meilleure chose à faire. Grâce à l'internet et aux nouvelles technologies dont nous disposons, le monde devient beaucoup plus petit et nous avons probablement plus de chances.

Disons les choses comme elles sont. Même si la situation aux États-Unis s'est considérablement détériorée au cours des 25 dernières années, nous disposons toujours de moyens de communication plus immédiats qu'il y a 25 ans, ce qui nous offre de nouvelles possibilités d'entrer en contact avec d'autres personnes, avec des personnes partageant les mêmes idées, de créer des coalitions et de défier le pouvoir en place.

Pour l'heure, je suppose que la chose la plus immédiate que j'aimerais voir est de me débarrasser de George Bush et des néo-conservateurs, mais je ne suis pas sûr que John Kerry nous offrirait quelque chose de mieux.

Victor Thorn : John McCain a beaucoup fait parler de lui ces derniers temps, et lorsque nous avons réalisé une vidéo sur l'*U.S.S Liberty*, nous avons vu que son père (McCain) avait été impliqué dans la dissimulation de ce qui était arrivé à l'*U.S.S Liberty* en 1967. Dans votre livre, vous citez le sénateur John McCain de l'Arizona : "La survie d'Israël est l'un des engagements moraux les plus importants de ce pays". Cela ne résume-t-il pas tout ?

Michael Collins Piper : Oui, c'est vrai. John McCain ...

Je pourrais passer une heure à parler de John McCain, mais il suffit de dire qu'il a des relations très étranges dans sa famille... et son beau-père... John McCain est l'un de ces hommes politiques qui a franchement gagné beaucoup d'argent en étant connecté aux bons endroits, et certaines de ces relations remontent directement aux personnes que j'ai documentées dans *Final Judgment* qui étaient impliquées dans l'assassinat de Kennedy.

Lisa Guliani : Au lieu de dire que la survie de l'Amérique est l'un de nos engagements moraux les plus forts, McCain dit que c'est Israël.

Michael Collins Piper : Oui, je n'ai jamais réussi à comprendre cela.

Vous savez, je dis toujours qu'en tant qu'Américain, je n'entends pas les gens dire que la survie de l'Islande, de l'Indonésie ou de l'Irlande fait partie intégrante de la sécurité américaine. Je ne comprends pas. C'est une question d'idéologie - c'est presque un culte. Le sionisme a un certain attrait pour un petit groupe de personnes qui ont beaucoup d'argent et d'influence.

Certains des meilleurs critiques d'Israël que je connaisse sont juifs. Ils ne croient même pas, en vertu de la foi juive, que l'État d'Israël devrait exister. Et ce, d'un point de vue théologique puriste. Pourtant, une poignée de personnes comme John McCain sont sous l'emprise de l'argent et du pouvoir sionistes et ont prêté leur nom, leur prestige et leur réputation à toute cette cause. Et nous en voyons les résultats en ce moment même au Moyen-Orient, chaque fois qu'un sac mortuaire revient avec un Américain à l'intérieur.

CHAPITRE XVII

WING TV Interview de l'American Free Press 29 octobre 2004

Victor Thorn : Michael, bienvenue sur WING TV.

Michael Collins Piper : Il est toujours bon d'être sur ... on ne peut pas trouver un meilleur endroit pour être sur l'Internet.

Victor Thorn : Je me disais justement aujourd'hui que vous étiez le premier invité de WING TV.

Michael Collins Piper : J'avais oublié cela, mais vous avez tout à fait raison. Je me souviens que vous m'aviez raconté comment vous aviez mis en place ce programme. Vous avez certainement parcouru un long chemin depuis. Vous savez, j'ai participé hier à une émission de radio sur une petite station de l'Ouest. C'est une station AM indépendante très bien établie, mais j'ai dit aux gens que je ne pense pas qu'ils réalisent à quel point les médias du pays sont entre les mains de quelques privilégiés, ce monopole des médias dont nous parlons toujours à l'*American Free Press*. C'est donc une bonne chose qu'il y ait d'autres voix indépendantes - des ressources médiatiques indépendantes dont les gens peuvent profiter. WING TV est l'une d'entre elles.

Victor Thorn : *American Free Press* couvre si bien les médias d'entreprise et souligne ce qu'ils *ne* couvrent *pas*. Michael, j'aimerais commencer aujourd'hui en vous posant cette question : Si une personne n'a pas lu *Final Judgment*, quelle est la chose qu'elle pourrait retenir de ce livre sur l'assassinat de Kennedy qu'aucun autre livre ou média grand public n'a couvert ?

Michael Collins Piper : Je suppose que c'est le fait qu'il y ait eu une guerre secrète entre John F. Kennedy et Israël. JFK essayait d'empêcher Israël de construire des armes nucléaires de destruction massive.

Je pense que la conclusion est la suivante : si JFK n'avait pas été tué, Israël n'aurait probablement jamais obtenu d'armes nucléaires et, par conséquent, l'Irak n'aurait jamais essayé de fabriquer des armes nucléaires et nous n'aurions pas eu la guerre d'Irak à laquelle nous sommes confrontés aujourd'hui.

Lisa Guliani : Lors de la première publication de *Final Judgment*, une grande controverse a éclaté, notamment de la part de certains groupes de pression, qui ont tenté de faire interdire votre livre. Pourquoi ?

Michael Collins Piper : Eh bien, vous n'êtes pas vraiment autorisé à dire quoi que ce soit de critique sur Israël, ou du moins à certains degrés ; certainement pas une idée suggérant qu'Israël a été impliqué dans l'assassinat de Kennedy. C'est une critique très extrême. Pas extrême en ce sens qu'il ne s'agit pas d'une possibilité, mais c'est considéré comme dépassant les limites de ce que l'on est, ou non, autorisé à dire sur Israël. Il n'y a pas qu'Israël, il y a tant d'autres domaines controversés dans la vie américaine où il y a des limites à ce que l'on est autorisé à dire. Mais il se trouve qu'Israël est peut-être le plus sensible de tous.

Lisa Guliani : Votre thèse tourne autour du fait que le Mossad, la CIA et le crime organisé ont joué un rôle clé dans l'assassinat de JFK, ce qui a ouvert la voie à l'influence sioniste en Amérique, n'est-ce pas ?

Michael Collins Piper : C'est tout à fait exact. C'est à peu près ce qui s'est passé à la suite de l'assassinat de JFK. Le lobby israélien a acquis une influence plus forte à Washington qu'il ne l'avait jamais fait auparavant, et la politique américaine au Moyen-Orient a fait un virage à 180 degrés après la mort de JFK. Les personnes qui croient en une conspiration autour de l'assassinat de JFK continuent cependant à débattre. D'aucuns s'interrogent encore sur les intentions précises de JFK à l'égard du Viêt Nam, par exemple.

Mais le fait est qu'en ce qui concerne la politique au Moyen-Orient, il y a eu un virage à 180 degrés à la mort de JFK. Même si c'était en 1963, nous ressentons encore l'impact de ce revirement soudain et de l'immense croissance du pouvoir du lobby israélien, car tout le Moyen-Orient d'aujourd'hui, tout le Moyen-Orient arabe, ne nourrirait pas le désir d'avoir des armes nucléaires - et encore moins d'abriter des armes nucléaires - si ce n'était du fait que pendant des années, Israël a eu cette réserve secrète d'armes de destruction massive et n'a pas voulu l'admettre.

Victor Thorn : J'ai écrit une série d'articles pour WING TV.

sur un certain John Lehman, membre de ce que nous appelons le 9-11 Whitewash Committee. À l'origine, cette commission s'appelait la Commission indépendante du 11 septembre, mais lorsque l'on se penche sur ce personnage, on s'aperçoit qu'il est l'un des signataires des lettres du PNAC. Il est également membre de l'"équipe B", ainsi que du CPD, le Comité pour le danger actuel. Il est également associé à Wolfowitz, Perle et Feith. Dans l'article d'aujourd'hui, j'ai renvoyé les lecteurs à votre livre, *Les grands prêtres de la guerre*. Parlez donc à tout le monde de "Team B", du PNAC et de tous les autres groupes avec lesquels John Lehman est impliqué.

Michael Collins Piper : Je pense que la principale caractéristique de tous ces groupes est qu'ils font partie intégrante, à un niveau très élevé, de l'élaboration de la politique du lobby israélien au sein de l'establishment de la sécurité nationale aux États-Unis, du moins ici à Washington. Lehman a été impliqué dans des contrats d'armement avec Israël, il a occupé des postes manifestement élevés et il a toutes les relations que vous avez mentionnées. Il fait partie de ce groupe très restreint et très soudé de néo-conservateurs qui dictent la politique - du moins en ce moment - au sein de l'administration Bush. Pendant de nombreuses années, ils ont essayé de faire plier la politique américaine de la manière dont ils ont réussi à le faire aujourd'hui. Il faisait partie de cette "équipe B". Il s'agit de personnes qui, dès les années 1970, ont été impliquées dans un programme complexe mis en place lorsque la CIA a été critiquée pour avoir sous-estimé les intentions militaires et impériales soviétiques. Les personnes qui formulaient ces critiques étaient en grande partie des partisans d'Israël qui avaient déterminé que le meilleur moyen d'obtenir une aide militaire et un soutien à Israël était de dire qu'Israël était un élément clé de la défense des États-Unis contre l'expansionnisme soviétique.

Victor Thorn : Cela rappelle l'Irak et les armes de destruction massive, n'est-ce pas ?

Michael Collins Piper : Exactement. Ils se sont donc dit qu'ils ne pouvaient pas faire confiance à la CIA et qu'ils allaient donc mettre en place une institution alternative pour analyser les analyses de la CIA, c'est-à-dire pour analyser les analystes. Le groupe "Team B" auquel Perle, son ami Lehman et toutes ces autres personnes étaient associés constituait un effort pour contrer le travail de la CIA et dire : "La CIA a tort et nous avons raison". Cette première expérience de l'"équipe B" a consolidé les relations entre nombre de ces néo-conservateurs qui ont joué par la suite un rôle si important dans notre monde actuel. Personnellement, John Lehman est un bon exemple. Il est l'une des dernières personnes qui aurait dû être nommée à la Commission du 11 septembre, précisément en raison de ses liens étroits avec les néo-conservateurs en Israël.

Lisa Guliani : Nous avons vu comment la politique étrangère américaine favorise Israël en ce qui concerne le Moyen-Orient et l'Asie centrale, mais cela s'applique également à d'autres pays et nations d'Europe, n'est-ce pas ?

Michael Collins Piper : Oui, c'est ce qui est si étrange.

Comme vous le savez, je viens de faire un voyage en Malaisie, et l'un des accessoires que j'avais en main était un exemplaire du *Journal of International Security Affairs*, publié par le Jewish Institute for National Security Affairs (JINSA). Il *y* avait un numéro spécial intitulé *Asia Now*, dont l'analyse portait sur la politique des États-Unis à l'égard de l'*Asie :* La politique américaine à l'égard de l'Asie.

Mais en fait, ces néo-conservateurs ont une vision du monde très large, et qu'il s'agisse de la politique à l'égard de l'Europe ou de l'Asie, de l'Afrique, de l'Amérique du Sud, et j'en passe, ils sont constamment préoccupés par une chose et une seule : ce qui est le mieux pour Israël.

Ainsi, si les États-Unis concluent un accord commercial avec la Colombie, par exemple, les défenseurs d'Israël au sein de ces cercles néo-conservateurs vont examiner cet accord commercial et dire : "Écoutez, si vous importez des olives de Colombie, cela aura-t-il une incidence sur les importations américaines d'olives en provenance de l'État d'Israël ? Je ne sais même pas s'il y a des olives en Colombie ; c'était juste un exemple.

Mais quelque chose d'aussi banal que cela implique tous ces analystes qui s'assoient, examinent les politiques américaines et tentent de décider si elles sont bonnes pour Israël. Deuxièmement, la question se pose - peut-être même à un troisième niveau - : est-ce bon pour les États-Unis ?

Victor Thorn : Un produit dérivé.

Michael Collins Piper : Oui, c'est exact.

Victor Thorn : Aujourd'hui, j'ai discuté avec une femme iranienne qui est ingénieur électricien et nous avons eu environ 25 minutes pour discuter.

Nous avons commencé à parler de certaines choses, et elle a dit qu'il pourrait y avoir des éléments de la CIA au sein du gouvernement iranien qui essaient de provoquer une nouvelle guerre au Moyen-Orient. Après avoir entendu cela, j'ai fait référence à votre livre d'aujourd'hui dans lequel vous écrivez : "Le monde arabe, ainsi que le reste de l'humanité, n'est-il qu'un pion dans un jeu beaucoup plus vaste dans lequel les néo-conservateurs ne sont que des outils pour eux-mêmes ?" Et tout cela semblait s'imbriquer.

Michael Collins Piper : Oui, c'est vraiment effrayant parce qu'au fil des ans, bien que les Américains se soient délectés de l'effondrement de Saddam Hussein, je crois savoir - sans trop de détails - que la raison pour laquelle l'armée et le gouvernement de Saddam se sont effondrés si rapidement au cours de la dernière guerre est que les États-Unis ont soudoyé certains de ses hommes clés pour qu'ils viennent et fassent en sorte que l'armée se retire. Je ne veux pas minimiser le travail des troupes américaines qui se trouvaient là-bas, mais il y a parfois des éléments qui agissent en coulisses, et je crains que ce ne soit également le cas en Iran.

J'ai entendu des choses similaires au fil des ans, à savoir que certaines factions au sein du gouvernement iranien ont des "connexions extérieures", pour ainsi dire. Il se peut très bien qu'elles ne travaillent pas dans l'intérêt de leur propre pays. En fait, il pourrait être dans l'intérêt des États-Unis qu'un changement de gouvernement s'opère dans ce pays.

D'un autre côté, s'il y a un programme plus vaste à l'œuvre, comme celui dont j'ai parlé dans *Les grands prêtres de la guerre*, si le programme est la guerre pour la guerre, pour remodeler le monde selon les plans de ces grands joueurs d'échecs, je ne sais pas si c'est dans l'intérêt de l'Amérique ( ), ni dans celui de l'Iran non plus.

Mais oui, l'essentiel est que la CIA et les autres agences de renseignement ont des gens à l'intérieur des gouvernements, des gens qui sont soudoyés, des gens qui sont soumis au chantage, et j'en passe. Ce que vous voyez n'est donc pas toujours ce que vous obtenez.

Lisa Guliani : En ce qui concerne l'uranium appauvri et nos troupes, l'*American Free Press* a rapporté que huit des vingt hommes qui ont servi dans une unité lors de l'offensive militaire de 2003 en Irak sont aujourd'hui atteints de tumeurs malignes. Cela représente 40% des soldats de cette unité qui ont été atteints de tumeurs malignes en 16 mois. Comment cachent-ils ces informations sur l'uranium appauvri à nos troupes, et pensez-vous qu'il s'agit de la cause définitive du syndrome de la guerre du Golfe ?

Michael Collins Piper : Je regardais justement certains des articles que nous avons rédigés et je repense au syndrome de la guerre du Golfe, comme on l'a appelé après la première invasion américaine de l'Irak. Dès le début, il était évident que de graves problèmes se développaient parmi les vétérans de la guerre du Golfe, mais le gouvernement américain a catégoriquement rejeté l'idée qu'il se passait quelque chose. Les personnes qui discutaient du sujet étaient, bien sûr, des "théoriciens de la conspiration", des "marchands de peur" et des "ne prêtez pas attention à ces gens parce qu'ils ne sont que des fauteurs de troubles". Et pourtant, nous en avons vu les conséquences.

Dix ans se sont écoulés depuis la première invasion de l'Irak ... bien plus de dix ans maintenant ... et grâce au travail de Christopher Bollyn, de l'*American Free Press* et de nombreux autres chercheurs indépendants du pays et du monde entier, nous en savons beaucoup plus sur cet uranium appauvri, et je pense qu'il est assez évident qu'il y a quelque chose qui ne va pas.

Mais combien de temps cela va-t-il prendre ? Faudra-t-il encore dix ans avant que le reste du monde ne se rende compte de ce qui se passe ? Combien de cas de cancer devrons-nous encore enregistrer ?

Lisa Guliani : Pensez-vous que c'est Henry Kissinger qui a conçu l'utilisation de l'uranium appauvri ? Il détruit les codes génétiques et les populations futures d'Arabes et de Musulmans, et nos soldats transportent cette poussière radioactive dans le monde entier et en contaminent d'autres.

Michael Collins Piper : C'est intéressant parce qu'il y a quelques années, le *Sunday Times de Londres,* je crois, a publié un article selon lequel les Israéliens travaillaient sur des armes génétiques qui viseraient spécifiquement les personnes ayant des gènes arabes. J'ai mentionné cela dans un discours que j'ai prononcé devant la Ligue arabe au Moyen-Orient, et j'ai été attaqué pour cela ici aux États-Unis par la Ligue anti-diffamation. Ils ont dit que j'avais *affirmé* que les Israéliens travaillaient sur une telle bombe. En d'autres termes, ils ont suggéré que c'était quelque chose que j'avais inventé de toutes pièces, alors qu'en fait, comme je l'ai dit, cela a été rapporté par, je crois, le *Times de Londres* il y a plusieurs années. Il pourrait donc très bien s'agir d'une conséquence de cette affaire.

Il est fort possible qu'il y ait eu des traitements génétiques, et il est inévitable qu'un grand nombre de personnes, quelle qu'en soit la cause, en soient affectées. Nous le savons aujourd'hui.

Il n'y a aucun doute à ce sujet. Les conséquences sont immenses.

Bien qu'elle ait été mentionnée dans certains médias grand public, elle ne reçoit pas la publicité et l'attention qu'elle mérite en raison de l'ampleur de ce qu'elle représente. Je veux dire, combien de soldats pensez-vous - même le plus courageux des soldats américains - combien d'entre eux pensez-vous qu'ils seraient vraiment prêts à se battre dans une guerre où ils peuvent subir des conséquences sans même être blessés par le feu de l'ennemi ? C'est incroyable.

Lisa Guliani : C'est une condamnation à mort.

Victor Thorn : Michael, revenons un instant sur l'aspect tabloïd des médias grand public. Il a été révélé aujourd'hui que Bill O'Reilly avait conclu un accord à l'amiable avec la productrice de FOX News qui avait intenté un procès contre lui.

Selon les médias, le montant de l'accord se situerait entre 2 et 10 millions de dollars. En outre, la femme n'accepterait aucune responsabilité dans cet incident, pas plus que O'Reilly. Que pensez-vous, sur , de toute cette débâcle ?

Michael Collins Piper : Oh, ils ont réglé l'affaire à l'amiable - très, très intéressant. Le fait que quelqu'un règle ses comptes à l'amiable ne signifie pas nécessairement qu'il est coupable d'une manière ou d'une autre. Parfois, il est plus facile financièrement et émotionnellement de faire quelque chose comme ça. Mais je pense que ce que j'ai à dire à propos de Bill O'Reilly et de beaucoup de ces gens - et ils font tous partie du réseau néo-conservateur - c'est que Bill O'Reilly et beaucoup de ces gens font partie du réseau néo-conservateur. Vous savez, Bill O'Reilly travaille pour FOX.

J'ai toujours trouvé cela assez drôle - et je ne suis pas du tout prude, croyez-moi - mais ces néo-conservateurs parlent constamment des valeurs familiales et de la nécessité d'assainir la télévision. Pourtant, ils aiment FOX News et tous les commentateurs de FOX. Mais je vous garantis que si vous allumez la télévision FOX, vous y trouverez davantage d'éléments de programmation, comment dire, plus gluants.

Victor Thorn : Et puis il y a Dick Morris et ses suceurs d'orteils.

Michael Collins Piper : Oui, c'est ce que je dis. Je vais vous dire, il y a un peu d'hypocrisie là-dedans. Même Pat Robertson, si je me souviens bien, avait conclu des accords de diffusion avec la chaîne de télévision FOX. Voilà Pat Robertson qui a passé les 40 dernières années à parler de l'assainissement de la télévision, et il n'y a rien de mal à cela. Comme je l'ai dit, je ne suis pas prude. Mais d'un autre côté, il y a beaucoup de choses à la télévision qui sont plutôt gluantes, faute d'un meilleur mot. Et je préfère ne pas les voir à la télévision.

Lisa Guliani : Nous l'avons entendu (Bill O'Reilly) mentir aujourd'hui à la radio.

Il a dit : "Il n'y a pas d'autorité de contrôle sur les médias." Mais vous savez ce qui est curieux ? Il a aussi cette propension, ces derniers temps, à essayer de se séparer des grands médias.

Michael Collins Piper : C'est drôle. Il essaie de prétendre qu'il est différent, alors qu'il n'est qu'un autre élément de leur écurie de chevaux bien entraînés qui sortent et se produisent. Il est comme un cheval dansant ou un ours dansant. C'est tout ce qu'il est. Il a un jeu particulier, un agenda particulier, et c'est ce que font tous ces ours et chevaux dansants, ces singes dressés, qui se produisent pour les "organes d'information" des médias grand public.

Victor Thorn : Michael, dans cette très longue saison électorale, je pense que le moment le plus rafraîchissant est arrivé lorsque Ralph Nader a commencé à parler des marionnettistes israéliens qui entrent à la Maison Blanche... et ce sont les mêmes marionnettistes qui entrent dans les couloirs du Congrès... et ils en sortent et ramènent à Israël tout ce qu'ils veulent.

En fait, cette citation figurait en page centrale de l'*American Free Press* cette semaine. Quelles seront, selon vous, les retombées pour Ralph Nader de cette citation très dangereuse qu'il a prononcée ?

Michael Collins Piper : Je vais vous dire. En ce qui concerne Ralph Nader, je pense qu'il a définitivement gagné un rang très élevé sur la liste des "à surveiller" du lobby israélien et d'autres personnes qui font leur affaire du contrôle de la liberté d'expression dans ce pays, parce que Nader est probablement le premier homme politique "grand public", si on peut l'appeler ainsi ; je suppose qu'il est grand public dans le sens où il a été une sorte de figure de célébrité grand public pendant de nombreuses années. Il est le premier à utiliser ce genre de terminologie. D'autres ont parlé de la puissance du lobby israélien à Washington, mais aller jusqu'à utiliser l'expression "maîtres des marionnettes", c'est vraiment mettre en perspective tout le débat sur la puissance du lobby israélien. Cela donne une perspective plus claire que quiconque ne l'a jamais présentée auparavant. Malheureusement, il a largement raison. J'aimerais pouvoir dire qu'il exagère.

Lisa Guliani : Au début de l'année, vous avez écrit sur HR 3077, la loi contre les discours haineux qui attaque directement le premier amendement, ainsi que sur l'influence du lobby sioniste sur ce projet de loi et la manière dont il l'a fait passer à la Chambre des représentants. Parlez-nous un peu de cela.

Michael Collins Piper : C'est également très intéressant, car si vous lisez la législation elle-même, elle est tout à fait inoffensive. Je ne devrais pas dire qu'elle est inoffensive - elle est formulée de manière inoffensive. Il s'agit d'un langage législatif très aride que le citoyen moyen ne comprendrait pas s'il le prenait hors contexte.

Mais ce que cette législation fait précisément, c'est mettre en place un mécanisme par lequel le gouvernement fédéral peut effectivement réduire au silence les dissidents d'Israël sur les campus américains, qu'il s'agisse de professeurs d'université ou d'instructeurs, et implicitement, cela aurait des ramifications de grande portée pour l'ensemble du système universitaire lui-même. Elle mettrait en place un tribunal nommé pour examiner la manière dont les études sur le Moyen-Orient sont enseignées sur les campus américains. L'intention de cette loi - évidemment si l'on se réfère à ceux qui la soutiennent (le lobby israélien) - était d'empêcher les professeurs d'université américains de critiquer Israël.

Victor Thorn : Avant de partir, partagez avec nous vos réflexions sur ce que l'avenir réserve au Nouvel Ordre Mondial et à l'Amérique ?

Michael Collins Piper : En ce qui concerne l'avenir de ce Nouvel Ordre Mondial, je pense qu'une grande partie de cette question doit encore être déterminée par les élections, bien qu'en général, je ne pense pas que les élections fassent une très grande différence à long terme. Je pense que cette élection pourrait avoir un impact plus important que les autres, précisément en raison de la présence de ces grands prêtres néo-conservateurs de la guerre dans le camp Bush. S'ils obtiennent quatre années supplémentaires, ils pourraient causer d'immenses dégâts qui ne seraient pas possibles si John Kerry et son "gang" étaient élus. Si vous me posez cette question le mardi après l'élection, je pense que je pourrai vous donner une réponse plus définitive.

Je veux juste dire, cependant, qu'il y a - grâce à WING TV et *American Free Press* et beaucoup d'autres voix indépendantes sur Internet, à la radio et dans la presse écrite - il y a tellement de voix dissidentes qui s'élèvent, qu'il ne sera pas si simple pour le gang du Nouvel Ordre Mondial de nous amener là où il le veut. Ils continuent à faire pression, et ils ont beaucoup de pouvoir et d'influence, mais nous pouvons riposter. C'est ce que nous faisons ici même aujourd'hui.

CHAPITRE XVIII

WING TV L'interview de la nouvelle Jérusalem 17 juin 2005

Victor Thorn : J'ai reçu *The New Jerusalem : Le pouvoir sioniste en Amérique*, il y a quelques semaines, et c'est phénoménal. Nous étions impatients d'être ici avec vous aujourd'hui. Pour commencer, je pense que le point le plus important que chaque personne dans ce pays doit connaître se trouve à la première page de l'introduction de ce livre, où vous dites que les deux grandes tragédies de ce siècle encore jeune sont le 11 septembre, bien sûr, et aussi l'invasion américaine de l'Irak, qui est une conséquence directe de la politique américaine au Moyen-Orient, dictée par le lobby israélien. Ma première question est la suivante : dites-nous pourquoi il est si important de comprendre cette notion fondamentale.

Michael Collins Piper : C'est très simple, Victor. Comme je le souligne dans mon livre, nous sommes impliqués dans cette guerre sanglante, insensée et absurde en Irak, qui ne fait que rendre les États-Unis ennemis dans le monde entier, et nous avons eu 3 000 victimes américaines d'une tragédie terroriste qui a été attribuée à des terroristes du Moyen-Orient. Franchement, je me pose de très sérieuses questions sur l'identité des responsables du 11 septembre, mais pour les besoins de l'argumentation, acceptons l'affirmation du président selon laquelle nous avons été attaqués par des musulmans en colère du Moyen-Orient.

Au cours de ma vie, il y a eu deux choses contre lesquelles je me suis désespérément battu depuis que je suis en âge de penser politiquement. La première : L'implication des États-Unis dans une guerre, en particulier au Moyen-Orient. J'ai vu ce qui s'est passé au Viêt Nam et je ne vois aucune raison pour que quelqu'un soit à nouveau soumis à la brutalité de la guerre. Cela a affecté mon propre frère. C'était un vétéran du Viêt Nam, il ne s'en est jamais complètement remis et sa mort prématurée a été une conséquence directe de son expérience au Viêt Nam.

L'autre chose qui me préoccupait beaucoup, c'était les attaques terroristes aux États-Unis ; et voilà que nous en avons finalement eu une. Et tout cela à cause, je suis désolé de le dire, d'Israël. Cela n'a rien à voir avec le pétrole. Il s'agit d'Israël, et il est évident que nous avons un lobby très puissant dans ce pays, qu'on l'appelle lobby israélien, lobby pro-israélien ou lobby juif - quel que soit le nom qu'on lui donne -, le fait est qu'il existe. Ce n'est pas une théorie de la conspiration.

Certains disent qu'il s'agit d'une théorie du complot ou d'une histoire de vieilles femmes basée sur les *Protocoles des Sages de Sion*, qu'ils disent être un faux. Ce n'est pas le cas. Ce n'est pas un conte de fées.

Nous avons ce puissant lobby israélien, et ceux qui le financent sont un groupe de personnes très riches et très influentes qui se trouvent être juives. Ils ont accumulé ce pouvoir et cette richesse, et nous sommes maintenant dans une position où nous avons effectivement une élite qui peut dicter notre politique étrangère. Cette politique étrangère vise à promouvoir les intérêts d'un autre pays ! Je trouve cela extraordinaire.

Lisa Guliani : Michael, nous avons récemment assisté à la *journée de la vérité organisée* à Oklahoma City à l'occasion *du dixième anniversaire de l'attentat d'OKC*, en compagnie de votre collègue de l'*American Free Press*, Pat Shan-nan. Dans votre livre, vous soulignez que des dizaines de personnalités publiques bien connues, issues de tous les milieux, ont été qualifiées d'antisémites.

Après notre retour d'Oklahoma City, nous avons découvert que l'ADL avait inscrit cet événement, le Jour de la Vérité, sur la "liste de la haine" de son site web. Pourriez-vous nous expliquer comment l'ADL agit en tant que police de la pensée pour l'élite sioniste américaine ?

Michael Collins Piper : C'est une question très intéressante, posée dans un contexte très révélateur. Je savais que l'ADL avait, en fait, qualifié cette réunion d'événement de type "haineux" ou "extrémiste", et je trouve cela extraordinaire en soi car je ne pense pas que quiconque ait participé à cet événement avec l'intention de diffamer un groupe de personnes, et c'est ce que l'Anti-Defamation League prétend qu'elle essayait d'empêcher - la diffamation de groupe.

Il s'agissait simplement d'un groupe de personnes sincères qui essayaient de découvrir qui avait assassiné toutes ces personnes à

Oklahoma City, et nous savons évidemment que la version officielle du gouvernement ne tient pas la route. Je trouve donc très intéressant que la Ligue anti-diffamation se positionne effectivement comme un défenseur du gouvernement.

En fait, la Ligue anti-diffamation a une histoire intéressante. Elle a commencé - et je suis désolé de le dire - parce qu'il y avait beaucoup de Juifs impliqués dans des activités criminelles à New York à la fin du 19e siècle. Les gens ont commencé à faire des remarques désobligeantes sur les Juifs, et c'est pourquoi ils ont créé la Ligue anti-diffamation, pour contrer ces remarques, car les fonctionnaires et les forces de l'ordre se plaignaient beaucoup.

Au fil des ans, l'Anti-Defamation League est devenue un canal et un organe de propagande très efficace pour l'État d'Israël après sa création. L'ADL, bien sûr, espionne - littéralement espionne - des milliers et des milliers d'Américains. Même le FBI et la police de San Francisco ont mené une enquête approfondie sur les activités d'espionnage de l'ADL et ont découvert qu'elle possédait des dossiers sur des milliers d'Américains. Et pas seulement les gens de droite, mais beaucoup de gens qui se considéraient comme des libéraux pensaient que l'ADL se contentait d'espionner ces méchants Klansmen et nazis, et il s'est avéré qu'elle espionnait toutes sortes de personnes de toutes les tendances politiques.

Fondamentalement, l'ADL est une police de la pensée. Elle est conçue pour empêcher quiconque de dire quoi que ce soit de critique sur l'État d'Israël, à moins que cela ne soit approuvé par l'ADL à l'avance. Quiconque ose même mentionner le fait que les Israéliens ont un pouvoir immense dans ce pays est considéré comme antisémite. Voilà ce qu'est l'ADL. C'est une police de la pensée.

Victor Thorn : Dans votre livre, *Final Judgment*, vous révélez qu'il y avait manifestement des tensions entre John Kennedy et David Ben Gurion, et tout le monde sait ce que Richard Nixon pensait des Juifs. Mais dans votre nouveau livre, vous faites également des révélations sur Harry Truman, Gerald Ford, Jimmy Carter, et même James Baker sur ce qu'ils pensaient du lobby juif. Parlez-nous un peu de cela.

Michael Collins Piper : Je peux vous dire une chose - toutes les personnes que vous avez mentionnées ont été citées dans des sources d'information grand public comme utilisant un langage assez grossier que je ne voudrais pas dire dans votre émission en référence au pouvoir du peuple juif en Amérique *par rapport à* son influence, en particulier sur la politique étrangère des États-Unis. Harry Truman - on a découvert ses journaux intimes - est un héros du peuple juif pour le rôle qu'il a joué dans la création de l'État d'Israël.

Bien sûr, il a reconnu l'État d'Israël et il a toujours été un héros. Mais dans son journal intime, qui a été cité par *le Washington Post*, je vais lire cette citation : Voici ce que Harry Truman, ancien président des États-Unis, a déclaré dans son journal intime le 21 juillet 1947 :

> "Les Juifs n'ont pas le sens des proportions et n'ont aucun jugement sur les affaires du monde. Je trouve que les Juifs sont très, très égoïstes. Ils se moquent de savoir combien d'Estoniens, de Lettons, de Finlandais, de Polonais, de Yougoslaves ou de Grecs sont assassinés ou maltraités en tant que personnes déplacées, tant que les Juifs bénéficient d'un traitement spécial. Pourtant, lorsqu'ils détiennent le pouvoir - physique, financier ou politique -, ni Hitler ni Staline n'ont à se soucier de la cruauté ou des mauvais traitements infligés aux laissés-pour-compte.

C'est une déclaration assez forte. Elle est certainement plus forte que tout ce que j'ai jamais dit, ou que beaucoup de gens ont jamais dit. Mais je voudrais vous dire quelque chose. D'après mon étude de l'histoire - et je me tiens dans ma bibliothèque - rien que dans cette pièce, j'ai environ 6 000 livres. Je suis très cultivé. Je dois dire que, d'après mes lectures, ce qu'a dit Harry Truman est tout à fait vrai. C'est ce que nous constatons aujourd'hui.

Nous constatons que les élites juives dirigeantes en Amérique - et je ne parle pas de chaque personne juive maintenant - je parle de ces grandes élites juives puissantes qui contrôlent littéralement des milliards de dollars et qui utilisent cette influence en raison de leur désir de faire progresser l'État d'Israël. Ces gens se moquent du nombre d'enfants américains massacrés en Irak. Ils s'en moquent. Cela ne les concerne absolument pas. Ils sont tout à fait prêts à nous entraîner dans une guerre contre l'Iran, contre la Syrie, et je prédis qu'en fin de compte, ils vont essayer de trouver un moyen d'envahir l'Arabie Saoudite. Et ce n'est probablement que le début.

Ces gens sont vraiment assoiffés de sang - peut-être qu'assoiffés de sang n'est pas le mot juste. C'est juste qu'ils s'en moquent. Ils savent que les enfants américains serviront de chair à canon, mais pas les leurs.

Lisa Guliani : Vous avez cité le livre de Benjamin Ginsberg, *The Fatal Embrace*, dans lequel il affirme que 75% du budget américain d'aide à l'étranger est consacré aux intérêts sécuritaires d'Israël. Michael, pensez-vous que ce chiffre puisse choquer la plupart des Américains ?

Michael Collins Piper : Vous savez, c'est amusant... c'est un point intéressant. La réponse rapide à cette question est OUI, parce que beaucoup de gens n'aiment pas l'aide étrangère, un point c'est tout. Et ceux qui aiment l'aide étrangère pensent qu'il s'agit d'aider les enfants affamés d'Éthiopie.

Ils ont ces idées sincères, affectueuses, très sentimentales. Nous sommes un beau pays, riche et puissant, ici aux États-Unis, et nous donnons notre argent à des gens qui meurent de faim. Eh bien, ce n'est pas à eux que nous donnons l'argent.

La majeure partie de notre aide étrangère va à Israël, et une part substantielle va à l'Égypte pour payer l'Égypte afin qu'elle soit gentille avec Israël. Le peuple d'Israël, si j'ai bien compris, a l'un des niveaux de revenu par habitant *les* plus élevés du monde. Et c'est précisément parce que les États-Unis soutiennent l'État d'Israël.

Ce petit pays est très, très riche, uniquement parce que les États-Unis le soutiennent.

Vous savez tout des merveilles de la technologie israélienne, de la science israélienne, de ceci et de cela. Tout cela n'existe que parce que les États-Unis y investissent de l'argent. Ainsi, n'importe quel autre pays de la même taille pourrait accomplir les mêmes choses avec l'aide des États-Unis. C'est essentiellement un État mendiant.

Il ne pourrait exister sans les États-Unis, et pourtant toute la politique étrangère des États-Unis à l'heure actuelle - que ce soit au Moyen-Orient ou ailleurs dans le monde - repose sur ce qui est nécessaire aux intérêts d'Israël.

Victor Thorn : Nous avons récemment visionné une cassette vidéo qui confirme une grande partie de ce que vous avez dit dans *La nouvelle Jérusalem*. Cette cassette vidéo jette un regard historique sur le peuple juif et l'État d'Israël.

En gros, ce qu'il dit, c'est que partout où le peuple juif s'est trouvé au cours de l'histoire, l'une des trois choses suivantes s'est produite.

Ils ont été réduits en esclavage, chassés ou tués en masse. À quoi attribuez-vous cette situation ? Par ailleurs, y a-t-il eu un autre groupe de personnes dans l'histoire qui a connu le même phénomène ?

Michael Collins Piper : Laissez-moi vous dire ce que j'ai dit à un ami juif. Je lui ai dit : Je regarde les journaux de votre communauté juive, et la plupart de leur contenu concerne les personnes que les juifs n'aiment pas et qui, selon les juifs, ne les aiment pas.

J'étais abonné à un magazine de la communauté polonaise, et j'ai vu beaucoup d'autres magazines de communautés ethniques. Un rédacteur de notre ancien journal, *The Spotlight*, avait beaucoup d'amis originaires d'Europe de l'Est, si bien que nous avons reçu de nombreuses publications de communautés ethniques. Toutes ces publications étaient très positives, très tournées vers l'avenir. Elles contenaient de beaux articles sur la patrie et des articles sur les événements communautaires commémorant un Américain polonais ou un Américain italien ou slave célèbre, etc.

Mais si vous lisez un journal juif, c'est un panorama de colère et de haine à l'égard de tout le monde. Ils se plaignent constamment.

Donc, si c'est ainsi que les Juifs agissent et pensent en tant que groupe - et c'est ce que les journaux communautaires reflètent, la pensée de groupe, pour ainsi dire - si c'est ainsi qu'ils agissent aux États-Unis aujourd'hui, alors qu'ils ont plus de pouvoir et d'influence qu'ils n'en ont jamais eu dans aucun autre pays du monde, même en incluant Israël, d'ailleurs, je ne veux pas der comment ils agissaient autrefois, lorsqu'ils se faisaient expulser de tous ces pays.

Tous les groupes ont eu, à un moment ou à un autre, quelqu'un qui ne les aimait pas. Mais pour une raison ou une autre, tout au long de l'histoire, le peuple juif a été chassé, à un moment ou à un autre, de tous les pays européens.

Lisa Guliani : Michael, il y a une nouvelle vague au sein de l'élite médiatique sioniste, comme William Kristol. Ils donnent le ton : si vous critiquez Israël, vous n'êtes pas seulement antisémite, mais aussi antiaméricain et antichrétien. Pourriez-vous nous faire part de vos commentaires à ce sujet, s'il vous plaît ?

Michael Collins Piper : Bien sûr, c'est un non-sens absolu. C'est la véritable ligne de propagande qu'ils essaient de mettre en place aujourd'hui, à savoir que (comme vous le dites) quiconque est anti-israélien est par conséquent anti-américain. C'est une affirmation extraordinaire, et ils disent aussi que si vous êtes anti-Israël, vous êtes automatiquement anti-chrétien. Cela va beaucoup surprendre les pasteurs chrétiens qui critiquent Israël. Mais comme l'a dit Harry Truman, ils n'ont aucun sens des proportions, et ces gens mentiront, diront les plus gros mensonges, et s'attendront à ce que les gens les croient.

Comme je le dis toujours, la politique étrangère des États-Unis au Moyen-Orient n'est qu'un tissu de mensonges étayés par l'intimidation, la force brutale et un grand nombre de doubles standards. Si nous voyons cela dans notre politique américaine au Moyen-Orient, nous le verrons également dans toutes les facettes de l'influence de ces sionistes purs et durs et de leurs relais dans les médias.

Victor Thorn : "Gorge profonde" a fait la une de l'actualité ces dernières semaines, et il a été révélé qu'il s'agirait d'un homme nommé Mark Felt. L'une des personnes qui a confirmé cette information est Bob Woodward, qui a tendance à ne divulguer ce type d'information que lorsque la personne n'est pas en mesure de la confirmer. Un bon exemple est celui de l'interview de William Casey sur son lit de mort. Aujourd'hui, Mark Felt a 91 ans et il ne peut pas vraiment confirmer beaucoup de ces informations. Décrivez donc votre point de vue sur "Gorge profonde", ainsi que sur le fait qu'il était un gros fumeur, ce qui n'était pas le cas de Mark Felt.

Il était également très lettré, ce qui n'était pas le cas de Mark Felt, et enfin, James Jesus Angleton.

Michael Collins Piper : En ce qui concerne Mark Felt, je n'adhère pas nécessairement à l'idée qu'il était le seul "Gorge profonde", pour ainsi dire. D'autres personnes ont écrit sur ce sujet et elles sont toutes convaincues qu'il est possible de soupçonner l'existence d'autres sources. Mais pour une raison ou une autre, et bien que Mark Felt ait pu être l'une des sources principales, il n'a probablement pas agi comme un "ange solitaire". En fait, il est présenté comme une sorte de héros. Il travaillait probablement pour quelqu'un d'autre dans les coulisses ; et ironiquement, d'après ce que j'ai compris, et je continue à chercher, il est très probable que Mark Felt ait eu des liens avec James Angleton, dont vous parliez tout à l'heure.

Felt était impliqué dans COINTELPRO, le programme alors secret du FBI utilisé pour infiltrer et perturber les groupes politiques. James Angleton, à la CIA, dirigeait sa propre "Opération Chaos", un programme similaire, totalement illégal, car la CIA n'était pas censée opérer sur le sol américain. L'adjoint de James Angleton dans ce programme s'appelait Richard Ober ; et Debra Davis, dans son livre intitulé *Katharine the Great* sur Katharine Graham du *Washington Post*, avance des arguments très convaincants selon lesquels Richard Ober aurait pu être, et était, à son avis, "Gorge profonde". Comme je l'ai dit, l'affaire est directement liée à Mark Felt, car Felt et Ober dirigeaient tous deux des opérations connexes.

Ober était un adjoint de James Angleton. Or, James Angleton était connu pour être un gros fumeur, un fumeur à la chaîne notoire et, au moment de sa mort, un alcoolique invétéré. Il était assez délirant. Bob Woodward et Bernstein, dans leur livre *All the President's Men*, décrivent "Gorge profonde" comme un gros fumeur et un gros buveur.

Or, cette description ne correspond pas à Mark Felt. La raison pour laquelle ils ont choisi d'utiliser cette description est donc intéressante, car s'ils mentaient sur le fait que "Gorge profonde" essayait d'étouffer l'affaire, je trouve intéressant qu'ils aient donné une description qui ressemblait beaucoup à celle de James Angleton.

Lisa Guliani : Selon un rapport, le ticket de rêve du GOP pour 2008 serait composé de John McCain et de Jeb Bush. Nous ne savons pas si c'est plausible, mais pourriez-vous nous donner quelques informations sur les coulisses qui lient la famille McCain à la figure du crime organisé Jim Hensley et à la famille Bronfman, qui sont des figures de proue du Congrès juif mondial ?

Michael Collins Piper : Oui, c'est une histoire intéressante. J'en ai parlé à des gens qui aiment John McCain, et ils ne veulent pas le croire, ou ils essaient de l'expliquer. Voici la situation : la femme de John McCain, Cindy, est la fille d'un personnage assez intéressant nommé Jim Hensley. Jim Hensley est allé en prison il y a quelques années - je crois qu'il est mort maintenant - mais il a pris la place de son patron, un certain Kemper Marley. Kemper Marley dirigeait l'État de l'Arizona - les partis démocrate et républicain.

Aussi puissant qu'ait été Kemper Marley, il était en fait l'homme de paille de la famille Bronfman du Canada. C'est extraordinaire quand on pense qu'une famille opérant au Canada dirigeait en fait un État américain. En fait, ce n'est peut-être pas aussi extraordinaire que cela, car l'Arizona a encore aujourd'hui une population relativement faible. C'est un grand État, mais sa population est très faible. Si vous vous installez dans un tel endroit, vous êtes très bien placé pour faire quelque chose comme ça. C'est exactement ce qu'a fait la famille Bronfman. Elle était proche du Nevada, un avant-poste du syndicat du jeu.

Les Bronfman étaient également très liés au syndicat du crime Meyer Lansky, de sorte que tout était interconnecté. Et Jim Hensley, qui était le beau-père de John McCain, était le personnage clé de cette entreprise criminelle qui dirigeait l'État de l'Arizona.

Sa récompense pour avoir pris la responsabilité de Kemper Marley a été d'obtenir un important contrat de distribution de la bière Budweiser, ce qui a fait de lui un homme très riche. Aujourd'hui, bien sûr, cela a fait de John McCain un homme très riche.

Victor Thorn : Heureusement, tous les dirigeants du monde ne sont pas sous l'emprise des sionistes. Deux bons exemples sont Hugo Chavez au Venezuela, et le Premier ministre malaisien, Mahathir Mohamad. Pensez-vous que d'autres vont suivre cet exemple, en particulier à la lumière d'une réunion récente qui a été pratiquement occultée aux États-Unis - une réunion à laquelle participaient des représentants de douze pays d'Amérique du Sud et de vingt-deux nations arabes ?

Michael Collins Piper : Ce qui se passe dans ces pays d'Amérique du Sud, c'est que tout le monde en a assez du pouvoir d'Israël et l'attribue aux États-Unis qui laissent Israël s'en tirer à bon compte. Il y a donc de plus en plus de gens - de plus en plus de pays - qui se sentent très libres de parler du pouvoir sioniste en Amérique.

Même Vladimir Poutine, en Russie, bien qu'il n'ait pas fait preuve d'une *grande* franchise, le lobby sioniste américain ne fait pas vraiment confiance à Poutine et ne s'en préoccupe pas. S'ils pouvaient renverser Poutine et installer quelqu'un à leur goût, ils le feraient.

Oui, vous trouvez cette expression très sérieuse de mépris pour le pouvoir du sionisme, et je pense que c'est mauvais pour l'Amérique parce que nous nous attachons à une entité pour laquelle les peuples du monde ont très peu d'estime.

Lisa Guliani : J'aimerais connaître votre opinion sur les récents "non" français et néerlandais à la Charte de l'Union européenne.

Michael Collins Piper : On avait l'habitude de dire que le nationalisme était mauvais, qu'il était démodé et qu'il était mort. Je pense que ce que l'on voit aujourd'hui, ce sont des expressions de nationalisme. Les gens veulent maintenir l'intégrité de leur pays et de leur groupe ethnique. Il n'y a rien de mal à cela. Ils ont toujours essayé de nous dire que nous devrions tous nous mélanger, nous marier et abandonner nos traditions. Il n'y a rien de mal à préserver et à commémorer sa nation et son ethnie. Je dirais que c'est essentiellement de cela qu'il s'agit dans ce vote contre l'Union européenne.

Je connais beaucoup de gens qui pensent que l'Union européenne est une bonne idée. Je connais aussi beaucoup de gens qui pensent que c'est une très mauvaise idée . Franchement, je n'en suis pas sûr moi-même. Je n'ai pas vraiment d'opinion arrêtée sur la question parce que j'ai entendu tellement d'arguments valables des deux côtés, mais l'essentiel est que le vote des Néerlandais est une expression du nationalisme.

Victor Thorn : Tournons-nous vers les élections de 2008. Pensez-vous qu'Hillary Clinton va décrocher l'investiture démocrate et qu'il est possible qu'elle se retrouve à nouveau à la Maison Blanche ?

Michael Collins Piper : Un livre est censé sortir sur Hillary Clinton.

Victor Thorn : *La vérité sur Hillary* d'Ed Klein.

Michael Collins Piper : Oui, et il écrit pour le magazine *Parade*, qui appartient à la famille Newhouse, l'un des grands empires juifs de l'édition. Ils possèdent le *Harrisburg Patriot*, entre autres journaux. Quoi qu'il en soit, j'ai une copie de l'article de *Vanity Fair* qui extrait ce livre sur Hillary, et en grosses lettres grasses surlignées au milieu de la page, il y a une citation de Liz, la femme du sénateur Pat Moynihan, s'adressant à Hillary : "La raison pour laquelle vous ne réussissez pas à New York", a dit Liz Moynihan, "c'est parce que les juifs ne vous aiment pas." Vous voyez, c'est ainsi que parlent les hommes politiques puissants.

Je sais que cela peut paraître choquant pour beaucoup de vos téléspectateurs, mais c'est un véritable discours de pouvoir et de politique. C'est ce que Mme Moynihan a dit à Hillary.

Le fait est que de nombreuses allégations font état de soupçons à l'encontre d'Hillary Clinton au sein de la communauté juive. L'Américain moyen penserait qu'Hillary est la grande favorite des Juifs. En fait, lorsqu'elle s'est présentée aux élections sénatoriales à New York et qu'elle les a remportées, elle n'a recueilli que 55% des voix juives. Si l'on considère qu'Al Gore - qui se présentait sur le même ticket cette année-là - a obtenu 80% du vote juif, je pense que cela montre qu'il y a un peu d'inquiétude au sujet d'Hillary.

D'aucuns ont également allégué qu'elle avait, en privé, un ton assez antisémite. Lorsqu'elle était étudiante à l'université et qu'elle a rencontré Bill Clinton, elle était connue pour ses critiques virulentes à l'égard d'Israël et de ses partisans palestiniens, ainsi que pour son mépris de la politique américaine au Moyen-Orient. Le peuple juif a le pouvoir ultime dans la sélection du candidat démocrate, ce qu'il n'admet pas, bien sûr, mais il a beaucoup de pouvoir à cet égard. Je pense que l'élite juive est suffisamment méfiante à l'égard d'Hillary pour faire tout ce qui est en son pouvoir pour l'en empêcher.

Victor Thorn : Une dernière question. Tout le monde attend ce qu'il pense être le prochain événement marquant. Nous voyons que la Charte de l'UE est en train de s'effondrer en Europe. Nous voyons que le soutien à la guerre dans ce pays est en train de s'effondrer. Nous constatons une forte résistance à ce nouveau traité CAFTA. Nous constatons que l'escroquerie de la privatisation de la sécurité sociale de George Bush est en train de s'effondrer. Les néo-conservateurs n'ont pas réussi à conquérir le Moyen-Orient et, enfin, il y a le mémo de Downing Street et l'affaire du 11 septembre qui continue de faire couler beaucoup d'encre. Pensez-vous qu'un événement similaire au 11 septembre se profile à l'horizon ?

Michael Collins Piper : C'est une question très effrayante, Victor. Je suis préoccupé par le fait que lorsque ces élites de pouvoir commencent à perdre leur emprise, elles ont toujours besoin de quelque chose pour recharger leurs moteurs. Elles ont besoin de se rétablir, de réaffirmer leur autorité. Quel meilleur moyen qu'un nouvel attentat "terroriste" ?

Victor Thorn : C'est ainsi que nous voyons les choses, parce que ces gars n'aiment pas perdre, et il semble qu'ils soient acculés dans un coin maintenant ; et Dieu nous en préserve, nous espérons qu'il n'y en aura pas d'autre.

Michael Collins Piper : Nous savons que l'on nous a menti à propos du 11 septembre, alors qui était responsable ? Je n'en suis pas certain, mais j'en ai une bonne idée, et je ne pense pas que ce soit Oussama Ben Laden.

CHAPITRE XIX

Radio Free America Oklahoma City Bombing Interview avec Tom Valentine 6 juillet 1997

(Publié à l'origine dans *The Spotlight*) Il est de plus en plus évident que la Ligue anti-diffamation (ADL) de B'nai B'rith surveillait de près les activités de Timothy McVeigh, condamné pour l'attentat d'Oklahoma City, bien avant le tragique attentat à la bombe du 19 avril 1995.

De plus, il semble que l'ADL elle-même ait pu manipuler McVeigh par l'intermédiaire d'un agent infiltré dans le cercle rapproché de McVeigh.

Le 6 juillet 1997, le correspondant vétéran de *Spotlight*, Michael Collins Piper, a participé en tant qu'invité spécial au forum de discussion hebdomadaire de Tom Valentine sur *Radio Free America* et a discuté des preuves de l'implication de l'ADL dans les activités de McVeigh et a apporté des preuves concluantes que l'ADL avait activement essayé de "piéger" Liberty Lobby, éditeur de *Spotlight*, pour son implication dans le crime.

Ce qui suit est une transcription éditée de l'intervention de M. Piper sur *RFA*.

Tom Valentine : La Ligue anti-diffamation (ADL) de B'nai B'rith a tenté de suggérer que Liberty Lobby et *The Spotlight* étaient en quelque sorte "liés" à Timothy McVeigh et donc impliqués dans l'attentat à la bombe d'Oklahoma City.

Michael Collins Piper : Ironiquement, la vérité est tout à fait contraire. Liberty Lobby et *The Spotlight* ont la preuve irréfutable que la division de l'ADL dite "d'enquête" avait une source dans le cercle intime de Timothy McVeigh bien avant l'attentat, et que l'ADL (par l'intermédiaire de cette source) pourrait bien avoir dirigé certaines des activités de McVeigh avant l'attentat. Une partie de la manipulation de

McVeigh par l'ADL semble avoir consisté en un plan délibéré visant à impliquer Liberty Lobby dans les activités de McVeigh ( ). Pourtant, dans chaque cas, on peut voir la main fine de l'ADL. La grande question est donc la suivante : "Que savait l'ADL, et quand l'ADL l'a-t-elle su ?"

Il semble assez clair que Timothy McVeigh a participé activement à la conspiration de l'attentat à la bombe. Toutefois, il est également très clair que certaines personnes (en particulier l'ADL) savaient ce que faisait McVeigh et qu'elles sont tout aussi coupables de l'attentat que McVeigh, ne serait-ce que pour la raison qu'elles n'ont rien fait pour l'arrêter.

Mais le plus inquiétant, c'est qu'il semble que l'ADL l'ait même manipulé à ses propres fins insidieuses.

Bien que beaucoup de gens aiment parler de la "connaissance préalable par le gouvernement" du complot de l'attentat à la bombe d'Oklahoma, le fait est qu'une grande partie de cette "connaissance préalable par le gouvernement" est en réalité parvenue au FBI et au BATF, et probablement même à la CIA, par l'intermédiaire d'informateurs de l'ADL actifs au sein de la "droite" (et même de la "gauche") dans l'Amérique d'aujourd'hui.

N'oubliez pas que l'ADL avait même des espions qui suivaient le Dr Martin Luther King, et que ces espions de l'ADL ont ensuite transmis ces informations au FBI. Ce n'était donc pas vraiment le FBI qui espionnait King (comme le disent les médias), mais l'ADL. Ainsi, lorsque vous parlez de la "connaissance préalable par le gouvernement" du projet d'attentat à la bombe, vous parlez en réalité, dans une large mesure, de la "connaissance préalable par l'ADL" du projet - et c'est quelque chose que l'ADL ne veut pas que les gens sachent.

Examinons donc ce que l'ADL savait au sujet de Timothy McVeigh.

Tom Valentine : Beaucoup d'Américains ont appris par les grands médias que Timothy McVeigh aurait été en possession d'une carte d'appel téléphonique prépayée achetée au *Spotlight*. Mais vous dites qu'il y a beaucoup plus que cela dans l'histoire.

Michael Collins Piper : Laissez-moi vous parler de cette carte téléphonique. *Le Spotlight* a sponsorisé une carte téléphonique prépayée.

De nombreuses organisations ont proposé de telles cartes d'appel. Cependant, à *The Spotlight*, nous avons appris après l'attentat d'Oklahoma que quelqu'un - le FBI dit qu'il s'agissait de Timothy McVeigh - avait acheté une carte d'appel *Spotlight* et passé de nombreux appels dans tout le pays dans le cadre du complot de l'attentat à la bombe.

Nous étions là, assis à Washington, D.C., recevant des milliers de commandes de cartes d'appel de tout le pays. Nous n'avions aucune idée de l'identité de ces personnes. Nous avons traité leurs commandes, envoyé les cartes et les gens les ont utilisées. Ces cartes sont accessibles au grand public. Il n'est même pas nécessaire d'être abonné à *Spotlight*, ni même de soutenir les opinions politiques populistes *de Spotlight*, pour acheter ou utiliser cette carte.

Cependant, il y a une chose très étrange à propos de la carte dont on nous a dit qu'elle avait été achetée par McVeigh : la carte a été achetée par quelqu'un qui utilise le nom de "Daryl Bridges". Sur la base des éléments de preuve, il semble que la carte ait en fait été achetée par McVeigh.

Le FBI est venu au *Spotlight* et nous avons fourni tous les détails et tous les documents que nous pouvions fournir. Mais, comme je l'ai dit, tout ce que nous avions comme preuve dans nos dossiers était le fait que quelqu'un utilisant le nom de "Daryl Bridges" avait commandé l'une de ces cartes. Le nom "Timothy McVeigh" n'apparaissait dans aucun de nos dossiers, bien que la carte ait été envoyée à "Daryl Bridges" à une adresse dans le Michigan où, nous le savons maintenant, vivait Timothy McVeigh.

Le FBI affirme que cette carte a été utilisée pour acheter des fournitures pour la bombe qui aurait été utilisée lors de l'attentat d'Oklahoma (bien que, comme beaucoup le savent maintenant, il existe des preuves solides que, plus que probablement, il y a eu plus d'une bombe utilisée).

Nous ne disposions d'aucun enregistrement des appels à notre bureau de Washington. Tous les enregistrements des appels sont conservés au bureau de service qui a géré le programme de cartes d'appel pour *The Spotlight*. Nous ne savions pas d'où provenaient les appels, où ils étaient dirigés, ni qui utilisait la carte. Tout ce que nous savions, c'est qu'une carte avait été achetée par un certain "Daryl Bridges".

Voici ce qui est intéressant : Le FBI est revenu vers *The Spotlight* et nous a demandé : "Pourquoi *The Spotlight* a-t-il passé des appels à Timothy McVeigh en utilisant la carte de visite de Daryl Bridges ?" Cela nous a surpris , inutile de le dire, que le FBI fasse cette allégation.

Voici ce qui semble s'être passé. Un employé du *Spotlight* qui a traité les commandes de cartes d'appel se souvient avoir reçu des appels ici à Washington de quelqu'un qui lui a dit : "Pourriez-vous nous rappeler en utilisant la carte d'appel pour voir si elle fonctionne" (c'est-à-dire que la carte a été enregistrée au nom de "Daryl Bridges").

Un employé de *Spotlight* a donc utilisé le numéro d'accès de la carte d'appel enregistré au nom de "Daryl Bridges" pour rappeler cette personne et vérifier que la carte fonctionnait. Un enregistrement de cet appel a donc été réalisé - ou, comme on l'appelle dans le jargon des services de renseignements, une "légende".

En d'autres termes, un employé innocent de *Spotlight* a utilisé ce même numéro d'accès à la carte d'appel pour rappeler la personne qui avait appelé *Spotlight,* et a ensuite conclu que la carte d'appel fonctionnait effectivement. En fait, il semble que ce scénario se soit produit à plusieurs reprises avec d'autres clients de cartes d'appel. Nous avons supposé, bien sûr, que la personne qui utilisait la carte rencontrait un problème d'utilisation et que nous essayions simplement d'aider le détenteur de la carte à résoudre le problème.

Après l'attentat d'Oklahoma, lorsque le FBI nous a informés que McVeigh disposait d'une carte de visite *Spotlight,* nous avons évidemment dit au FBI que nous allions coopérer de toutes les manières possibles. Cependant - et c'est très inquiétant - nous avons appris tout récemment, dans un rapport du Scripps-Howard News Service, que le FBI essayait déjà à l'époque (dans les coulisses et à notre insu) d'utiliser les "preuves" de la carte téléphonique pour prouver d'une manière ou d'une autre que *The Spotlight* avait contribué à faire avancer les efforts de McVeigh dans le complot de l'attentat à la bombe.

Tom Valentine : En d'autres termes, le rôle de *The Spotlight* dans ce scénario était totalement innocent, mais le FBI essayait de suggérer que *The Spotlight* était en communication avec McVeigh, l'aidant vraisemblablement dans son projet d'attentat à la bombe.

Michael Collins Piper : C'est ce qui est le plus fou. Nous recevions ces appels à Washington de la part de quelqu'un. Nous recevons des centaines d'appels par jour. Nous ne savons pas vraiment qui est à l'autre bout du fil. Cependant, après la publication de toutes ces informations sur l'achat de la carte de visite par McVeigh (et son utilisation supposée de cette carte), l'un de nos employés s'est souvenu d'appels concernant la carte "Daryl Bridges".

En définitive, la personne qui a appelé *The Spotlight* (qu'il s'agisse de McVeigh ou de quelqu'un d'autre) essayait de faire en sorte *que The Spotlight* passe des appels sortants en utilisant la carte d'appel qui, selon le FBI, était en possession de McVeigh. En fait, le FBI semble suggérer (bien que ce ne soit certainement pas vrai) que McVeigh lui-même était venu au bureau de *The Spotlight* à Washington et utilisait notre téléphone pour passer les appels sortants facturés sur la carte d'appel prépayée enregistrée au nom de "Daryl Bridges". De plus, ce qui est vraiment intéressant, c'est que nous ne savons pas vraiment si c'est McVeigh qui a appelé *The Spotlight*. Pour ce que nous en savons, il aurait pu s'agir de quelqu'un d'autre. Tout ce que nous savons, c'est que l'appelant se renseignait sur la carte "Daryl Bridges".

Mais ce n'est que la partie émergée de l'iceberg. Les choses sont bien plus profondes et bien plus intéressantes. La seule chose dont nous sommes certains, c'est qu'il y a des gens - des gens qui entretiennent depuis longtemps des liens étroits avec le FBI et le BATF - qui ont délibérément tenté d'impliquer *The Spotlight* et son éditeur, Liberty Lobby, dans l'attentat à la bombe d'Oklahoma. Nous les accusons d'avoir agi de la sorte parce qu'ils savaient à l'avance que l'attentat allait avoir lieu et qu'ils voulaient que les gens croient que *The Spotlight* était impliqué dans cette conspiration.

Tom Valentine : Vous dites que ce n'est que la partie émergée de l'iceberg. Quels sont les autres éléments qui vous amènent à conclure qu'il y a eu une tentative délibérée de "piéger" Liberty Lobby ?

Michael Collins Piper : Eh bien, deux jours après l'attentat, nous étions assis ici à Washington, à nous occuper de nos affaires, et *le Washington Post* a rapporté - à notre grande surprise, je dois vous l'assurer - que la Ligue anti-diffamation (ADL) du B'nai B'rith avait annoncé qu'un an avant l'attentat, Timothy McVeigh, utilisant à nouveau un pseudonyme, cette fois-ci "T. Tuttle", avait publié une petite annonce dans *The Spotlight*.

Nous ne disposons pas de nos archives de petites annonces sur ordinateur, ce qui nous a donc surpris, comme je l'ai dit. Nous nous sommes immédiatement demandé comment l'ADL avait pu savoir que McVeigh avait publié une telle annonce, d'autant plus qu'elle était faite sous le nom de "T. Tuttle".

Voici ce qui est intéressant : j'ai passé plusieurs coups de téléphone pour vérifier ce qu'il en était. L'un d'entre eux a été passé à une source amicale qui a des relations très haut placées. Je lui ai parlé de l'annonce de "T. Tuttle" et il s'est esclaffé en disant : "Savez-vous comment l'ADL a su que McVeigh avait fait de la publicité dans *The Spotlight* ?"

J'ai dit : "Non, dites-moi." Il a répondu : "L'ADL avait un type dans le cercle intime de McVeigh, proche de McVeigh."

Ainsi, la très respectée ADL, qui se qualifie elle-même d'" organisation de défense des droits civiques ", avait quelqu'un qui travaillait avec McVeigh, en étroite collaboration avec lui. McVeigh avait apparemment dit à cette personne qu'il allait faire paraître une annonce dans *The Spotlight* ou bien - et c'est probablement le cas - cet agent de l'ADL a suggéré à McVeigh de faire paraître une annonce dans *The Spotlight*.

Seuls McVeigh et l'ADL savent avec certitude ce qui s'est réellement passé. Mais si McVeigh lit ces mots au moment où ils sont publiés dans *The Spotlight*, il pourrait rendre un véritable service public en nous faisant savoir ce qui s'est passé. À ce stade, je pense que McVeigh a probablement compris par lui-même ce qui s'est réellement passé et qu'il sait précisément qui est cet agent de l'ADL.

La publicité de "T. Tuttle" concernait un pistolet lance-fusées, mais l'ADL a déclaré qu'il s'agissait d'une sorte d'arme - un lance-roquettes.

Il s'agissait d'un simple pistolet lance-fusées conçu pour ressembler à une arme militaire.

À l'époque, il est intéressant de noter que *The Spotlight* avait pour politique de ne pas diffuser de publicité pour des armes de quelque nature que ce soit.

Cependant, sur la base de la déformation délibérée de la vérité par l'ADL, *le Washington Post - et* par la suite, les médias nationaux - ont rapporté que *The Spotlight* avait publié une publicité pour un lance-roquettes. Inutile de dire qu'il y a une très grande différence entre un pistolet lance-fusées et un lance-roquettes.

Comme je l'ai dit, nous essayions de comprendre comment l'ADL avait su que cette publicité avait été diffusée, et lorsque notre source nous a informés que l'ADL disposait d'un "bagueur" dans le cercle rapproché de McVeigh, cela a expliqué beaucoup de choses. Toutefois, nos recherches ultérieures nous ont permis d'obtenir des données supplémentaires qui confirment encore davantage que l'ADL était impliquée jusqu'au cou dans les affaires secrètes de McVeigh depuis longtemps avant l'attentat à la bombe.

La situation est encore plus intéressante, comme vous le verrez. L'article du *Washington Post* concernant "T. Tuttle" (basé sur un communiqué de presse de l'ADL) n'a été publié que dans la première édition *du Washington Post*, le 21 avril, deux jours après l'attentat à la bombe.

Cependant, ce même article a été publié, presque mot pour mot, dans l'édition ultérieure de ce jour-là, mais dans cette édition ultérieure, le *Post* a supprimé la référence à l'ADL et à ses allégations concernant "T. Tuttle".

Il s'agit là d'une spéculation personnelle, mais je pense qu'elle est fondée sur la réalité : la raison pour laquelle *le Washington Post* a supprimé cette information est que, dans la période qui a suivi immédiatement la publication de l'article, l'ADL a découvert que ses propres informations étaient incorrectes, et qu'elle (l'ADL) s'est alors rendu compte que la nature incorrecte de ses informations mettait en évidence un petit (ou un grand) problème : le fait que l'ADL disposait d'informations incorrectes indique en fait que l'ADL était au courant, à l'avance, des projets de Tim McVeigh de faire de la publicité dans *The Spotlight*.

Voici les preuves qui accusent l'ADL d'avoir eu connaissance des projets de Timothy McVeigh de mener une campagne publicitaire dans *The Spotlight* : bien que "T. Tuttle" (vraisemblablement McVeigh) se soit engagé à faire paraître une annonce dans quatre numéros consécutifs de *The Spotlight*, l'annonce n'a pas été publiée la première semaine (dans le numéro du 9 août 1993) où elle devait l'être. L'annonce n'a été publiée qu'une semaine plus tard, dans le numéro du 16 août 1993.

Toutefois, lorsque l'ADL s'est adressée au *Washington Post* et que lui a indiqué que McVeigh avait fait paraître une publicité dans *The Spotlight*, l'ADL a affirmé que la publicité avait été publiée dans le numéro du 9 août.

L'ADL savait que McVeigh s'était engagé à faire paraître une annonce dans le numéro du 9 août, mais ce qu'elle ignorait, c'est que nous avions eu un problème de production au sein de *The Spotlight* et que l'annonce n'avait pas été publiée comme prévu initialement.

Ce qui s'est passé, c'est que l'ADL, se basant sur sa propre connaissance préalable des intentions de McVeigh de faire de la publicité dans *The Spotlight*, s'est empressée d'annoncer publiquement après l'attentat que McVeigh avait fait de la publicité dans *The Spotlight*. L'ADL s'est ensuite rendu compte de son erreur et a fait volte-face en s'adressant au *Post* et en lui demandant manifestement de "se taire et d'oublier cette affaire", ce que le *Post* a fait. Vous ne trouverez même pas cette première édition du *Post* à la bibliothèque du Congrès. Elle est tombée dans le trou de la mémoire.

Voici un autre élément plutôt intéressant. Le directeur de la rédaction du *Spotlight* avait en effet remarqué l'annonce "T. Tuttle" et pensé qu'elle avait quelque chose d'étrange. Il a retiré l'annonce en disant : "Nous ne publions pas de publicité pour des armes dans *The Spotlight*", et la publicité n'a été publiée que dans trois numéros, au lieu des quatre prévus. Pourtant, l'ADL avait dans ses dossiers l'information selon laquelle Timothy McVeigh, sous le nom de "T. Tuttle", avait, plus d'un an avant l'attentat à la bombe d'Oklahoma, fait de la publicité dans *The Spotlight*.

Le FBI n'a pas besoin de venir me voir, ni aucun membre de l'équipe de *The Spotlight*, pour nous interroger sur nos liens avec Timothy McVeigh. Je dirais à Louis Freeh du FBI : "Qu'est-ce que l'ADL savait sur Timothy McVeigh, et quand l'a-t-elle su ?" *Le Spotlight* ne savait rien. C'est une très grande question.

Le grand jury d'Oklahoma City chargé d'enquêter sur l'attentat à la bombe pourrait, et devrait, appeler à témoigner des membres de l'ADL tels que Abe Foxman, directeur national de l'ADL, Irwin Suall, longtemps directeur de l'ADL chargé de l'établissement des faits, et Mira Lansky Boland, "ancien" agent de la CIA qui dirige le bureau de l'ADL à Washington.

Si le grand jury pousse l'affaire, il pourrait en fait inculper Foxman, Suall et Boland pour connaissance préalable des activités de Timothy McVeigh et les inculper pour conspiration dans le cadre de l'attentat à la bombe.

Il y a beaucoup d'informations qui ouvrent les yeux, des informations qui n'ont été rapportées nulle part ailleurs que par *The Spotlight, mais les gens doivent y réfléchir attentivement et commencer à se demander :* "Que se passe-t-il ici ?"

Tom Valentine : Mais la conspiration pour piéger Liberty Lobby va encore plus loin, n'est-ce pas ?

Michael Collins Piper : C'est exact. Et à ce stade, je vais relater des faits assez troublants qui prouvent sans l'ombre d'un doute que quelqu'un d'autre que Timothy McVeigh savait qu'un attentat à la bombe allait être commis à Oklahoma City. Pourtant, les procureurs fédéraux affirment que seuls McVeigh et Terry Nichols étaient impliqués dans la conspiration, et que seuls Michael Fortier et sa femme avaient connaissance de la conspiration. Pourtant, des preuves irréfutables attestent que quelqu'un d'autre était également impliqué.

L'attentat d'Oklahoma City a eu lieu le 19 avril 1995. Le 20 avril, le lendemain de l'attentat, un employé du courrier de *The Spotlight* a ouvert une enveloppe portant le cachet "Oklahoma City" qui avait été postée à *The Spotlight* le 17 avril, deux jours avant l'attentat. Ce cachet a été apposé par le gouvernement des États-Unis, le bureau de poste. Il n'y a rien de plus "officiel" que cela. Il ne s'agit pas d'une théorie du complot. C'est un fait. Ce n'est pas *Spotlight* qui a apposé ce cachet. C'est la poste qui l'a fait. Cette enveloppe et son contenu ont été postés avant l'attentat.

Cette enveloppe contenait une carte postale. Nous l'avons reçue le lendemain de l'attentat, alors que tout le monde dans le pays savait que cette tragédie avait eu lieu à Oklahoma City. La carte postale dans l'enveloppe était une photographie de l'époque de la Dépression qui représentait une tempête de poussière au-dessus de l'Oklahoma. La légende indiquait que la photographie représentait une tempête de poussière s'approchant de l'Oklahoma et que cette photo (qui est assez célèbre et que je suis sûr d'avoir déjà vue) s'intitulait *Black Sunday (Dimanche noir)*.

Je ne pense pas que ce soit une coïncidence si, il y a quelques années, un film hollywoodien très populaire ( ) sur le terrorisme aux États-Unis s'intitulait lui aussi *Black Sunday*.

Vous pouvez imaginer la réaction des dames de notre service courrier lorsqu'elles ont vu cette carte postale (postée d'Oklahoma City deux jours avant l'attentat) représentant un "dimanche noir" au-dessus d'Oklahoma, le lendemain d'un tragique attentat à la bombe à Oklahoma City qui a tué 168 hommes, femmes et enfants.

Il y avait autre chose dans l'enveloppe. Il s'agissait d'une photocopie d'un article publié dans *The Spotlight* douze ans auparavant. Il s'agissait d'un article sur Gordon Kahl, un patriote américain dont l'histoire est bien connue des lecteurs de *The Spotlight*. Kahl était un critique du gouvernement fédéral et, en 1983, il est mort aux mains d'agents fédéraux.

Le fait que l'enveloppe contienne également un article sur Gordon Kahl (ainsi que la carte postale "Black Sunday") est intéressant dans la mesure où, après la mort de Kahl, il a été allégué que des admirateurs de Gordon Kahl avaient comploté pour faire exploser le bâtiment fédéral Murrah à Oklahoma City en représailles de la mort de Kahl. L'une des personnes prétendument impliquées dans le complot avait apparemment un explosif à la main, et c'est l'une des raisons pour lesquelles ce complot n'aurait jamais été mené à bien.

Pour toute personne normale, l'enveloppe contenant la carte postale et l'article sur Gordon Kahl constituait clairement une sorte d'"avertissement" ou d'indication que quelque chose allait se produire à Oklahoma City. Il y a donc bien eu une "tempête de poussière" au-dessus de l'Oklahoma le 19 avril 1995, et la personne qui a posté cette enveloppe et son contenu le savait à l'avance. C'est aussi simple que cela. Ce n'est pas une théorie du complot. C'est un fait.

Tom Valentine : Il n'y avait pas de nom ou d'adresse de retour sur l'enveloppe ou sur son contenu, pas de message direct d'aucune sorte ?

Michael Collins Piper : C'est exact. La production était entièrement anonyme, mais elle a été postée d'Oklahoma City deux jours avant l'attentat à la bombe. Le contenu nous a semblé être la preuve que quelqu'un savait qu'il y aurait une "tempête de poussière" (un "dimanche noir") à Oklahoma. Nous avons été choqués et avons appelé notre avocat, Mark Lane, qui s'est immédiatement rendu à notre bureau.

Mark a ensuite mis cette enveloppe, la carte postale et l'article qui l'accompagnait dans une enveloppe qu'il a envoyée directement à l'Attorney General Janet Reno. Mark connaît Janet Reno personnellement, et il l'a envoyée directement à son bureau. En fait, la femme de Mark a porté l'enveloppe directement au ministère de la Justice ; nous savions donc, à ce moment-là, que le ministère de la Justice avait effectivement reçu les documents en question.

Bien que nous ayons, au cours des semaines et des mois suivants, coopéré avec le FBI et lui ayons fourni des informations tirées de nos dossiers concernant l'achat par Timothy McVeigh de la carte d'appel prépayée, nous n'avons plus jamais entendu parler de ce courrier en provenance d'Oklahoma City.

Entre-temps, j'ai transmis cette information sur le mailing à Jim Ridgeway, un journaliste de renommée nationale qui écrit pour le *Village Voice*, un hebdomadaire de gauche. Ni Ridgeway ni le *Village Voice* n'ont la moindre sympathie pour *The Spotlight*.

Ridgeway a toutefois contacté le FBI, qui lui a d'abord répondu qu'il ne savait rien de cet "avertissement".

Cependant, j'avais envoyé à Ridgeway des photocopies de la carte postale, de l'enveloppe et de l'article que Mark Lane avait conservés pour nos propres dossiers. Ridgeway a donc insisté auprès du FBI, qui a répondu "Oh oui", et le porte-parole du FBI a finalement dû trouver une réponse : "Nous n'avons rien dit publiquement à ce sujet".

En d'autres termes, le FBI admettait qu'il avait reçu cette information explosive - sans jeu de mots, je vous l'assure - et qu'il n'avait rien dit publiquement à ce sujet. Pourquoi ? C'est la preuve que quelqu'un savait à l'avance que l'attentat était imminent, mais comme il ne semble pas que l'enveloppe soit écrite de la main de Timothy McVeigh, le gouvernement fédéral est l'allié - au sens figuré - qui dissimule l'affaire.

Si nous, à *The Spotlight*, n'avions pas transmis cette information au FBI par l'intermédiaire de notre avocat, nous sommes convaincus que le FBI aurait "appris" d'une manière ou d'une autre (probablement par l'ADL) que l'enveloppe (cet "avertissement") avait été envoyée à *The Spotlight* et que nous savions peut-être nous-mêmes à l'avance que quelque chose allait se produire. Cela aurait alors donné à l'ADL et à ses amis du FBI quelque chose de solide à accrocher à *The Spotlight*, et les conséquences auraient pu être vraiment tragiques.

Tout ceci illustre ce que nous avons dit dans un rapport spécial envoyé aux lecteurs de *The Spotlight :* quelqu'un impliqué dans l'attentat à la bombe essayait d'impliquer Liberty Lobby dans la conspiration, presque deux ans avant le crime !

Franchement, nous pensons que ce "quelqu'un" est exactement celui que nous avons suggéré : l'ADL - un service de renseignement du gouvernement d'Israël - qui tente de détruire Liberty Lobby depuis des années, furieux que Liberty Lobby ait été la seule voix constante à s'élever contre la manipulation de la politique étrangère des États-Unis par l'ADL.

En rassemblant les faits connus, les preuves s'additionnent pour aboutir à une conclusion indiscutable :

(1) *Quelqu'un s*'est efforcé d'établir des liens répétés entre le LIBERTY LOBBY et Timothy McVeigh et de faire croire que nous avions connaissance de l'attentat à la bombe ;

(2) Que "quelqu'un" a bien eu connaissance à l'avance du complot relatif à l'attentat à la bombe ; et

(3) Quiconque avait connaissance de l'attentat à la bombe faisait partie de la conspiration qui a abouti à l'assassinat de sang-froid de 168 Américains innocents.

Sur la base de ces informations, le LIBERTY LOBBY accuse l'ADL et ses hauts responsables d'avoir eu connaissance à l'avance de l'imminence de l'attentat à la bombe. Si ces responsables de l'ADL et/ou d'autres personnes avaient connaissance du complot, ils devraient rejoindre Timothy McVeigh dans le couloir de la mort pour le rôle qu'ils ont joué dans le pire acte terroriste de l'histoire américaine.

Des preuves indiquent maintenant que certains fonctionnaires fédéraux du FBI et du BATF étaient également au courant à l'avance de la conspiration de l'attentat à la bombe. Il est également très possible que des informateurs fédéraux infiltrés aient joué le rôle d'*agents provocateurs* et aient participé activement au complot. Le rôle d'Andreas Strassmeir et de son avocat, l'énigmatique Kirk Lyons, par exemple, n'a pas encore été révélé.

Mais l'essentiel est là : Timothy McVeigh n'est manifestement pas la seule personne qui devrait être condamnée à la peine de mort. Pourtant, malgré toutes ces preuves réelles, les autorités fédérales, poussées par l'ADL, ont essayé de trouver le LIBERTY LOBBY complice de la conspiration.

Ils ne veulent pas que la vérité éclate au grand jour. Elle est claire : les mêmes criminels qui ont fait exploser le Murrah Building ont essayé d'impliquer Liberty Lobby et *The Spotlight* dans ce crime.

SECTION QUATRE

REVUE

CHAPITRE XX

Aperçu du livre *Final Judgment* de Michael Collins Piper : *Le chaînon manquant dans la conspiration de l'assassinat de JFK* 10 janvier 2003

Victor Thorn

Avant de me plonger dans cette analyse approfondie du *Jugement dernier* de Michael Collins Piper, j'aimerais clarifier une chose : le fait de remettre en question ou de critiquer Israël n'est pas synonyme d'antisémitisme, et tout argument contraire n'est qu'un simple obscurcissement. J'étudie l'assassinat de Kennedy depuis plus d'une décennie, et mon seul objectif en écrivant cette analyse est non seulement d'exposer les forces qui sont finalement responsables du meurtre de JFK, mais aussi de montrer comment cette tragédie est parallèle à certains événements qui se déroulent dans le monde aujourd'hui.

Je ne cherche pas à cibler injustement un groupe ou une classe de personnes en particulier, et je ne nourris aucun préjugé ("préjuger") à l'égard d'un groupe ou d'une classe de personnes en particulier. Si les objections de quiconque à la prémisse de cette vue d'ensemble sont basées uniquement sur la race ou la religion, elles sont soit malhonnêtes, soit trompeuses, soit tentent de détourner l'attention de la thèse principale. Il en va de même pour l'ouvrage de M. Piper, qui en est à sa cinquième impression et dont plus de 25 000 exemplaires sont en circulation. En fait, M. Piper dit à propos de *Final Judgment* : "Pas une seule personne ne s'est encore présentée pour réfuter de quelque manière que ce soit un seul fait relatif à ma théorie telle qu'elle apparaît dans *Final Judgment*".

En gardant à l'esprit l'avertissement ci-dessus, il est important de comprendre trois points importants qui seront abordés au cours de cet essai à l'adresse suivante :

1) L'état d'esprit psychologique de certains dirigeants israéliens avant l'assassinat de JFK a indéniablement joué un rôle important dans sa disparition.

2) L'une des réalités brutales de la vie est que l'Agence centrale de renseignement des États-Unis est une entité criminellement corrompue qui travaille en permanence main dans la main avec certains éléments du crime organisé.

3) La nation d'Israël (via le Mossad), à l'unisson avec la CIA et la mafia, a orchestré l'assassinat de notre 35e président.

Bien que ce postulat soit très controversé, Piper se distingue des autres chercheurs sur un point très important. Alors qu'ils font allusion aux assassins en termes vagues et non spécifiques, tels que le "complexe militaro-industriel", la "mafia", la "CIA", les "Cubains" et les "Russes", Piper est très méticuleux dans l'identification des personnes qu'il considère comme responsables de l'assassinat de JFK. Plus important encore, les mêmes forces qui ont tiré les ficelles en 1963 sont toujours à l'œuvre aujourd'hui, et les événements qui se sont produits depuis le 11 septembre ressemblent étrangement à ceux d'il y a 40 ans. Ainsi, dans le but de rappeler le passé et d'exposer ce qui s'est réellement passé afin que nous ne soyons pas condamnés à le répéter, je vais présenter une vue d'ensemble du *Jugement dernier* de Michael Collins Piper. Je vous garantis que vous verrez certaines forces historiques sous un jour que vous n'aviez jamais envisagé auparavant.

JFK, la bombe atomique et la machine de guerre israélienne

> *"Israël n'a pas à s'excuser pour l'assassinat ou la destruction de ceux qui cherchent à le détruire. La première chose à faire pour un pays est de protéger son peuple.*

> *Washington Jewish Week, 9 octobre 1997*

En mars 1992, Paul Findley, représentant de l'Illinois, a déclaré dans le *Washington Report on Middle East Affairs* : "Il est intéressant - mais pas surprenant - de constater que dans tout ce qui a été écrit et prononcé sur l'assassinat de Kennedy, l'agence de renseignement israélienne, le Mossad, n'a jamais été mentionnée".

Si l'on considère que le Mossad est probablement l'agence de renseignement la plus impitoyable et la plus efficace au monde, il est curieux qu'il n'ait jamais été examiné de près dans le cadre de l'assassinat de Kennedy, d'autant plus que pratiquement toutes les autres entités au monde (à l'exception des imitateurs d'Elvis) ont été impliquées. Mais tout a changé en janvier 1994 avec la publication de *Final Judgment* de Michael Collins Piper. Dans ce livre, Piper déclare : "Le Mossad d'Israël a été un acteur principal (et critique) dans les coulisses de la conspiration qui a mis fin à la vie de JFK. Grâce à ses vastes ressources et à ses contacts internationaux dans les milieux du renseignement et du crime organisé, Israël avait les moyens, l'occasion et le motif de jouer un rôle de premier plan dans le crime du siècle - et c'est ce qu'il a fait.

Leur motif ? Le Premier ministre israélien David Ben-Gourion, qui a dirigé le pays depuis sa création en 1948 jusqu'à sa démission le 16 juin 1963, était tellement furieux contre John F. Kennedy qui n'avait pas permis à Israël de devenir une puissance nucléaire que, selon Piper, dans les derniers jours de son mandat, il a ordonné au Mossad de participer à un complot visant à tuer le président des États-Unis.

Ben-Gurion était tellement convaincu que la survie même d'Israël était en grand danger que dans l'une de ses dernières lettres à JFK, il déclarait : "Monsieur le Président, mon peuple a le droit d'exister, et cette existence est en danger".

Dans les jours qui ont précédé la démission de Ben-Gourion, ce dernier et JFK ont été impliqués dans un débat controversé, non médiatisé, sur la possibilité pour Israël de se doter de capacités nucléaires. Leur désaccord s'est finalement transformé en une véritable guerre des mots qui a été pratiquement ignorée par la presse.

Ethan Bronner a écrit sur cette bataille secrète entre JFK et Ben-Gurion des années plus tard dans un article du *New York Times* du 31 octobre 1998, la qualifiant de "sujet farouchement caché". En fait, les conversations entre Kennedy et Ben-Gourion sont toujours classées par le gouvernement des États-Unis. Peut-être est-ce le cas parce que la rage et la frustration de Ben-Gourion sont devenues si intenses - et son pouvoir si grand en Israël - que Piper prétend qu'elles étaient au cœur de la conspiration visant à tuer John Kennedy. Cette position est soutenue par le banquier new-yorkais Abe Feinberg, qui décrit la situation comme suit : "Ben-Gourion pouvait être vicieux et il vouait une telle haine au vieil homme [Joe Kennedy, père de JFK]. Ben-Gourion méprisait Joe Kennedy parce qu'il estimait que non seulement il était antisémite, mais qu'il s'était également rangé du côté d'Hitler dans les années 1930 et 1940. [Nous aborderons cet aspect de l'histoire plus loin dans cet article.]

Quoi qu'il en soit, Ben-Gourion était convaincu qu'Israël avait besoin d'armes nucléaires pour assurer sa survie, tandis que Kennedy s'y opposait catégoriquement. L'impossibilité de parvenir à un accord a entraîné des problèmes évidents. L'un d'entre eux concerne la décision de Kennedy de faire de l'Amérique sa priorité en matière de politique étrangère, et non d'Israël ! Kennedy entendait honorer la déclaration tripartite de 1950, qui stipulait que les États-Unis exerceraient des représailles contre toute nation du Moyen-Orient qui attaquerait un autre pays. Ben-Gourion, quant à lui, souhaite que l'administration Kennedy lui vende des armes offensives, en particulier des missiles Hawk.

Les deux dirigeants se sont donc livrés à un échange de lettres brutal, mais Kennedy n'a pas cédé. Ben-Gourion, obsédé par cette question, sombra dans une paranoïa totale, estimant que l'obstination de Kennedy constituait une menace flagrante pour l'existence même d'Israël en tant que nation. Piper écrit : "Ben-Gourion avait consacré sa vie à créer un État juif et à le guider dans l'arène mondiale. Et, aux yeux de Ben-Gourion, John F. Kennedy était un ennemi du peuple juif et de son État d'Israël bien-aimé". Il poursuit : "L'option nucléaire n'était pas seulement au cœur de la vision personnelle du monde de Ben-Gourion, mais le fondement même de la politique de sécurité nationale d'Israël."

Ben-Gourion était tellement préoccupé par l'obtention d'armes nucléaires que le 27 juin 1963, onze jours après avoir démissionné de son poste, il a annoncé : "Je ne connais aucune autre nation dont les voisins déclarent qu'ils souhaitent y mettre fin, et non seulement le déclarent, mais s'y préparent par tous les moyens à leur disposition. Nous ne devons pas nous faire d'illusions : ce qui est déclaré chaque jour au Caire, à Damas et en Irak ne sont que des mots. C'est cette pensée qui guide les dirigeants arabes... Je suis confiant... la science est capable de nous fournir les armes qui serviront la paix et dissuaderont nos ennemis".

Avner Cohen, dans *Israel and the Bomb*, publié par Columbia University Press, renforce ce sentiment d'urgence en écrivant : "Imprégné des leçons de l'Holocauste, Ben-Gourion était rongé par la peur de la sécurité... L'angoisse de l'Holocauste a dépassé Ben-Gourion pour imprégner la pensée militaire d'Israël." Il ajoute à cela que "Ben-Gourion n'avait aucun scrupule quant à la nécessité pour Israël de se doter d'armes de destruction massive" et que "la vision du monde de Ben-Gourion et son style de gouvernement décisif ont façonné son rôle essentiel dans l'évolution nucléaire d'Israël".

Kennedy, quant à lui, refusait catégoriquement de promouvoir l'ascension d'Israël sur la scène nucléaire. Avener Cohen, dans *Israel and the Bomb*, souligne : "Aucun président américain n'a été plus préoccupé par le danger de la prolifération nucléaire que John Fitzgerald Kennedy. Il était convaincu que la dissémination des armes nucléaires rendrait le monde plus dangereux et saperait les intérêts des États-Unis". Cohen poursuit à la fin de ce passage : "Le seul exemple que Kennedy a utilisé pour faire valoir ce point de vue est celui d'Israël."

Comprenant que Kennedy ne changerait pas d'avis, Ben-Gourion décide d'unir ses forces à celles de la Chine communiste. Les deux pays étaient très intéressés par la création de programmes nucléaires, et c'est ainsi que débutèrent leurs tractations secrètes. Travaillant à l'unisson par l'intermédiaire de Shaul Eisenberg, associé au trafiquant d'armes et comptable du Mossad Tibor Rosenbaum, Israël et la Chine ont procédé au développement de leurs propres capacités nucléaires à l'insu des États-Unis.

Si ce scénario vous semble improbable, je vous invite vivement à lire l'excellent livre de Gordon Thomas, *Seeds of Fire*, qui explique comment le Mossad et le CSIS (les services secrets chinois) ont conspiré à de nombreuses reprises non seulement pour voler des secrets militaires américains, mais aussi pour trafiquer des programmes de renseignement américains tels que le logiciel PROMISE du ministère de la justice. Cet exemple, je crains de le dire, n'est que le premier où les échos de l'assassinat de JFK peuvent encore être ressentis aujourd'hui, se répercutant dans notre monde de l'après-11 septembre. Le risque qu'Israël développe la bombe à l'unisson avec la Chine est devenu une situation extrêmement volatile et a été étroitement surveillé par la CIA.

Bien décidés à poursuivre dans cette voie, les Israéliens ont construit une installation nucléaire à Dimona. Lorsque Kennedy a exigé que les États-Unis inspectent cette installation, Ben-Gourion a été si furieux qu'il a construit une autre installation bidon qui ne contenait aucune preuve de recherche et de développement nucléaires. (Ce scénario ne ressemble-t-il pas étrangement au jeu que nous jouons actuellement avec Saddam Hussein en Irak ?) Parfaitement conscient de leurs manigances, JFK a déclaré à Charles Bartlett : "Ces fils de pute me mentent constamment au sujet de leur capacité nucléaire".

Avner Cohen, dans *Israel and the Bomb*, réitère cette affirmation en disant que Ben-Gurion avait pris la question nucléaire tellement à cœur qu'il "avait conclu qu'il ne pouvait pas dire la vérité sur Dimona aux dirigeants américains, pas même en privé".

Gerald M. Steinberg, professeur de sciences politiques au Centre d'études stratégiques BESA de l'université Bar-Ilan à Tel-Aviv, ajoute : "Entre 1961 et 1963, l'administration Kennedy a exercé de fortes pressions sur Ben-Gourion pour qu'il accepte l'inspection internationale de Dimona et qu'il renonce à ses armes nucléaires. Ces pressions n'ont apparemment pas modifié la politique israélienne, mais elles ont contribué à la démission de Ben-Gourion en 1963."

Pour se rendre compte de la gravité de la situation actuelle, il suffit de regarder ce qui se passe en Irak, où les équipes de sécurité des Nations unies inspectent les palais royaux et les bunkers à la recherche d'armes et de matériaux nucléaires. L'urgence est telle que notre nation est au bord de la guerre. Quarante ans plus tôt, la pression exercée par JFK sur Ben-Gourion était tout aussi forte que celle que George Bush exerce aujourd'hui sur Saddam Hussein.

Dans *Israël et la bombe*, Avner Cohen renforce ce point.

"Pour forcer Ben-Gourion à accepter les conditions, Kennedy a exercé le levier le plus utile dont dispose un président américain dans ses relations avec Israël : la menace qu'une solution insatisfaisante compromettrait l'engagement et le soutien du gouvernement américain à l'égard d'Israël.

La pression exercée sur Ben-Gourion est si forte qu'il finit par quitter ses fonctions. Mais Kennedy, en véritable pitbull, n'a pas lâché le successeur de Ben-Gourion, Levi Eshkol, comme le rapporte Avner Cohen.

"Kennedy a déclaré à Eshkol que l'engagement et le soutien des États-Unis à l'égard d'Israël 'pourraient être sérieusement compromis' si Israël ne permettait pas aux États-Unis d'obtenir 'des informations fiables' sur ses efforts dans le domaine nucléaire.

Les exigences de Kennedy étaient sans précédent. Elles équivalaient, en fait, à un ultimatum". Cohen conclut cette réflexion en affirmant que "la lettre de Kennedy a précipité une situation de quasi-crise dans le bureau d'Eshkol".

En fin de compte, comme nous le savons tous, Kennedy a été assassiné en novembre 1963 ; mais ce que l'on sait moins, c'est que la Chine a effectué son premier essai nucléaire en octobre 1964. Ce qui rend cet événement encore plus profond, c'est l'affirmation de Piper selon laquelle même si Israël a déclaré que ses premiers essais nucléaires ont eu lieu en 1979, ils ont en fait eu lieu en octobre 1964, en même temps que ceux de la Chine ! Si cela est vrai, à l'exception du mois d'août 1945, lorsque les États-Unis ont largué des bombes atomiques sur Hiroshima et Nagasaki, octobre 1964 pourrait bien avoir été le mois le plus dangereux de l'histoire du XXe siècle.

Mais revenons à l'assassinat de JFK et à ses conséquences directes sur le lobby juif, la politique étrangère américaine et la militarisation d'Israël. Pour comprendre à quel point le lobby israélien est puissant dans ce pays, le vénérable sénateur J. William Fulbright a déclaré à CBS *Face the Nation* le 15 avril 1973 : "Israël contrôle le Sénat américain. Le Sénat est soumis, beaucoup trop ; nous devrions nous préoccuper davantage des intérêts des États-Unis plutôt que d'obéir aux ordres d'Israël. La grande majorité du Sénat américain - environ 80% - soutient totalement Israël ; tout ce qu'Israël veut, Israël l'obtient. Cela a été démontré à maintes reprises, et cela a rendu la [politique étrangère] difficile pour notre gouvernement".

Avez-vous entendu ce qu'a dit le sénateur Fulbright ? Il ne s'agit pas d'un théoricien de la conspiration ou d'un antisémite du KKK. Il s'agit d'un sénateur américain très respecté qui affirme qu'environ 80% des membres du Sénat sont à la botte d'Israël. Le représentant Paul Findley, cité dans le *Washington Report on Middle East Affairs* en mars 1992, ajoute du poids à cet argument : "Pendant la campagne présidentielle de John Kennedy, un groupe de juifs new-yorkais avait proposé en privé de prendre en charge ses dépenses de campagne s'il les laissait définir sa politique au Moyen-Orient. Il n'a pas accepté ... En tant que président, il n'a apporté qu'un soutien limité à Israël".

Pour comprendre l'importance des décisions prises par Kennedy au cours de son éphémère présidence, il faut se pencher sur la question du financement des campagnes électorales. Compte tenu de l'influence du lobby israélien au sein du Sénat américain (si l'on se réfère aux propos du sénateur Fulbright), ils ont dû être furieux lorsque le président Kennedy a véritablement voulu couper l'herbe sous le pied des méthodes actuelles de financement des campagnes électorales, qui rendaient les hommes politiques si dépendants des énormes apports en espèces des groupes d'intérêt.

Malheureusement, Kennedy n'a pas eu le temps de mettre en œuvre ce programme et, à ce jour, notre système politique est toujours monopolisé par les lobbyistes de ces mêmes groupes d'intérêts. On ne peut qu'imaginer les changements qui seraient intervenus dans notre politique étrangère si Kennedy avait éradiqué ces vipères et ces suceurs de sang des couloirs du Congrès.

Tragiquement, les idées de Kennedy n'ont jamais abouti, et la bataille acharnée qu'il avait engagée avec le Premier ministre Ben Gourion ( ) sur la question de savoir si Israël devait être autorisé à développer un programme nucléaire s'est finalement soldée par une défaite. La raison en est que Lyndon Baines Johnson, que Kennedy avait l'intention d'écarter de son programme en 1964 en raison de l'extrême aversion qu'il éprouvait à son égard, a opéré un revirement complet en matière de politique étrangère. Comme vous le verrez, non seulement le programme nucléaire israélien a progressé sans contrôle, mais il est également devenu le principal bénéficiaire de notre aide étrangère.

Mais ce revirement absolu n'aurait pas eu lieu si Kennedy n'avait pas été assassiné. Jusqu'à l'accession de LBJ à la présidence, Kennedy a traité le Moyen-Orient d'une manière qui profitait le plus aux États-Unis. Son objectif principal - celui qui permettait le plus de maintenir la paix - était un équilibre des pouvoirs au Moyen-Orient, où chaque nation serait en sécurité. Cette décision était conforme à la déclaration tripartite que les États-Unis avaient signée en 1950. Mais sous l'administration Johnson, ce fragile équilibre a été renversé et, en 1967 - quatre ans seulement après l'assassinat de Kennedy -, les États-Unis étaient le principal fournisseur d'armes d'Israël et nos intérêts supérieurs étaient placés loin derrière ceux d'Israël !

Comme l'écrit Michael Collins Piper : "Le fond du problème est le suivant : JFK était fermement déterminé à empêcher Israël de fabriquer la bombe nucléaire. LBJ a simplement détourné le regard. La mort de JFK a en effet été bénéfique aux ambitions nucléaires d'Israël, et les faits le prouvent".

Reuven Pedatzer, dans une critique de l'ouvrage *Israel and the Bomb* d'Avner Cohen parue dans le journal israélien *Ha'aretz* le 5 février 1999, écrit : "L'assassinat du président américain John F. Kennedy a mis un terme abrupt aux pressions massives exercées par l'administration américaine sur le gouvernement d'Israël pour qu'il abandonne son programme nucléaire." Il poursuit : "Kennedy a clairement fait comprendre au Premier ministre israélien qu'il n'accepterait en aucun cas qu'Israël devienne un État nucléaire."

Pedatzer conclut : "Si Kennedy était resté en vie, il est douteux qu'Israël disposerait aujourd'hui d'une option nucléaire" et que, "la décision de Ben-Gourion de démissionner en 1963 a été prise dans une large mesure dans le contexte de l'énorme pression que Kennedy exerçait sur lui au sujet de la question nucléaire".

Si vous n'êtes toujours pas convaincu, que diriez-vous de quelques chiffres ? Lors du dernier exercice budgétaire de Kennedy, en 1964, l'aide israélienne s'élevait à 40 millions de dollars. Dans le premier budget de LBJ, en 1965, elle a grimpé à 71 millions de dollars et, en 1966, elle a plus que triplé par rapport aux deux années précédentes, atteignant 130 millions de dollars !

De plus, sous l'administration Kennedy, presque aucune de nos aides à Israël n'était de nature militaire. Au contraire, elle se répartissait à parts égales entre les prêts au développement et l'aide alimentaire dans le cadre du programme PL480. Pourtant, en 1965, sous l'administration Johnson, 20% de notre aide à Israël était destinée à l'armée, tandis qu'en 1966, 71% de cette aide était utilisée pour du matériel de guerre.

Dans le même ordre d'idées, en 1963, l'administration Kennedy a vendu 5 missiles Hawk à Israël dans le cadre d'un système de défense aérienne. En 1965-1966, cependant, LBJ a mis à la disposition d'Israël 250 chars d'assaut, 48 avions d'attaque Skyhawk, ainsi que des canons et des pièces d'artillerie qui étaient tous de nature offensive. Si vous vous êtes toujours demandé quand la machine de guerre israélienne a été créée, c'est ici ! LBJ en était le père.

Selon Stephen Green dans *Taking Sides : America's Secret Relations with a Militant Israel*, "Les 92 millions de dollars d'aide militaire fournis au cours de l'année fiscale 1966 étaient supérieurs au total de toute l'aide militaire officielle fournie à Israël cumulativement au cours de toutes les années remontant à la fondation de cette nation en 1948".

M. Green poursuit : "70% de l'ensemble de l'aide officielle des États-Unis à Israël est d'ordre militaire. L'Amérique a donné à Israël plus de 17 milliards de dollars d'aide militaire depuis 1946, dont la quasi-totalité - plus de 99% - a été fournie depuis 1965".

Voyez-vous ce qui se passe ici ? Deux ans après l'assassinat de JFK, Israël est passé du statut de membre faible et dépassé de la communauté instable du Moyen-Orient, qui n'était pas autorisé à développer des armes nucléaires, à celui d'un pays en passe de devenir une force militaire indéniable sur la scène mondiale.

John Kennedy a fermement mis les pieds dans le plat et refusé de permettre à Israël ( ) de développer un programme nucléaire, tandis que LBJ s'est plié en quatre pour le faciliter et le soutenir. Ou, comme l'a écrit Seymour Hersh dans *The Samson Option*, "en 1968, le président n'avait aucune intention de faire quoi que ce soit pour arrêter la bombe israélienne".

Le résultat de ce changement d'orientation de l'administration Kennedy vers l'administration Johnson est, à mon avis, la raison principale de nos problèmes actuels au Moyen-Orient, qui ont culminé avec les attaques du 11 septembre et notre guerre à venir avec l'Irak (et au-delà). Je suis très confiant dans cette affirmation, car comme le souligne Michael Collins Piper, voici les résultats de l'assassinat de John F. Kennedy :

1) Notre aide étrangère et militaire à Israël a augmenté de façon spectaculaire après l'accession de LBJ à la présidence.

2) Plutôt que d'essayer de maintenir un équilibre au Moyen-Orient, Israël est soudain apparu comme la force dominante.

3) Depuis l'administration LBJ, Israël a toujours disposé d'un armement supérieur à celui de ses voisins directs.

4) En raison de cette augmentation indéniable et évidente de la machine de guerre israélienne, une lutte constante s'est perpétuée au Moyen-Orient.

5) LBJ a également permis à Israël de poursuivre son développement nucléaire, ce qui lui a permis de devenir la cinquième force nucléaire au monde.

6) Enfin, nos énormes dépenses d'aide étrangère à Israël (environ 10 milliards de dollars par an en fin de compte) ont créé une situation d'attaques et de représailles sans fin au Moyen-Orient, ainsi qu'un mépris et une inimitié purs et simples à l'égard des États-Unis pour avoir joué le rôle de soutien militaire d'Israël.

Aux yeux d'Israël, et en particulier de David Ben-Gourion, quelles étaient alors les alternatives : rester affaiblis (ou du moins équilibrés) par rapport à leurs voisins et menottés par le refus de JFK de se plier à leur volonté, ou tuer le seul homme qui les empêchait de dominer le Moyen-Orient, de bénéficier d'une aide militaire considérable ( ) et de disposer de l'une des premières forces nucléaires au monde ? C'est une question à laquelle il faut réfléchir. Pendant que ces pensées vous traversent l'esprit, posez-vous la question suivante. Si Kennedy, LBJ et toutes les administrations suivantes avaient adhéré à la déclaration tripartite de 1950 et fait tout ce qui était en leur pouvoir pour maintenir l'équilibre au Moyen-Orient au lieu de pousser Israël sur le devant de la scène, nos tours auraient-elles été attaquées le 11 septembre 2001 et serions-nous aujourd'hui au bord d'une guerre qui pourrait être catastrophique ? C'est en tout cas une question à laquelle il faut réfléchir.

LE RÔLE DE LA CIA DANS L'ASSASSINAT DE JFK

Le procès le plus important des années 1990 (oui, encore plus que celui d'O.J. Simpson) est sans doute celui qui a opposé E. Howard Hunt au journal *The Spotlight*. Je ne m'étendrai pas sur les circonstances de ce procès, mais le juré Leslie Armstrong a déclaré à *The Spotlight* dans son numéro du 11 novembre 1991 : "M. Lane [représentant l'accusé] nous [le jury] demandait de faire quelque chose de très difficile. Il nous demandait de croire que John Kennedy avait été tué par notre propre gouvernement. Pourtant, lorsque nous avons examiné les preuves de près, nous avons été contraints de conclure que la CIA avait bel et bien tué le président Kennedy". Cette information est extrêmement importante pour l'histoire du XXe siècle, mais les grands médias n'en ont pratiquement pas parlé en raison de son caractère explosif. Je suppose qu'ils gardaient tout pour voir si le gant d'O.J. lui allait.

Le point essentiel soulevé, et confirmé par le Comité de l'Église en 1975, est qu'une conspiration visant à assassiner le président Kennedy a bel et bien existé, et qu'elle s'étendait directement au gouvernement américain. Pour bien comprendre les ramifications de cette information, il faut savoir ce que fait la CIA depuis qu'elle a été créée à partir de l'OSS après la Seconde Guerre mondiale. Bien que le temps ne me permette pas de m'engager dans un long discours, vous devriez faire des recherches sur le "Projet Paperclip", dans le cadre duquel des scientifiques nazis ont été secrètement transférés en Amérique après la guerre. Vous pouvez également vous renseigner sur les expériences illégales de la CIA en matière de manipulation mentale, sur les tests illicites de médicaments effectués sur à leur insu, sur ses activités de trafic de drogue, sur la manière dont elle a réussi à infiltrer les médias américains et sur les assassinats de divers dirigeants mondiaux. En d'autres termes, ces types ont été, et sont toujours, sales jusqu'aux yeux.

Pour bien comprendre non seulement cette branche du renseignement, mais aussi le spectre plus large du fonctionnement de notre monde, nous devons nous rendre compte que ce qui est décrit dans les journaux télévisés du soir n'est pas une représentation exacte de la réalité. En effet, le véritable élan, ou force motrice de notre système politique mondial, n'est que rarement perçu par le public américain. Les véritables décideurs se cachent dans l'ombre, complotant et planifiant, puis utilisant leurs "bras opérationnels" tels que la CIA, le Mossad, d'autres agences de renseignement et le crime organisé pour faire ce qu'ils ont à faire. Comme nous l'explique Michael Collins Piper, ces groupes - blanchisseurs d'argent, trafiquants de drogue, tueurs et escrocs - sont les seules entités capables d'opérer en dehors des lois et des mœurs de la société. Les contrôleurs - banquiers internationaux, dirigeants de multinationales et membres de haut rang de sociétés secrètes - "guident" notre monde, puis utilisent leurs "exécutants" pour mettre en œuvre leurs décisions. Les politiciens sont l'une des "figures" utilisées en coulisses, tandis que la CIA, le Mossad et la mafia s'occupent de leurs sales affaires loin de tout regard public. Je suis désolé de le dire, mais c'est ainsi que fonctionne notre monde.

L'une des principales raisons pour lesquelles John F. Kennedy a été assassiné est qu'il avait osé interférer avec ce cadre de pouvoir ténu. Plus précisément, JFK, réalisant à quel point ces différentes agences étaient hors de contrôle, voulait les maîtriser et les réunir sous un même toit, en donnant à son frère Bobby la juridiction sur l'ensemble d'entre elles. Il prévoyait également de se débarrasser du maître-manipulateur J. Edgar Hoover (qui était parfaitement au courant de leurs plans, mais qui, par pur intérêt personnel, n'avait aucun intérêt à découvrir la vérité sur l'assassinat de Kennedy). Pour aggraver son cas, Kennedy a renvoyé le directeur de la CIA, Allen Dulles, qui était l'un des plus sales trafiquants d'influence de tous les temps. (Incroyablement, Dulles fera plus tard partie de la Commission Warren ! C'est ce que l'on appelle avoir les coudées franches).

Arthur Krock a écrit dans le *New York Times* sur cette bataille entre Kennedy et la CIA le 3 octobre 1963, en disant que la CIA "représente un pouvoir énorme et une absence totale de responsabilité envers qui que ce soit". Krock a également fait référence à un proche de Kennedy à la Maison Blanche qui a déclaré que si quelqu'un essayait de prendre le contrôle du gouvernement américain, ce serait la CIA, et que JFK n'était plus en mesure de la tenir en laisse. N'oubliez pas que ces propos ont été tenus un mois et demi seulement avant le jour fatidique de Dallas.

Renforçant la perte de contrôle de la CIA à cette époque, l'avocat et chercheur Mark Lane a écrit dans *The Spotlight* du 17 février 1992 : "Le président Kennedy a envoyé à Henry Cabot Lodge, son ambassadeur au Viêt Nam, des ordres à la CIA en deux occasions distinctes et, dans les deux cas, la CIA a ignoré ces ordres en disant qu'ils étaient différents de ce que l'agence pensait qu'il fallait faire. En d'autres termes, la CIA avait décidé que c'était elle, et non le président, qui prendrait les décisions sur la manière dont la politique étrangère américaine devait être menée."

Cette situation commence-t-elle à vous apparaître plus clairement ? Pouvez-vous voir dans quelles proportions la CIA s'est développée ? Kennedy marchait dans des eaux très dangereuses, mais la goutte d'eau qui a fait déborder le vase n'a été rapportée que des années plus tard par le *New York Times*, le 25 avril 1966. Il semble que Kennedy était si déterminé à exercer les pouvoirs qu'il avait élus et à ne pas les laisser usurper par des individus assoiffés de pouvoir au sein de la communauté du renseignement qu'il menaça de "diviser la CIA en mille morceaux et de l'éparpiller au vent". En prononçant ces mots, le destin de Kennedy était scellé, car il avait désormais frappé le cœur même du centre de pouvoir des Contrôleurs !

En substance, Michael Collins Piper souligne que Kennedy avait fait, ou avait l'intention de faire, quatre choses qui ont rendu la CIA furieuse :

1) Renvoi d'Allen Dulles.

2) était sur le point de créer un groupe d'experts chargé d'enquêter sur les nombreux crimes commis par la CIA.

3) Limiter l'étendue et le champ d'action de la CIA.

4) Limiter leur capacité à agir dans le cadre du mémorandum de sécurité nationale 55. Le colonel Fletcher Prouty a évoqué la réaction de la CIA. "Rien de ce à quoi j'ai participé dans toute ma carrière n'a suscité un tel tollé. Le NSAM 55 privait la CIA de son objectif chéri en matière d'opérations secrètes, à l'exception de quelques actions mineures. C'était un document explosif. Le complexe militaro-industriel n'était pas content".

L'une de ces personnes courroucées était le chef du contre-espionnage de la CIA, James Jesus Angleton. Ayant pris ce poste en 1954 sous la direction de deux véritables ripoux - Allen Dulles et Richard Helms - Peter Dale Scott a écrit dans *Deep Politics and the Death of JFK* qu'Angleton "dirigeait une 'deuxième CIA' au sein de la CIA". Angleton opérait tellement au-delà de ses paramètres légaux qu'il a formé, avec William Harvey, l'équipe ZR/Rifle Team et engagé les tireurs qui allaient abattre le dirigeant cubain Fidel Castro. Et bien que je n'entre pas dans les détails à ce stade, Piper souligne dans *Final Judgment* qu'il s'agit des mêmes gâchettes que celles utilisées pour l'assassinat de Kennedy.

Plus important encore, Angleton a noué des relations extrêmement étroites avec le Mossad et David Ben-Gourion, et était parfaitement conscient de la haine du Premier ministre israélien à l'égard de JFK. Angleton est devenu si proche des Israéliens qu'il les a même aidés à développer leur programme nucléaire secret, tandis que la CIA et le Mossad ne faisaient plus qu'un au Moyen-Orient - une entité pratiquement indiscernable travaillant à l'unisson pour atteindre leurs objectifs mutuels.

Le Mossad, vous devez le savoir, a été qualifié par Michael Collins Piper de "force motrice de la conspiration" visant à tuer JFK.

Andrew Cockburn, dans l'émission *Booknotes* diffusée sur C-Span le 1er septembre 1991, a décrit leurs relations avec les services de renseignements américains. "Depuis les premiers jours de l'État israélien et les premiers jours de la CIA, il existe un lien secret qui permet aux services de renseignements israéliens de travailler pour la CIA et le reste des services de renseignements américains. Vous ne pouvez pas comprendre ce qui se passe avec les opérations secrètes américaines et les opérations secrètes israéliennes tant que vous ne comprenez pas cet arrangement secret.

Un autre point extrêmement important que Michael Collins Piper soulève dans *Final Judgment* est qu'à l'époque de l'assassinat de Kennedy, Yitzhak Shamir (futur Premier ministre israélien) était à la tête d'une équipe de tueurs à gages du Mossad qui a engagé un homme de main du SDECE (service de renseignement français) pour tuer le président Kennedy. Cette information est confirmée par le journal israélien *Ha'aretz* du 3 juillet 1992, qui rapporte que Yitzhak Shamir était un terroriste de la pègre devenu agent du Mossad, puis qu'il a dirigé une équipe d'assassins de 1955 à 1964. *Le Washington Times* donne encore plus de crédibilité à cette position en rapportant le 4 juillet 1992 que non seulement cette équipe secrète d'assassins a existé, mais qu'elle "a mené des attaques contre des ennemis perçus et des criminels de guerre nazis présumés". Si vous vous souvenez bien, David Ben-

Gourion a qualifié JFK d'"ennemi de l'État d'Israël". De mon point de vue, cela fait de lui un ENNEMI PERCEVU !

Si l'on considère un instant qu'Yitzhak Shamir a engagé l'un des tueurs à gages des services secrets français - le SDECE - ce qui rend cette situation encore plus étrange, c'est la personne avec laquelle James Jesus Angleton - la principale force de la CIA à l'origine de l'assassinat de Kennedy - se trouvait l'après-midi du 22 novembre 1963. Il s'agissait du colonel Georges de Lannurien, chef adjoint du SDECE ! Ils se trouvaient tous deux au siège de la CIA à Langley pour se préparer à contrôler les dégâts au cas où quelque chose tournerait mal. En fait, nous avons donc la triangulation de trois agences de renseignement - la CIA, le Mossad et le SDECE - qui convergent toutes vers l'assassinat du président Kennedy, tout en s'assurant que Lee Harvey Oswald avait déjà établi des liens avec Cuba et l'Union soviétique afin qu'une couverture communiste de "guerre froide" puisse être diffusée dans la presse américaine !

Comment ces agences de renseignement ont-elles réussi ? Permettez-moi de vous citer Fletcher Prouty, pilote retraité de l'armée de l'air, que Michael Collins Piper a utilisé pour éclairer cette situation. Prouty nous dit : "L'une des principales mesures nécessaires dans un complot d'assassinat est le processus d'élimination ou de rupture de la couverture de sécurité de la victime visée". Il poursuit : "Personne n'a besoin de diriger un assassinat - il se produit. Le rôle actif est joué secrètement en permettant qu'il se produise... C'est là l'indice le plus important : qui a le pouvoir d'annuler ou de réduire les mesures de sécurité habituelles qui sont toujours en vigueur chaque fois qu'un président se déplace ?

Selon vous, qui avait les moyens et les motivations pour effacer la sécurité du président Kennedy cet après-midi-là à Dallas ? Les Russes ? Non. Les Cubains ? Non. La mafia ? Non. Je parierais sur la CIA ! Les choses commencent-elles à s'éclaircir ?

(Soit dit en passant, qui, à votre avis, avait les moyens et la motivation de dissimuler la vérité sur les attaques terroristes du 11 septembre dans les médias - un groupe de terroristes en goguette ou la CIA ? C'est une question à laquelle il faut réfléchir).

LA CIA ET LE CRIME ORGANISÉ : LES DEUX FACES D'UNE MÊME PIÈCE

Une fois qu'un chercheur enlève le vernis, traverse les couches d'illusion, ignore des années de propagande et de désinformation, et voit enfin l'histoire dans sa véritable perspective, il ou elle découvre que l'ensemble de la structure du pouvoir mondial contrôlée par les entreprises du gouvernement mondial n'est en fait rien d'autre qu'un vaste réseau de syndicats du crime interdépendants. Oui, des SYNDICATS DU CRIME ! Dans cet article, nous examinerons brièvement le passé obscur de la famille Kennedy et la manière dont certaines alliances et trahisons avec la mafia dirigée par Meyer Lansky (en conjonction avec des éléments du gouvernement américain et de la CIA) ont finalement abouti à l'assassinat de JFK. Comme Michael Collins Piper le souligne si brillamment, tous ces groupes - les services de renseignement, le gouvernement et le crime organisé - sont intimement liés et opèrent en dehors de la loi (et de la surveillance du public) pour préserver et promouvoir leurs intérêts personnels. Malheureusement, ils ont tous uni leurs forces en 1963 pour éliminer le dernier président américain qui n'était pas acheté, vendu et contrôlé par les intérêts financiers mondialistes.

Pour comprendre comment JFK s'est retrouvé dans un tel dilemme le 22 novembre 1963, il faut d'abord remonter le temps jusqu'à son père, Joseph Sr. Comme beaucoup le savent, le vieux Kennedy a bâti sa fortune sur le trafic d'alcool illégal, puis en tirant profit du krach boursier (c'est-à-dire en s'appuyant sur des informations privilégiées). Mais peu de gens savent à quel point Kennedy était lié au crime organisé. Pour devenir aussi incroyablement riche en vendant de l'alcool, Kennedy a dû passer des accords avec des personnages peu recommandables, accords qui reviendront plus tard le hanter.

Un autre aspect de la personnalité de Joe Kennedy que sa famille tente d'occulter est celui de ses sympathies pro-nazies.

DeWest Hooker, cadre new-yorkais dans le domaine du show-business et mentor de George Lincoln Rockwell (fondateur du parti nazi américain), a déclaré à propos de Kennedy : "Joe a admis que lorsqu'il était ambassadeur en Angleterre, il avait été pro-hitlérien. Cependant, selon Kennedy, "nous" avons perdu la guerre. Par "nous", il n'entendait pas les États-Unis. Quand Kennedy disait 'nous', il voulait dire les non-Juifs.

Joe Kennedy pensait que c'étaient les Juifs qui avaient gagné la Seconde Guerre mondiale". Il poursuit en citant Kennedy. "J'ai fait tout ce que j'ai pu pour lutter contre le pouvoir juif sur ce pays. J'ai essayé d'arrêter la Seconde Guerre mondiale, mais j'ai échoué. J'ai gagné tout l'argent dont j'avais besoin et maintenant je transmets à mes fils tout ce que j'ai appris."

Mais avant de mettre un pied dans la vie politique grâce à un poste d'ambassadeur en Angleterre, Joe Kennedy était un criminel très prospère qui s'est fait de nombreux et puissants ennemis. L'un d'entre eux était Meyer Lansky, dont l'associé, Michael Milan, raconte l'histoire suivante dans *Final Judgment*. "Demandez à Meyer Lansky ce qu'il pense de Joe Kennedy et vous verrez qu'à l'une des rares occasions, M. L. sera pris d'une violente crise de nerfs. Ce qu'on disait à l'époque de la Prohibition, c'est qu'on ne pouvait pas faire confiance à Kennedy pour tenir sa parole ( ). Il a tellement volé ses amis qu'il n'a pas pu les aider. Il a tellement volé ses amis qu'il n'en avait plus. Et juste avant la Seconde Guerre mondiale, ce fils de pute s'est retourné et a dit que nous devrions tous être du côté d'Hitler ; que les Juifs pouvaient aller en enfer".

L'inimitié entre Kennedy et Lansky remonte aux années 1920, à l'époque où ils pratiquaient le bootlegging. Michael Collins Piper nous raconte comment Lucky Luciano et Lansky ont volé toute une cargaison de shine de Kennedy et tué tous ses gardes, lui faisant ainsi perdre une grosse somme d'argent. En raison de la malhonnêteté de Kennedy et de la loyauté farouche de Lansky envers son héritage juif, Milan dit que Lansky a maudit toute la famille Kennedy en lui infligeant une vengeance, qu'il a ensuite transmise à ses fils. Les choses ont tellement dégénéré que la vie de Joe Kennedy a été mise en danger par un contrat ordonné par la mafia. Heureusement pour Kennedy, Sam Giancana est intervenu et a conclu un accord avec le vieux Kennedy pour que les choses se passent bien avec la mafia. Pour lui rendre la pareille, Kennedy a dit à Giancana que si l'un de ses fils entrait à la Maison Blanche, il aurait une "entrée". Mais pour tenir cette promesse, le vieux Kennedy a de nouveau besoin de l'aide de Sam Giancana.

Si vous avez du mal à accepter cette information, rappelez-vous que l'une des femmes les plus célèbres avec lesquelles JFK a eu une liaison (à l'exception de Marilyn Monroe) était Mlle Judith Exner. Et qui était-elle ?

La maîtresse de Sam Giancana ! De plus, selon David Heyman dans *A Woman Named Jackie*, des documents du FBI et des écoutes téléphoniques prouvent que JFK a eu des communications directes, de personne à personne, avec Meyer Lansky pendant sa campagne présidentielle de 1960. De plus, Sam Giancana lui-même aurait déclaré : "J'aide Jack à se faire élire et, en retour, il arrête les frais. Ce sera comme d'habitude."

Comme nous le savons tous aujourd'hui, c'est grâce à Sam Giancana que JFK a pu battre Richard Nixon en 1960 en lui donnant Chicago ("votez tôt et votez souvent"). Des problèmes sont cependant apparus lorsque, au lieu de tourner le dos à ce que faisaient les mafieux, JFK et son frère Bobby les ont doublés et ont mis le feu aux poudres.

C'est là que les choses se gâtent et qu'il faut faire preuve d'un peu de psychologie. Selon toutes les apparences, les frères Kennedy s'en sont pris à la mafia, ce qui a été l'une des décisions les plus stupides de tous les temps. Tout d'abord, le vieux Kennedy était un trafiquant d'alcool ayant des liens étroits avec le crime organisé. Il savait comment la mafia pensait et agissait.

De plus, il souhaitait créer une dynastie présidentielle Kennedy, en commençant par Jack, suivi de Bobby et Teddy. Et, avec des gens comme Sam Giancana derrière eux, ils pourraient truquer d'autres élections à l'avenir.

Alors, en gardant tout cela à l'esprit, pourquoi Jack et Bobby commenceraient-ils à essayer de les jeter tous en prison ? Cela semble ridicule. Mais John Kennedy n'était pas un imbécile, loin s'en faut. Il savait que plus sa présidence se prolongerait, plus la mafia lui demanderait des comptes. Et comme la famille Kennedy avait de nombreux squelettes dans son placard - les liaisons sexuelles de Jack, les sympathies nazies de Joe et ses liens avec le crime organisé -, John Kennedy savait qu'il finirait par être soudoyé et pris en otage par les gangsters. S'il ne se pliait pas à leurs désirs, ils commenceraient à "divulguer" ces informations à la presse.

Et, compte tenu de la haine que Kennedy inspirait à beaucoup de gens, si la mafia estimait qu'elle ne recevait pas sa juste part du gâteau (c'est-à-dire les pots-de-vin du gouvernement), elle aurait simplement suspendu Kennedy comme une marionnette au bout d'une ficelle en le menaçant continuellement de le dénoncer. Ce scénario aurait été un désastre pour JFK, c'est pourquoi Bobby et lui ont décidé de se débarrasser d'eux.

Bien sûr, la mafia ne pouvait pas ignorer les efforts de Bobby en tant que procureur général, d'autant plus que Joe et Giancana avaient conclu un pacte. Or, les frères Kennedy étaient en train de le renier, et une telle attitude ne pouvait être tolérée. Ou, comme Sam Giancana a décrit la situation : "C'est un coup de génie de la part de Joe Kennedy. Il va demander à Bobby de nous éliminer pour couvrir leurs propres traces et tout cela se fera dans le cadre de la 'guerre contre le crime organisé' des Kennedy. Brillant."

Tous ces subterfuges étaient déjà mauvais pour Kennedy, mais si l'on ajoute la longue affiliation de la mafia à l'Agence centrale de renseignement (qui méprisait également Kennedy), on comprend que les flammes ne cessent de s'intensifier.

Et bien que je ne puisse pas m'étendre sur les liens variés entre ces deux entités, Michael Collins Piper raconte comment le gouvernement des États-Unis a commencé à fréquenter Lucky Luciano et la Mafia pendant la Seconde Guerre mondiale, puis a progressé jusqu'aux tentatives d'assassinat de Fidel Castro ("Opération Mangouste" et ZR/Rifle Team), sans oublier le transport et le trafic de drogue à partir du Triangle d'Or pendant la guerre du Viêt-Nam.

Sam Giancana a décrit les liens entre la CIA et la mafia en des termes très succincts. "C'est ce que nous sommes, l'Outfit et la CIA, les deux faces d'une même pièce.

Certains se demandent peut-être pourquoi d'autres personnalités politiques de premier plan n'ont pas dénoncé cette situation épouvantable. Elles auraient sans doute pu le faire si elles n'avaient pas été aussi impliquées que la famille Kennedy. Dans *Mafia Kingfish*, publié par McGraw-Hill, John Davis raconte comment Carlos Marcello a versé plus de 50 000 dollars par an à Lyndon Baines Johnson, tandis que James Jesus Angleton et Meyer Lansky possédaient des photos compromettantes de J. Edgar Hoover (relatives à l'homosexualité de ce dernier).

C'est ainsi qu'il a lui aussi été corrompu pour garder le silence. Pour rendre les choses encore plus précaires, Michael Collins Piper souligne les liens de l'ADL avec le crime organisé et avec le très secret COINTELPRO, où l'ADL recueillait des rapports de renseignement sur des fonctionnaires de haut rang.

Ces mafieux juifs qui opéraient par l'intermédiaire de l'ADL étaient les mêmes qui légitimaient et contrôlaient l'industrie de l'alcool dirigée par la famille Bronfman.

Maintenant que j'ai mentionné un lien entre les Juifs et le crime organisé, je pourrais me pencher sur l'une des principales affirmations de Michael Collins Piper dans *Final Judgment, à savoir que* Meyer Lansky était le "capo di tuti capi", c'est-à-dire le chef incontestable du vaste monde souterrain du crime organisé, et que les Juifs étaient ceux qui menaient la danse, tout en utilisant les Italiens comme façade pour prendre le dessus et détourner l'attention de leur côté. En ce sens, les Juifs étaient les véritables cerveaux de la mafia, tandis que tous les autres noms - Giancana, Trafficante, Marcello, etc. - étaient des subordonnés de Meyer Lansky.

Hank Messick, dans *Lansky,* publié par Berkley Medallion Books en 1971, a écrit : "Les véritables chefs de file du crime sont restés cachés tandis que les forces de l'ordre du pays ont poursuivi des voyous mineurs". Il ajoute : "Les chefs de la mafia se cachent depuis des décennies derrière la société de vendetta [la mafia italienne]."

Cette perception a été renforcée dans la conscience du public pendant des années par les films et les émissions de télévision d'Hollywood. Il est bien connu que les Juifs ont fondé Hollywood et qu'ils exercent encore aujourd'hui une influence considérable, perpétuant le stéréotype du mafieux italien avec des productions telles que *Le Parrain* et *Les Sopranos.*

Pour ceux qui ne croient pas que Hollywood a été fondé par des personnes d'origine juive, il suffit de regarder les noms de ses fondateurs :

- Universal Studios - Carl Laemmle - Juif

- 20th Century Fox - William Fox - Juif

- Warner Brothers - HM Warner - Juif

- Paramount Pictures - Adolph Zukor - Juif

- MGM - Samuel Goldwyn - Juif

- MGM - Louis B. Mayer - Juif

Neil Gabler déclare dans *An Empire of Their Own, How the Jews Invented Hollywood* (*Un empire à eux seuls, comment les Juifs ont inventé Hollywood*), publié par Crown en 1988 : "Les Juifs d'Hollywood ont créé un puissant faisceau d'images et d'idées ... si puissant que, dans un sens, ils ont colonisé l'imagination américaine.

En fin de compte, les valeurs américaines ont été définies par les films réalisés par les Juifs". Ainsi, à l'instar des tactiques utilisées par les contrôleurs, où certains groupes ou individus sont sur le devant de la scène, ici aussi, les Italiens sont devenus les boucs émissaires tandis que Lansky et ses acolytes se cachaient dans les coulisses.

Comme le montre Michael Collins Piper, Meyer Lansky s'est fait connaître par ses opérations de trafic de drogue, qui l'ont ensuite mis en contact avec l'OSS et les services de renseignement de la marine dans le cadre d'une opération appelée "Opération Underworld". Le quartier général de cette opération était situé au Rockefeller Center, dans la ville de New York ( ), et était dirigé par William Stephenson, sur lequel Ian Fleming a modelé son personnage de James Bond.

Ce qui suit n'est qu'une esquisse des liens entre certaines forces juives, la pègre et les programmes secrets des services de renseignement, et je ne le fais certainement pas avec la même justice que Michael Collins Piper. Quoi qu'il en soit, voici ce qu'il en est. William Stephenson a dirigé des opérations antinazies au sein de l'ADL et du FBI, puis a participé à la création du Mossad. (L'ADL est finalement devenue un organe de collecte de renseignements et de propagande pour l'État d'Israël). Quoi qu'il en soit, l'homme de confiance de Stephenson était

Louis Bloomfield, avocat des Bronfman (magnats de la contrebande et de l'alcool).

C'est là que les choses se gâtent ! Stephenson et Bloomfield étaient également des trafiquants d'armes pour l'underground juif (dans la langue vernaculaire d'aujourd'hui, on les appellerait des terroristes), et ce sont les mêmes personnes qui sont devenues le gouvernement d'Israël ! Une fois de plus, cela confirme mon point de vue selon lequel les gouvernements du monde ne sont rien d'autre qu'un vaste syndicat du crime organisé. Ce sont tous des criminels !

Quoi qu'il en soit, c'est Louis Bloomfield qui a coordonné les activités de trafic d'armes à l'Institut juif Sonneborn. Et qui l'a aidé ? Les Bronfman et Meyer Lansky ! Meyer Lansky s'inscrit tout particulièrement dans ce contexte parce qu'il a créé les banques utilisées pour blanchir l'argent du Mossad.

En passant, si vous ne pensez pas que ces types d'opérations gouvernementales illégales existent aujourd'hui, lisez l'ouvrage de Mike Ruppert *intitulé The Truth and Lies of 9-11 (La vérité et les mensonges du 11 septembre)*. Notre gouvernement et bien d'autres se livrent toujours au blanchiment d'argent, au trafic d'armes et au trafic de drogue à grande échelle. De plus, si vous examinez les antécédents des personnes qui dirigent le monde - les Bronfman, les Kennedy, les Rockefeller, les Bush, les fondateurs de Skull & Bones et bien d'autres - vous découvrirez qu'ils sont tous des criminels. Et je ne parle pas des criminels risibles du type Richard Nixon, mais d'activités illégales bien réelles.

Quoi qu'il en soit, Meyer Lansky est devenu si puissant qu'Anthony Summers raconte dans *Conspiracy* (McGraw-Hill) comment, pour protéger ses intérêts dans le domaine du jeu, de la prostitution et de la drogue, il a convaincu le dictateur cubain Fulgencio Batista de démissionner temporairement dans les années 1940.

Outre ses entreprises criminelles (et compte tenu de son héritage juif), l'autre allégeance indéfectible de Lansky était l'État d'Israël, auquel il a apporté d'énormes contributions. Lorsqu'il a constaté la colère de David Ben-Gourion face au refus de JFK d'aider (ou même d'autoriser) les aspirations nucléaires d'Israël, sa vieille rancune à l'égard de la famille Kennedy s'est transformée en une véritable hargne. Et, compte tenu du fait que le vieux Kennedy était un escroc, les contrôleurs ont ressenti un énorme sentiment de trahison lorsqu'ils se sont donné tant de mal pour faire entrer John Kennedy au pouvoir, puis que celui-ci s'est retourné et a tenté de détruire leurs deux plus puissants bras armés en matière d'application et de mise en œuvre - la CIA et la mafia. Quelqu'un comme Sam Giancana n'a jamais pu pardonner à Kennedy de les avoir trahis, surtout lorsque le vieux Kennedy a vendu son âme pour épargner sa vie. En revenant sur un accord de longue date, puis en ripostant avec une force destructrice, JFK a littéralement signé son propre arrêt de mort. Les contrôleurs étaient tellement furieux d'avoir été trahis qu'ils *ont dû* le tuer. Et puisque Michael Collins Piper affirme que Meyer Lansky était à la tête de la structure de pouvoir du crime organisé, il a été, avec le Mossad et James Jesus Angleton de la CIA, le moteur "opérationnel" de l'assassinat de Kennedy.

En fin de compte, c'est Sam Giancana qui résume le mieux le succès avec ces mots qui font froid dans le dos. "Les politiciens et la CIA ont simplifié les choses.

Nous fournirions chacun des hommes pour le coup. Je superviserais le côté Outfit [mafia] des choses et j'ajouterais Jack Ruby et quelques renforts supplémentaires, et la CIA mettrait ses propres hommes pour s'occuper du reste".

LE VIETNAM ET LE TRAFIC DE DROGUE DE LA CIA

Le plus grand secret de la guerre du Viêt Nam est peut-être que notre Agence centrale de renseignements a pris le contrôle du tristement célèbre Triangle d'or pendant cette période, puis, avec l'aide de divers éléments du crime organisé, a expédié d'énormes quantités d'héroïne de cette région vers notre pays. Comme cette pratique et bien d'autres permettaient de gagner beaucoup d'argent, ceux qui avaient tout à gagner de cette horrible guerre - les fabricants d'armement, les banquiers, les militaires et les trafiquants de drogue - ont immédiatement accueilli avec consternation toute suggestion de se retirer du Viêt Nam.

Mais c'est exactement ce que John F. Kennedy avait l'intention de faire après sa réélection. En fait, il avait déjà prévu de dire au peuple américain que ses troupes seraient rentrées chez elles en 1965. Réfléchissez un instant à cette décision capitale. Si nous étions sortis du

Viêt Nam en 1965, huit années d'effusion de sang dans la jungle et de troubles civils dans les rues et les campus américains auraient pu être atténuées.

Michael Collins Piper écrit dans *Final Judgment* : "Le changement envisagé par Kennedy dans la politique vietnamienne - son plan de retrait unilatéral de l'imbroglio - a rendu furieux non seulement la CIA, mais aussi des éléments du Pentagone et leurs alliés du complexe militaro-industriel.

À cette époque, bien sûr, le syndicat Lansky avait déjà mis en place un réseau international de trafic d'héroïne depuis l'Asie du Sud-Est par l'intermédiaire de la mafia corse, liée à la CIA, dans la région méditerranéenne. Les opérations conjointes Lansky-CIA dans le racket international de la drogue étaient une entreprise lucrative qui a prospéré grâce à l'engagement profond des États-Unis en Asie du Sud-Est comme couverture pour les activités de contrebande de drogue".

L'explication de Piper, qui tient en un seul paragraphe, est peut-être l'aperçu le plus concis de la guerre du Viêt Nam jamais écrit. Les militaires et les entreprises de défense se sont enrichis comme des bandits grâce à la machine de guerre, tandis que les escrocs de la CIA et les mafieux dirigés par Lansky (par l'intermédiaire de Santo Trafficante en tant que principal trafiquant) s'en mettaient également plein les poches. L'auteur Peter Dale Scott, dans *Deep Politics and the Death of JFK*, a déclaré à propos de ce phénomène : "L'afflux de drogues dans ce pays depuis la Seconde Guerre mondiale a été l'un des principaux secrets "inavouables" qui ont permis d'étouffer l'assassinat de Kennedy".

Pour donner une perspective plus large à cette situation, le professeur Alfred McCoy a déclaré dans *The Politics of Heroin* : "Depuis l'interdiction des stupéfiants en 1920, les alliances entre les courtiers en drogue et les agences de renseignement ont protégé le trafic mondial de stupéfiants.

Compte tenu de la fréquence de ces alliances, il semble y avoir une attraction naturelle entre les services de renseignement et les organisations criminelles.

Tous deux pratiquent ce qu'un agent de la CIA à la retraite a appelé les "arts clandestins", c'est-à-dire l'art d'opérer en dehors des circuits normaux de la société civile. Parmi toutes les institutions de la société moderne, les agences de renseignement et les syndicats du crime sont les seuls à maintenir de grandes organisations capables de mener des opérations secrètes sans craindre d'être découverts".

Du côté du gouvernement, les deux principaux responsables du Triangle d'or étaient Ted Schackley et Thomas Clines, les deux mêmes hommes qui ont dirigé l'*opération Mangouste* (le complot visant à "éliminer" Fidel Castro).

Ainsi, de 1960 à 1975, la CIA a déployé une force secrète de 30 000 membres de tribus Hmong pour combattre les communistes laotiens. Elle a également créé des laboratoires d'héroïne dans cette région, puis l'a acheminée via sa propre compagnie aérienne privée, Air America.

Alfred McCoy, dans *The Politics of Heroin : La complicité de la CIA dans le commerce mondial de la drogue*, décrit comment la CIA a d'abord donné de l'héroïne à nos propres soldats américains au Viêt Nam avant de l'expédier aux États-Unis, où les mafieux de Lansky la revendaient dans les rues.

Les biographes de Sam Giancana ont renforcé ce point en déclarant que pendant que le crime organisé faisait son travail, "la CIA a fermé les yeux, permettant à plus de 100 millions de dollars par an de drogues illicites de transiter par La Havane vers les États-Unis. La CIA recevait 10% du produit de la vente de stupéfiants, qu'elle utilisait pour alimenter sa caisse noire sous couverture".

Une fois que la mafia et la CIA ont généré cet argent sale, elles l'ont blanchi sur des comptes bancaires secrets contrôlés par les banquiers internationaux. De cette façon, le gouvernement ne pouvait pas mettre la main dessus et les fonds pouvaient être investis dans le marché boursier, prêtés à d'autres entreprises ou acheminés vers les budgets noirs des services secrets.

Même si les informations ci-dessus ne sont que la partie émergée de l'iceberg , vous comprenez maintenant pourquoi il était si important pour la CIA, la mafia et la cabale bancaire internationale que JFK ne retire pas l'Amérique du Viêt Nam ? L'argent (via le trafic illégal de drogue et pour la machine de guerre) était incroyable, tandis que le contrôle d'une autre région du globe (le Triangle d'Or) était assuré.

Enfin, quatre jours seulement après l'assassinat de John Kennedy, Lyndon Baines Johnson, son successeur, a apposé son nom sur la NSAM 273, qui garantissait notre engagement accru en Asie du Sud-Est. Ces hommes ne perdaient pas de temps ! En l'espace de quelques mois, notre engagement au Viêt Nam est passé de 20 000 hommes à un quart de million ! La CIA avait gagné, et dix ans plus tard, 57 000

Des soldats américains sont morts - un comportement vraiment choquant et abominable - une honte et un fléau pour la conscience américaine.

LES MEDIAS COMPLICES DE L'ASSASSINAT DE KENNEDY

Alors que je conclus cette analyse du livre *Final Judgment* de Michael Collins Piper, la dernière pièce du puzzle que nous devons examiner est le rôle des médias dans la dissimulation de l'exécution de JFK le 22 novembre 1963. Comme nous l'avons vu dans les articles précédents, l'organisation qui avait le plus de moyens, de ressources et de motivations pour mener à bien cet acte odieux était la CIA, avec l'aide directe du Mossad et du syndicat international du crime de Meyer Lansky. Pour incriminer davantage les barbouzes de Langley, il suffit d'enquêter sur l'ampleur de leur infiltration dans les médias américains au cours de la seconde moitié du 20e siècle. Et si quelqu'un crie à la "théorie du complot" à propos de ces accusations, rappelez-vous cet adage : une chose n'est plus une théorie une fois qu'elle a été prouvée comme étant vraie. Carl Bernstein, journaliste lauréat du prix Pulitzer, soutient ce point dans son célèbre article du 20 octobre 1977 pour *Rolling Stone*, lorsqu'il raconte comment 400 journalistes financés par la CIA ont infiltré les médias américains dans le cadre de l'opération "Mockingbird". Il a écrit : "La CIA a infiltré 400 journalistes financés par la CIA dans les médias américains :

"Joseph Alsop est l'un des plus de 400 journalistes américains qui, au cours des 25 dernières années, ont secrètement effectué des missions pour le compte de la CIA, conformément aux documents archivés au siège de la CIA. Par ailleurs, dans les années 1950 et 1960, CBS News était surnommé le "CIA Broadcasting System" (système de diffusion de la CIA).

Nous devons donc nous demander qui avait les ressources et la capacité de mettre en œuvre la dernière étape de cet assassinat soigneusement conçu. La réponse est fournie par Jerry Pollicoff dans *Government by Gunplay* (Signet Books). "La dissimulation de l'assassinat de Kennedy n'a survécu si longtemps que parce que la presse, confrontée au choix de croire ce qu'on lui disait ou d'examiner les faits de manière indépendante, a opté pour la première solution.

Pour semer la confusion dans l'esprit des citoyens, les médias ont avancé toutes les théories imaginables, sauf celle de l'implication d'Israël. Comme l'a déclaré le cinéaste Oliver Stone au *New York Times le* 20 décembre 1991, "lorsqu'un dirigeant de n'importe quel pays est assassiné, les médias se demandent normalement quelles forces politiques s'opposaient à ce dirigeant et tireraient profit de son assassinat".

Mais comme le souligne Michael Collins Piper dans *Final Judgment*, Oliver Stone n'a pas approfondi la piste israélienne, peut-être parce que le producteur exécutif de son film sur *JFK* était un certain Arnon Milchan, dont Alexander Cockburn a déclaré dans le magazine *The Nation*, le 18 mai 1992, qu'il était "probablement le plus grand marchand d'armes d'Israël". En outre, Benjamin Beit-Hallahmi a qualifié Milchan d'"homme du Mossad".

Ce que nos médias étaient essentiellement appelés à faire, c'était : 1) transmettre et soutenir les conclusions de la Commission Warren ; 2) perpétuer la théorie du "fou solitaire".

3) Attaquer les dissidents

4) Empêcher toute discussion sur l'implication d'Israël Comme le montre Michael Collins Piper, au centre de cette dissimulation se trouvaient les médias WDSU, dirigés par la famille Stern, qui était l'un des principaux contributeurs de l'ADL. Le cerveau de la CIA, James Jesus Angleton, travaillait en collaboration avec ce média et les principaux réseaux. Ces forces étaient au cœur d'une conspiration visant à alimenter les médias en fausses pistes (désinformation), , et à

détourner toute enquête de la véritable motivation de l'assassinat de Kennedy.

Le facteur le plus important qui a été ignoré par les médias est sans doute une entité appelée Permindex, qui a servi de point de convergence pour la CIA, le Mossad et la mafia de Lansky. Qui était Permindex ? Eh bien, Permindex était un fournisseur d'armes situé à Rome qui blanchissait également de l'argent et avait des liens avec la CIA, Meyer Lansky et l'État d'Israël.

Bien que je ne sois pas en mesure d'approfondir ce sujet comme Michael Collins Piper l'a fait dans *Final Judgment*, voici un bref aperçu du rôle de cette entité dans l'assassinat de Kennedy. Le président du conseil d'administration de Permindex était le major Louis M.

Bloomfield (mentionné précédemment dans cette série), qui a été l'une des deux principales figures de la création du Mossad et de l'État d'Israël. Bloomfield détenait également la moitié des actions de Permindex, était employé par J. Edgar Hoover dans la tristement célèbre "Division 5" du FBI et est devenu un homme de paille pour la puissante famille Bronfman.

Les Bronfman, il faut le rappeler, étaient des trafiquants d'alcool (comme Joe Kennedy), qui ont bâti leur empire par l'intermédiaire du syndicat du crime Lansky.

L'un des autres actionnaires principaux de Permindex était Tibor Rosenbaum, qui a créé à Genève une entité appelée BCI (Banque de Crédit International). Rosenbaum était également le directeur des finances et de l'approvisionnement du Mossad, tandis que sa BCI était le principal organe de blanchiment d'argent de Meyer Lansky. Enfin, la BCI était intimement liée au Mossad, tandis que son fondateur, Tibor Rosenbaum, était appelé le "parrain" de la nation israélienne.

Lorsque l'on sait à quel point l'État d'Israël était crucial pour des personnes comme David Ben-Gourion et les hommes cités ci-dessus, et à quel point ils se sentaient menacés dans leur survie même, il n'est pas anodin que toutes ces forces (le Mossad, la CIA et la mafia de Lansky) aient convergé autour de Permindex. Chacune avait des liens directs avec cette entité et chacune avait ses propres raisons de vouloir la mort de Kennedy.

Mais quel angle d'attaque les médias américains ont-ils choisi ? La théorie de l'homme seul, , selon laquelle un individu malchanceux comme Lee Harvey Oswald aurait réalisé le plus grand coup d'État du 20e siècle ! C'est incroyable.

Ensuite, pour brouiller les pistes et éliminer leur "pigeon" (qui allait manifestement se mettre à chanter), les conspirateurs ont fait appel à Jack Ruby pour tuer Oswald. Mais une fois de plus, les médias ont manqué à leur devoir de dire la vérité. Au lieu d'être simplement un "Américain en deuil" qui s'est senti obligé de tuer Oswald pour épargner à Jackie Kennedy un nouveau chagrin d'amour, Jack Ruby (véritable nom de famille : Rubinstein) était un membre de la mafia juive de Meyer Lansky ! Pourquoi le magazine *Time* ne nous a-t-il pas communiqué cette petite information ?

Ou encore, pourquoi les images "perdues" du journaliste John Henshaw n'ont-elles pas été diffusées, où Jack Ruby est conduit par des fonctionnaires du ministère de la Justice à travers le quartier général de la police de Dallas, sans passer par les agents de contrôle, les agents du FBI et les détectives qui étaient censés sécuriser les lieux ? Il s'agit d'une PREMIÈRE PREUVE ! Pourquoi n'a-t-elle jamais été portée à l'attention du public ?

Plus curieuse encore est la décision du juge Earl Warren de ne pas laisser Jack Ruby témoigner devant sa Commission. Pourquoi ? Peut-être parce que la commission Warren était composée de membres du Council on Foreign Relations, d'un membre du Bilderberg (Gerald Ford, qui a été récompensé plus tard par la présidence après la chute de Nixon) et d'Allen Dulles, qui a été renvoyé par JFK ! Réfléchissez à l'absurdité de cette situation. John Kennedy a licencié le directeur de la CIA, Allen Dulles, et a menacé de briser son organisation en mille morceaux et de la disperser au vent.

Et pourtant, que s'est-il passé ? Allen Dulles a été nommé à la Commission Warren pour "enquêter" sur le meurtre de l'homme qui l'avait licencié.

L'organisation de Dulles a joué un rôle essentiel dans l'assassinat. La chercheuse Dorothy Kilgallen a déclaré au *Philadelphia News* le 22 février 1964 : "L'un des secrets les mieux gardés du procès Ruby est la mesure dans laquelle le gouvernement fédéral coopère avec la défense.

L'alliance sans précédent entre les avocats de Ruby et le ministère de la Justice à Washington pourrait apporter à l'affaire l'élément dramatique qui lui manquait : Le mystère".

Il y a d'innombrables autres particularités que les médias auraient pu révéler, comme la façon dont les Kennedy avaient des plans futurs à grande échelle pour saper la Réserve fédérale contrôlée par les Rothschild et la façon dont elle avait la mainmise sur l'économie et le système monétaire américains, mais au lieu de cela, ils se sont contentés de vendre leur âme et de dire que toute la débâcle avait été menée par un assassin solitaire - Lee Harvey Oswald. Et à ce jour, bien que le Comité de l'Église ait conclu dans les années 1970 à l'existence d'un complot visant à tuer le président Kennedy et à l'implication de notre gouvernement, les médias et nos écoles publiques continuent de promouvoir la théorie de l'assassin solitaire. Incroyable.

Mais Michael Collins Piper va plus loin... beaucoup plus loin...

énumère les NOMS RÉELS des responsables de l'assassinat de John F. Kennedy - les principaux planificateurs qui avaient une connaissance directe du meurtre, ainsi que les acteurs secondaires et ceux qui se trouvaient à la périphérie. Je vous recommande vivement d'acheter ce livre et de découvrir par vous-mêmes qui était derrière cet acte macabre. Une fois que vous aurez plongé dans *Final Judgment*, vous verrez les rôles que chacune des entités ci-dessous a joués :

Le Mossad - le cœur noirci **La CIA** - l'esprit dément

La mafia de Lansky - le muscle

Les médias américains - les yeux aveugles et la bouche muette Hervé Lamarr, dans *Adieu l'Amérique*, résume ainsi la situation : "L'assassinat du président Kennedy est l'œuvre de magiciens. C'était un tour de scène, avec accessoires et faux miroirs, et quand le rideau est tombé, les acteurs, et même le décor, ont disparu. Mais les magiciens n'étaient pas des illusionnistes, mais des professionnels, des artistes à leur manière".

C'est une différence incroyable par rapport à un assassin "solitaire" désabusé qui a réalisé cet acte grandiose tout seul. Et si vous pensez que cette horrible situation a changé d'un iota au cours des quarante dernières années, vous vous trompez lourdement. Pour prouver ce point, je conclurai avec cet extrait d'une interview de Greg Palast dans le magazine *Hustler*. Il s'agit du premier dissimulateur de l'histoire, Dan Rather, dont la carrière entière s'est faite sur l'assassinat de Kennedy.

> Palast : J'ai mal au cœur quand je vois Rather, car c'est en fait un journaliste. Il est venu dans mon émission, *Newsnight*, en Angleterre, et a dit : "Je ne peux pas rapporter les nouvelles. Je n'ai pas le droit de poser de questions. Nous allons envoyer nos enfants et nos maris dans le désert et je ne peux pas poser de question parce que je serai lynché. Il avait l'air vaincu et affreux, et je me disais ... pourquoi ai-je de la peine pour ce type qui vaut des millions ? Il devrait se tourner vers la caméra et dire : "Eh bien, maintenant, la vérité ! À vous, Greg, à Londres". Le problème, c'est qu'il ne peut pas raconter l'histoire des agents de renseignement à **qui** l'on dit de ne pas s'intéresser à la famille Ben Laden, de **ne** pas s'intéresser au financement du terrorisme par l'Arabie saoudite.

> *Hustler :* Qu'est-ce qui fait que Rather a peur de faire son travail ?

> Palast : Ce n'est pas seulement parce qu'il y a des bergers brutaux comme Rupert Murdoch qui sont là pour **tabasser** tout journaliste qui pose les mauvaises questions ; il s'agit de faire de l'information à bon marché... dans une certaine mesure, ils savent qu'il y a certaines choses que l'on ne peut pas dire. Rather dit qu'on lui mettrait un collier pour avoir dit la vérité.

Malheureusement, la dissimulation de l'assassinat de Kennedy il y a quarante ans est exactement la même qu'aujourd'hui avec la dissimulation du 11 septembre. Hier comme aujourd'hui.

CHAPITRE XXI

Les grands prêtres de la guerre de Michael Collins Piper 17 mai 2004

Victor Thorn

Après avoir lu *Final Judgment*, j'ai dit en plaisantant à une connaissance : "Michael Collins Piper a ruiné toutes mes recherches sur JFK parce que, comparé à son livre, tout le reste semble un jeu d'enfant". Le même raisonnement s'applique aujourd'hui à la couverture par les grands médias des hommes qui orchestrent notre guerre en Irak. Contrairement à ce que Michael Collins Piper a accompli dans son dernier ouvrage, *The High Priests of War*, nos journalistes ressemblent à une bande de poseurs émasculés qui ne peuvent pas (ou ne veulent pas) dire au peuple américain ce qui se passe réellement dans les couloirs du pouvoir dans la capitale de notre nation.

Commençant par un bref aperçu de l'escroquerie de la guerre froide, qui s'est jouée dans les moindres détails et avec beaucoup de drame sur la scène mondiale, Piper nous montre comment une cabale de "néo-conservateurs", petite mais étroitement liée, est sortie de l'ombre de Trotsky pour devenir des adhérents du sénateur Henry "Scoop" Jackson (un démocrate, soit dit en passant), puis s'est installée dans les administrations Reagan et Bush père, où elle était largement considérée comme des "fous" qu'il fallait contenir.

En cours de route, nous découvrons également comment ces intellectuels tordus sont intimement liés à une cause sioniste sous-jacente, et comment ils sont capables de promouvoir leurs objectifs via un réseau bien établi de médias, de groupes de réflexion et de politiciens qui ont vendu leur âme il y a longtemps.

La plus grande force de Piper, cependant, réside dans sa capacité à exposer et à interconnecter ces éléments furtifs que d'autres évitent, tels que le rôle de Richard Perle et William Kristol dans l'élaboration de notre guerre actuelle, leurs liens avec les Bilderbergs et le CFR, et comment un groupe peu connu - l'Équipe B - a détourné la branche du Parti républicain chargée de la politique étrangère. Mais l'auteur ne s'arrête pas là, car il énumère soigneusement toutes les personnes et organisations impliquées dans cette infâme Kosher Nostra.

Deux citations contenues dans ce livre sont particulièrement intéressantes, car elles montrent bien où se situent les loyautés de certains de nos hommes de pouvoir à Washington. L'une a été prononcée par le sénateur de l'Arizona John McCain (à propos de la survie d'Israël), tandis que l'autre a été prononcée par l'ex-analyste de la CIA George Friedman à propos de ceux qui ont le plus profité des attaques terroristes du 11 septembre. Il va sans dire que ces passages nous ouvrent les yeux et révèlent le type de forces auxquelles nous sommes confrontés.

Enfin, il faut reconnaître à Michael Collins Piper le mérite d'avoir abordé l'aspect probablement le plus important du phénomène néoconservateur : la façon dont les États-Unis d'Amérique sont utilisés comme un pion pour faire le sale boulot d'un groupe de mondialistes dans leur quête d'un empire international gouverné de façon centralisée. En ce sens, ce que nous voyons aux informations du soir ou lisons dans nos journaux quotidiens n'est pas toute l'histoire, car un programme secret est à l'œuvre, un programme qui est systématiquement mis en œuvre pour manipuler et affaiblir notre pays jusqu'à ce qu'il finisse par se plier à la vision des élitistes d'un Nouvel Ordre Mondial. Ce livre est à lire absolument pour ceux qui pensent que les experts des médias et les têtes parlantes ne jouent pas franc jeu avec nous.

CHAPITRE XXII

La nouvelle Jérusalem de Michael Collins Piper 31 août 2005

Victor Thorn

Certains mots brûlent avec la fureur de l'acide borique à travers l'acier. Cette affirmation s'applique certainement à une citation que Michael Collins Piper utilise vers la fin de *La nouvelle Jérusalem*, tirée du journal inédit de l'ancien président Harry S. Truman : "Les Juifs n'ont aucun sens des proportions, ni aucun jugement sur les affaires du monde. Je trouve que les Juifs sont très, très égoïstes. Ils se moquent du nombre d'Estoniens, de Lettons, de Finlandais, de Polonais, de Yougoslaves ou de Grecs qui sont assassinés ou maltraités en tant que personnes déplacées [après la guerre], tant que les Juifs bénéficient d'un traitement spécial. Pourtant, lorsqu'ils détiennent le pouvoir - physique, financier ou politique - ni Hitler ni Staline n'ont eu à faire preuve de cruauté ou de maltraitance à l'égard des laissés-pour-compte".

Ces mots sont aussi puissants et poignants que tout ce qui a été écrit dans les annales de l'histoire ; mais comme le souligne Piper, Truman n'était pas le seul président à éprouver un tel ressentiment à l'égard des Juifs. Bien sûr, nous connaissons tous les opinions de Richard Nixon (il a un jour qualifié le financier Robert Vesco de "kike de pacotille" et a déclaré que "le fisc est plein de Juifs"). Mais combien de personnes connaissaient les espoirs de réélection de Jimmy Carter en 1980 : "Si je suis réélu, je vais f- - - - les Juifs". De même, le secrétaire d'État de George Bush père, James Baker, avait déclaré (bien avant que les néo-cons n'accèdent au pouvoir) : "F- - - les Juifs : "J'emmerde les Juifs. Ils ne votent pas pour nous de toute façon".

Les affirmations de Harry S. Truman sur les Juifs et les affaires mondiales sont encore plus vraies aujourd'hui, car Piper ouvre *La nouvelle Jérusalem* en montrant comment les deux événements les plus importants de notre jeune XXIe siècle - le 11 septembre et la guerre d'Irak - sont tous deux fondés sans équivoque sur la politique des États-Unis en matière de droits de l'homme et de démocratie au Moyen-Orient.

En ce qui concerne le 11 septembre, si vous êtes assez naïf pour croire encore à la version "officielle" des événements - à savoir que 19 Arabes vivant dans des grottes ont planifié, orchestré et exécuté les attaques terroristes du 11 septembre - vous ne pouvez pas nier qu'elles ont été causées par la relation de complaisance de l'Amérique avec la nation terroriste d'Israël. Mais comme nous le savons, le 11 septembre était en fait un travail interne perpétré par une petite cabale à l'intérieur (et à l'extérieur) de notre gouvernement. Et pourquoi auraient-ils perpétré un tel meurtre de masse psychopathique et sanguinaire ? Réponse : parce qu'il a servi de prétexte à notre guerre au Moyen-Orient, où les États-Unis ne sont rien d'autre qu'un mandataire chargé de faire le sale boulot d'Israël. En ce sens, l'affirmation de Piper est tout à fait correcte.

Dans le même ordre d'idées, Piper fait référence à un livre de Benjamin Ginsberg intitulé *The Fatal Embrace : Jews and the State*. Comme le titre l'indique, les Juifs ont toujours "embrassé" l'État parce que, en termes purement machiavéliques, c'était leur moyen d'atteindre le but ultime - le pouvoir. Cette étreinte, cependant, s'avère souvent fatale, car quel que soit l'endroit où les Juifs ont résidé - depuis les temps bibliques - ils ont été réduits en esclavage, chassés ou tués en masse. Partout !

Là encore, vous vous demandez peut-être pourquoi. La réponse est étonnamment simple. De tout temps, les Juifs ont manipulé le "système" pour acquérir de grandes richesses et du pouvoir. Et bien que les Juifs ne représentent aujourd'hui que 2% de la population américaine, ils s'unissent à d'autres personnes partageant les mêmes idées pour créer un ensemble d'organisations et de lobbies très puissants qui, en fin de compte, recherchent non seulement le pouvoir politique, mais aussi l'influence sociale (c'est-à-dire Hollywood, la télévision, etc.).

Cette arrogance est exprimée de manière très claire par M. Ginsberg. "Les juifs se considèrent souvent, secrètement ou non, comme moralement et intellectuellement supérieurs à leurs voisins".

Ainsi, les Juifs commencent inévitablement à abuser de leur pouvoir et finissent par être démasqués et traités selon les méthodes décrites ci-dessus. Le même sort attend-il les néo-conservateurs d'aujourd'hui, ainsi que le lobby sioniste aux multiples tentacules, les caïds des médias corrompus, le régime génocidaire d'Ariel Sharon, et ceux qui construisent un mur d'apartheid de l'extrémité nord de la Cisjordanie jusqu'à Jérusalem ? Si l'on se fie au passé, l'histoire ne traitera pas ces personnes de la même manière qu'elles l'ont fait jusqu'à présent.

Les "ennemis du peuple" gentiment.

L'un des résultats malheureux de cette arrogante quête de pouvoir est la guerre claire. Comme l'explique Michael Collins Piper, les trois quarts des dépenses américaines d'aide à l'étranger visent (directement ou indirectement) à assurer la sécurité d'Israël. Ainsi, non seulement nous remettons 10 milliards de dollars à Israël chaque année, mais nos dépenses annuelles en faveur de l'Égypte sont principalement administrées pour une seule raison - afin qu'elle n'attaque pas Israël. N'est-il pas évident qu'un cercle vicieux a été créé par notre soumission à Israël et que cela nous place dans une position vulnérable en tant que nation ?

Pire encore, la débâcle actuelle en Irak n'est pas la première guerre conçue par les élitistes juifs. Quiconque se soucie d'étudier objectivement l'histoire découvrira les mêmes mains cachées derrière la guerre de Sécession (où les intérêts de Rothschild ont financé à la fois le Nord et le Sud), ainsi que la révolution bolchevique, la Première Guerre mondiale, la Seconde Guerre mondiale et la première guerre d'Irak "Tempête du désert".

Piper a le mérite d'illustrer comment ce schéma existe aujourd'hui avec notre "guerre contre le terrorisme" orwellienne. Nombreux sont ceux qui ne comprennent pas ce point essentiel : Ce n'est pas le président George W. Bush qui mène la danse. Au contraire, les contrôleurs du Nouvel Ordre Mondial ont une fois de plus dépêché une foule d'agents pour exécuter leurs ordres (dans la même veine que le colonel Edward Mandel House & Woodrow Wilson, Henry Kissinger, Zbigniew Brzezinski, et Samuel P. Huntington). Cette fois, le provocateur est Natan Sharansky, qui a uni ses forces à celles d'autres néo-cons mentionnés dans le précédent livre de Piper, *The High Priests of War* (Wolfowitz, William Kristol et Richard Perle ("le prince des ténèbres"), etc.)

Piper écrit : "L'agenda de Bush (plutôt l'agenda des manipulateurs sionistes de Bush) n'est rien d'autre qu'une forme modernisée du bolchevisme à l'ancienne inspiré par feu Léon Trotsky".

Et bien que les effets néfastes d'une telle infiltration soient évidents (notamment en ce qui concerne la politique étrangère), la critique d'Israël entraîne des représailles rapides et vengeresses dans certains cercles. En fait, l'un des éléments les plus fascinants du livre de Piper est son analyse concise de la communauté sioniste dans son ensemble, qui accuse toute critique d'Israël d'être non seulement antisémite et anti-israélienne, mais aussi anti-américaine et anti-chrétienne, parce que (du moins à leurs yeux) les objectifs d'Israël et les objectifs de l'Amérique devraient être les mêmes. Une telle philosophie n'est cependant pas nouvelle, car elle remonte à plusieurs générations, à l'époque où des familles telles que les Rosenwald, les Friedsam, les Blumenthal, les Schiff, les Warburg, les Lehman, les Baruch, les Bronfman et les Guggenheim ont pris de l'importance. Ces individus, ainsi que les représentants et les organisations qu'ils ont engendrés, sont finalement devenus ce que Ferdinand Lundberg a appelé "le gouvernement de facto", qui "est en fait le gouvernement des États-Unis - informel, invisible, ombrageux" ("*America's Sixty Families*").

Étrangement, les sujets susmentionnés sont rarement abordés dans les talk-shows du dimanche matin ou dans les pages d'opinion des grands quotidiens. Il semble que nous puissions débattre intellectuellement de pratiquement tous les sujets dans ce pays - l'avortement, le contrôle des armes à feu, la fiscalité, la délocalisation en Chine, la politique pétrolière d'Hugo Chavez, le point de vue de la Russie sur l'Occident ou le sida en Afrique ; mais quiconque critique (ou même discute) de la manière dont le trésor du lobby juif influence les législateurs américains est instantanément qualifié d'antisémite.

Il va sans dire que *The New Jerusalem* de Piper est une ressource inestimable pour toute personne qui souhaite voir clairement comment ce pays (et le monde dans son ensemble) est manipulé par une puissance sioniste cachée (et moins cachée). En outre, outre les sujets déjà mentionnés, l'auteur examine également les liens sionistes avec Enron, l'affaire Inslaw et le logiciel PROMIS, les relations entre la famille criminelle Bronfman et John McCain, le contrôle des médias (en particulier le *Washington Post* de feu Katharine Graham), la manière dont les journalistes d'entreprise ont été compromis par l'opération

Mockingbird, la possibilité qu'il existe un autre "Deep Throat", Donald Trump, ainsi qu'un who's who de l'élite juive. Sur le plan historique, Piper aborde également l'industrie de l'Holocauste et la façon dont elle est exploitée par ceux qui recherchent constamment le rôle de victime, le contrôle juif de la traite transatlantique des esclaves depuis l'Afrique, le meurtre de l'auteur/chercheur Danny Casolaro par une sous-unité de l'OSI (Office of Special Investigations) du ministère de la Justice, et la poursuite de l'analyse de *Final Judgment* sur les liens de Meyer Lansky avec la mafia et son rôle dans des événements clés du XXe siècle.

Une fois que vous aurez lu ce livre, je vous garantis que vous ne verrez plus jamais le monde qui vous entoure du même œil.

Biographie de l'auteur

MICHAEL COLLINS PIPER

Depuis quelque 25 ans, Michael Collins Piper, par l'intermédiaire de médias américains indépendants, est l'un des journalistes américains les plus francs, les plus prolifiques et les plus lus à adopter une position cohérente contre le soutien inconditionnel des États-Unis à Israël et à critiquer la politique américaine qui a nui aux relations des États-Unis avec les mondes arabe et musulman. Il n'est pas surprenant que M. Piper ait souvent été la cible d'attaques publiées par l'Anti-Defamation League (ADL) du B'nai B'rith, le Centre Simon Wiesenthal et le Middle East Media Research Institute (MEMRI), parmi d'autres groupes de pression israéliens aux États-Unis.

Le livre de Piper, *Final Judgment : The Missing Link in the JFK Assassination Conspiracy (Le chaînon manquant dans la conspiration de l'assassinat de JFK), qui* documente les multiples liens entre l'agence de renseignement israélienne, le Mossad, et l'assassinat du président John F. Kennedy, a été durement attaqué par le lobby israélien, mais s'est imposé comme l'un des ouvrages les plus convaincants et les plus enthousiastes jamais écrits sur le sujet. En 1991, l'éminente société Dar El Ilm Lilmalayin, basée à Beyrouth, a publié la toute première traduction en langue arabe du *Jugement dernier*. En 2004, le livre a été publié en anglais en Malaisie et est également en cours de publication en malais et en japonais. Les autres livres de Piper, *The High Priests of War*, une étude du réseau néo-conservateur pro-israélien qui a orchestré la guerre américaine contre l'Irak, et *The New Jerusalem*, un aperçu complet et actualisé de la richesse et du pouvoir de la communauté sioniste en Amérique, ont été largement diffusés ici et à l'étranger et ont été publiés en Malaisie à la fois en anglais et en malais. La publication de *The High Priests of War* est prévue en arabe.

CONTEXTE PERSONNEL ET ÉDUCATIF

Né en Pennsylvanie, États-Unis, le 16 juillet 1960. Fils de Thomas M. Piper (décédé) et de Gloria Armstrong Piper (décédée).

Titulaire d'une licence en sciences politiques. A suivi une année d'études juridiques. Piper est d'origine allemande, irlandaise, néerlandaise et amérindienne.

Il est l'arrière-arrière-petit-fils du célèbre constructeur de ponts "Colonel" John L. Piper, partenaire commercial de la première heure et figure paternelle du géant industriel américain Andrew Carnegie. Bien que Piper n'ait pas d'enfant, il est l'heureux parrain de deux garçons, l'un afro-américain et l'autre américano-japonais. Piper est un grand défenseur des animaux et un critique virulent des pratiques d'abattage casher brutales et inhumaines.

PROFESSIONNELS

- En 1979, alors qu'il était étudiant, il a été stagiaire au sein de l'équipe de campagne nationale du John Connally for President Committee. Ancien gouverneur du Texas et secrétaire au Trésor sous la présidence de Richard M. Nixon, Connally - qui a été blessé lors de l'assassinat du président John F. Kennedy à Dallas en 1963 - a été contraint de se retirer de la course à la présidence après avoir critiqué ouvertement le favoritisme des États-Unis à l'égard d'Israël et leur partialité à l'égard du monde arabe, ce qui lui a valu de nombreuses attaques de la part des médias américains.

- Il a commencé à travailler à temps partiel en 1980 en tant qu'étudiant, puis à temps plein en 1983 pour Liberty Lobby, un lobby de citoyens basé à Washington, D.C., qui a longtemps été la cible numéro un de l'Anti-Defamation League (ADL) du B'nai B'rith en raison des critiques de Liberty Lobby sur le favoritisme des États-Unis à l'égard d'Israël. Il a continué à travailler pour Liberty Lobby et son journal hebdomadaire, *The Spotlight*, jusqu'au 27 juin 2001, date à laquelle Liberty Lobby a fermé ses portes. Note : bien que Liberty Lobby ait été une entité florissante, l'institution a été acculée à la faillite à la suite d'un procès civil.

- Le 16 juillet 2001, Piper a rejoint d'anciens employés de Liberty Lobby et d'autres personnes pour lancer un nouvel hebdomadaire national,

American Free Press, qui compte quelque 50 000 lecteurs hebdomadaires dans tout le pays. Correspondant hebdomadaire régulier du journal, il participe activement à ses programmes de collecte de fonds par publipostage et d'augmentation des abonnements, rédigeant des lettres promotionnelles, du matériel publicitaire pour les livres et les vidéos et préparant de nombreux projets spéciaux. Il a été trésorier et membre du conseil d'administration de la société qui publie *American Free Press*.

- En septembre 1994, M. Piper a participé au lancement du magazine historique mensuel (aujourd'hui bimensuel) *The Barnes Review*, qui n'a jamais cessé d'être publié depuis lors.

Il est rédacteur collaborateur et a siégé au conseil d'administration de la Foundation for Economic Liberty, la société qui publie *The Barnes Review*. Le magazine compte quelque 9 000 abonnés payants (dont de nombreux dans le monde entier). Jusqu'à sa mort récente, Issa Nakleh, représentant de longue date du Haut Comité arabe pour la Palestine auprès des Nations unies, a siégé aux côtés de M. Piper au comité de rédaction de *la Barnes Review*. Au cours des dernières années, M. Nakleh a cité de nombreux écrits de M. Piper dans diverses lettres, communiqués de presse et autres documents publiés en faveur de la cause palestinienne.

ÉCRITS, CONFÉRENCES, INTERVENTIONS À LA RADIO

- En 25 ans, M. Piper a écrit environ 4 000 articles et reportages pour *The Spotlight* et maintenant *American Free Press*, sans compter des dizaines d'articles de fond pour le magazine *The Barnes Review*. De nombreux articles ont porté sur les activités et l'influence du lobby israélien aux États-Unis et sur des sujets connexes, bien que son travail ait également porté sur une grande variété de sujets, notamment la législation du Congrès américain, le crime organisé, l'histoire politique, la liberté de parole et d'expression, la partialité et la censure des médias américains, etc. Ses travaux ont également été publiés dans *Zeitenschrift*, publié en Suisse, et dans *The European* magazine

- M. Piper a été l'invité d'une centaine d'émissions radiophoniques sur et a été invité à des dizaines de forums publics, souvent en tant qu'orateur principal. Il a également donné des conférences devant des classes de lycées et d'universités, où ses exposés ont été très bien accueillis.

- En janvier 2002, M. Piper a fait partie des orateurs de la première conférence internationale sur les problèmes globaux de l'histoire mondiale, qui s'est tenue à l'Académie sociale humanitaire de Moscou, en Russie, sous les auspices de M. Oleg Platonov et du comité de rédaction de l'*Encyclopédie de la civilisation russe* et de *la Barnes Review*.

- Le 11 mars 2003, M. Piper a été le conférencier vedette du Centre Zayed pour la coordination et le suivi à Abu Dhabi, aux Émirats arabes unis, où il a discuté du rôle du lobby sioniste dans l'influence de la couverture médiatique américaine du problème palestinien et du conflit israélo-arabe. La conférence de M. Piper a été rapportée dans un certain nombre de publications en anglais et en arabe, notamment *Gulf News*, *Khaleeq Times* et *Al-Wahda*.

Par la suite, le Centre Zayed a publié un rapport sur la conférence de M. Piper en anglais et en arabe. Au cours de sa visite, M. Piper a également eu l'honneur d'être reçu en audience par le vice-premier ministre des Émirats arabes unis, le cheikh Sultan bin Zayed al Nahyan, dans son palais d'Abou Dhabi. La conférence de M. Piper (ainsi que d'autres conférences) a suscité un vif émoi parmi les organisations de lobbying israéliennes telles que l'Anti-Defamation League (ADL) et le Middle East Media Research Institute (MEMRI), au point que ces organisations ont mentionné la conférence de M. Piper dans de nombreux communiqués de presse et dans des plaintes adressées à l'administration Bush, ce qui a conduit l'administration à faire pression sur le gouvernement d'Abou Dhabi qui, sous le feu des critiques, a supprimé le financement du Centre Zayed.

Quelque 10 000 réimpressions du discours de M. Piper à Abu Dhabi ont été distribuées aux États-Unis et dans le monde entier, et il a été réimprimé en de nombreux endroits sur l'internet.

- En août 2004, M. Piper a été invité à Kuala Lumpur, en Malaisie, où ses livres *Final Judgment* et *The High Priests of War* ont été publiés en anglais. Pendant son séjour en Malaisie, M. Piper a pris la parole dans de nombreux endroits, où il a été largement acclamé.

- En novembre 2004, Piper a été invité à Tokyo, au Japon, où il s'est exprimé sous les auspices d'un éminent nationaliste japonais, le Dr Ryu Ohta, qui a traduit en japonais une version abrégée du livre de Piper, *The High Priests of War (Les grands prêtres de la guerre)*. En outre, une traduction japonaise du livre de Piper, *Final Judgment*, est en cours.

- Fin 2004 et début 2005, M. Piper a pris la parole dans de nombreux endroits au Canada, de Toronto à l'est à Vancouver à l'ouest, sous les auspices de l'Association canadienne pour la liberté d'expression.

- Le 23 juin 1986, dans *The Spotlight*, Piper a été le premier journaliste à identifier Roy Bullock, de San Francisco (Californie), comme un informateur infiltré de longue date de l'Anti-Defamation League (ADL) of B'nai B'rith. Bien que Bullock ait nié l'accusation et menacé Piper d'un procès en diffamation, la vérité sur les activités de Bullock au sein de l'ADL a été officiellement démasquée lors d'une enquête largement médiatisée du FBI et du département de police de San Francisco sur l'ADL à la fin de l'année 1992 - plus de sept ans après que Piper ait pour la première fois établi un lien correct entre Bullock et l'ADL. Bullock a reconnu par la suite que l'article *Spotlight* de Piper avait déclenché les événements qui ont conduit à l'enquête du FBI et au scandale qui en a résulté et qui a entaché l'image publique de l'ADL.

Plus tard, Piper a édité et rédigé l'introduction d'un livre décrivant le scandale de l'ADL intitulé : *The Garbage Man : The Strange World of Roy Edward Bullock*, qui incorporait des documents officiels du FBI et de la police décrivant les activités d'espionnage de l'ADL à l'encontre des Arabes-Américains et d'autres personnes ciblées par le lobby israélien.

Lorsque l'ancien député Paul N. (Pete) McCloskey (R-Calif.) a intenté une action en justice contre l'ADL au nom de personnes qui avaient été ciblées par l'ADL, Piper a fourni - à la demande de McCloskey - des documents de recherche utilisés par McCloskey dans le cadre de son action en justice. Le procès a été récemment réglé par l'ADL, qui a versé des dommages-intérêts à ses victimes.

JUGEMENT FINAL - TRÈS **CONTROVERSÉ**

Le livre de Piper, Final Judgment : The Missing Link in the JFK Assassination Conspiracy, a été publié pour la première fois en 1994. Quelque 35 000 exemplaires de ce livre de 768 pages (dont la sixième édition, augmentée et mise à jour, comporte plus de 1 000 notes de bas de page) sont aujourd'hui en circulation.

L'ouvrage comporte une introduction du Dr Robert L. Brock, un vétéran de l'activisme politique afro-américain. Comme indiqué précédemment, une édition en langue arabe a été publiée en 2001 par une grande maison d'édition de langue arabe, bien qu'à la déception de Piper, la société ne semble pas avoir fait d'efforts majeurs pour la promouvoir, selon les sources de Piper au Moyen-Orient. Toutefois, aux États-Unis, *Final Judgment* a été très controversé et a fait l'objet d'une vive polémique.

- En septembre 1997, une conférence que Piper devait donner au Saddleback College dans le comté d'Orange, en Californie, et qui était consacrée au sujet du livre, a été interrompue et annulée à la suite d'une campagne de pression musclée menée par l'ADL. Le scandale a fait la une du *LA Times* et a donné lieu à des articles de presse publiés dans toute l'Amérique. Malgré la controverse, la rédaction du journal du Saddleback College a défié le groupe de pression de l'ADL et a invité Piper à donner une conférence en privé à l'équipe du journal.

- Au début de l'année 2000, le livre *Final Judgment* a de nouveau suscité une vaste controverse publique dans la région métropolitaine de Chicago, dans l'Illinois, lorsque l'ADL a tenté en vain d'empêcher que le livre soit placé dans la bibliothèque publique de Schaumburg, dans l'Illinois, l'un des réseaux de bibliothèques les plus réputés de l'État. En mai 2001, Piper s'est présenté en personne à la bibliothèque et a donné une conférence sur le livre et la controverse qui l'entoure devant quelque 200 personnes. L'affaire a été annoncée dans de nombreuses publications de la région de Chicago et a fait l'objet d'une référence nationale dans le journal de l'American Library Association.

- *Final Judgment* a été publiquement approuvé non seulement par un ancien haut fonctionnaire du département d'État américain ( ), dont la critique enthousiaste du livre a été auto-publiée par le diplomate sur amazon.com, mais aussi par un ancien haut fonctionnaire du Pentagone, un scénariste hollywoodien bien connu, un fonctionnaire respecté d'une fondation américaine et un auteur largement publié, ainsi que par d'autres personnes.

- *Final Judgment* a été réimprimé dans sa sixième édition augmentée au début de 2004 (et dans une deuxième impression légèrement révisée et mise à jour de la sixième édition en 2005) et quelque 5 000 exemplaires supplémentaires ont été vendus, de nombreux acheteurs se procurant jusqu'à 16 exemplaires (par carton en vrac) à la fois. Pendant la courte période où le volume a été temporairement épuisé, des éditions d'occasion du livre se sont vendues (en livre de poche) sur Internet pour un prix allant jusqu'à 185 dollars l'exemplaire, ce qui démontre la demande pour ce "best-seller clandestin" très controversé.

LES GRANDS PRÊTRES DE LA GUERRE LES FAUTEURS DE GUERRE NÉO-CONSERVATEURS

- Le livre de Michael Collins Piper, *The High Priests of War*, publié en 2003, s'est vendu à plus de 20 000 exemplaires et a fait l'objet de critiques favorables dans un certain nombre de sites Internet. Le livre examine "l'histoire secrète de la façon dont les trotskistes américains [pro-israéliens] "néo-conservateurs" sont arrivés au pouvoir et ont orchestré la guerre contre l'Irak, première étape de leur quête d'un empire mondial".

Le livre, qui compte 128 pages, y compris une section de photos détaillées, a été publié en Malaisie en anglais et en malais et est en cours de publication en arabe par une grande maison d'édition d'Arabie saoudite. Une édition abrégée a également été publiée en japonais.

LA NOUVELLE JERUSALEM : LE POUVOIR SIONISTE EN AMERIQUE

- *La nouvelle Jérusalem - une* étude de 184 pages sur le pouvoir sioniste en Amérique, comprenant un profil détaillé de la famille Bronfman, des résumés des noms et des détails concernant 200 des familles sionistes les plus puissantes en Amérique, et des citations de grande envergure (provenant exclusivement de sources sionistes) sur l'étendue de l'influence sioniste dans la politique, le gouvernement, les médias, la finance et la culture des États-Unis. Ce livre a été publié en anglais et en malais en Malaisie.

- Piper a également rédigé des introductions aux livres publiés suivants :

- *Out of Debt, Out of Danger*, de feu Jerry Voorhis, ancien membre du Congrès américain (une étude critique du système de la Réserve fédérale américaine) ;

- *La troisième Rome : Holy Russia, Tsarism & Orthodoxy*, par le Dr. *M. Raphael Johnson, une histoire de la Russie tsariste ;*

- *A Primer on Money*, de feu l'ancien membre du Congrès américain Wright Patman (D-Texas) - une autre étude critique du système de la Réserve fédérale américaine) ; et

- *The Passion Play of Oberammergau* - une réimpression du célèbre récit de feu W. T. Stead du célèbre récit de la représentation chrétienne de la Passion du Christ qui a lieu tous les dix ans à Oberammergau, en Allemagne.

Autres titres

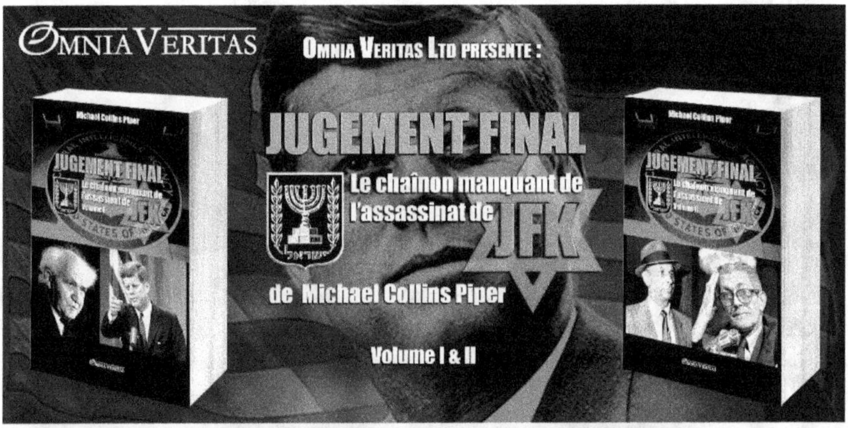

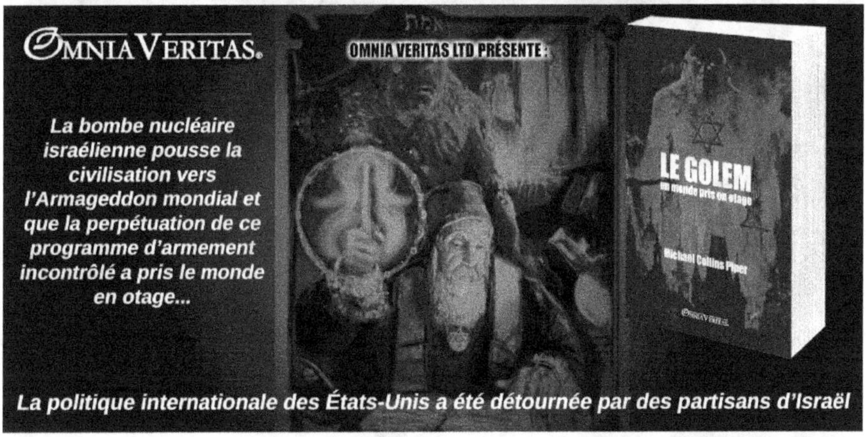

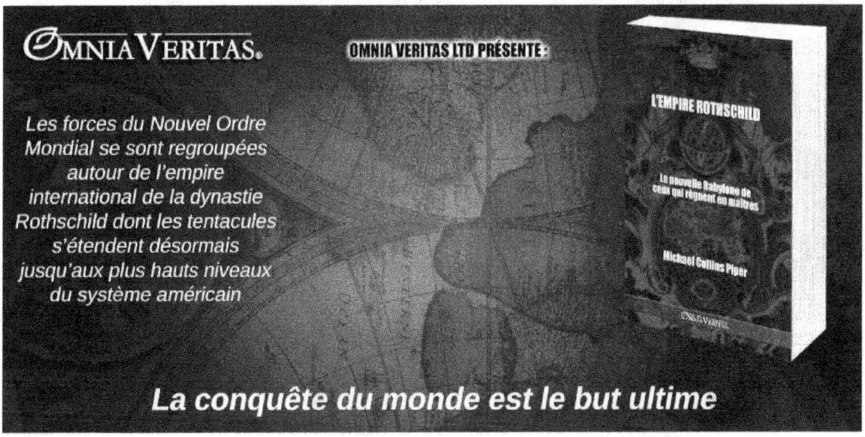

OMNIA VERITAS

Omnia Veritas Ltd présente :

Une exclusivité jamais publiée d'
EUSTACE MULLINS

D'OR ET DE SANG
Histoire du CFR

Le CFR, fondé par des internationalistes et des intérêts bancaires, a joué un rôle important dans l'élaboration de la politique étrangère des États-Unis.

EUSTACE MULLINS
D'OR ET DE SANG
Histoire du CFR

Les révolutions ne sont pas le fait de la classe moyenne, mais de l'oligarchie au sommet...

OMNIA VERITAS

LES
PORTEURS DE LUMIÈRE
DES TÉNÈBRES

Ce livre tente de montrer, à l'aide de preuves documentaires, que les conditions actuelles du monde sont sous l'influence de sociétés mystiques et secrètes à travers lesquelles le Centre Invisible cherche à diriger et à dominer les nations et le monde.

OMNIA VERITAS

LA TRACE DU
SERPENT

Une tentative de retracer le culte de l'ancien Serpent, le Principe Créateur, le Dieu de tous les initiés des Gnostiques et des Cabalistes, émanant des Juifs hellénisés d'Alexandrie.